KB168134

게임 디자인 특강

KOREAN language edition published by acorn publishing Co, Copyright © 2015

Authorized translation from the English language edition, entitled
GAME DESIGN VOCABULARY, A: EXPLORING THE FOUNDATIONAL PRINCIPLES BEHIND GOOD GAME DESIGN, 1st
Education,
9780321886927 by ANTHROPY, ANNA; CLARK, NAOMI, published by Pearson Education, Inc, publishing as Addison-
Wesley Professional,
Copyright © 2014 Pearson Education, Inc.

All rights reserved. No part of this book may be reproduced or transmitted in any form or by any means,
electronic or mechanical, including photocopying, recording or by any information storage retrieval system,
without permission from Pearson Education, Inc.

이 책은 Pearson Education, Inc.를 통해 Addison-Wesley와 에이콘출판(주)가 정식 계약하여 번역한 책이므로
이 책의 일부나 전체 내용을 무단으로 복사, 복제, 전재하는 것은 저작권법에 저촉됩니다.

게임 디자인 특강

애나 앤스로피, 나오미 클라크 지음 | 전정순 옮김

나오미가 플레이해본 첫 디지털 게임이 마침 브렌다의 생애 첫 게임 프로젝트였다.
게임 분야에서 더 나은 디자인과 커뮤니티를 위해 항상 노력해온
브렌다 로메로에게,

그리고 대담하게 독립적인 개발을 외치고
디자인에 활용할 수 있는 어휘를 찾아야 한다고 역설하며
세상 모든 개발자에게 영감을 준
그렉 코스티키얀에게
이 책을 바칩니다.

이 책에 쏟아진 찬사

이 책은 많은 책이 하지 못한 일을 해냈다. 비디오게임 디자인을 포괄적으로 조명한 것이다. 예리한 분석력과 게임에 대한 해박한 지식, 하위문화적 태도를 활용하면서 나오미 클라크와 애나 앤스로피는 게임의 작동 원리를 날카롭게 파고든다.

이 책은 왜 중요할까? 비디오게임은 우리 시대를 규정짓는 대중매체이지만, 게임을 만드는 사람들조차도 게임의 기본 메커니즘을 이해하는 데 필요한 명료한 어휘를 잘 알지 못한다. 이 책은 게임플레이가 어떻게 의미를 갖게 되는지에 대한 통찰력을 얻고 싶어하는 게임 개발자, 학생, 평론가, 학자, 게임 팬들을 위한 필독서다.

    – 에릭 짐머맨(Eric Zimmerman) / 인디게임 디자이너, 뉴욕대학교 게임센터(NYU Game Center) 교수

이 책은 게임 분야에서 중요한 진일보를 이루었다. 두 저자는 비상할 정도로 명쾌한 설명을 통해 우리는 디지털 게임 디자인의 복잡성을 풀어내는 새로운 방법을 손에 쥐게 되었다. 실전 사례에 관심이 있고 독창적인 사고가 넘치는 분이라면 게임 디자인 도서 목록에 이 책을 넣어두기 바란다.

    – 리처드 라마찬드(Richard Lemarchand) /
서던캘리포니아대학교(USC) 부교수, 〈언차티드(Uncharted)〉 수석 디자이너

애나 앤스로피와 나오미 클라크가 해냈다! 직관적으로 이해할 수 있는 어휘를 정립해 간단명료하면서도 재미있게 읽을 수 있는 게임 디자인 입문서를 써냈다. 토의 활동 하나만으로도 게임 개발에 갓 입문한 초보 디자이너와 중견 게임 디자이너 모두를 위한 아주 훌륭한 연습 도구로 활용 가능하다.

    – 콜린 맥클린(Colleen Macklin) / 게임 디자이너, 파슨스 디자인스쿨(Parsons The New School) 교수

내가 가장 아끼는 게임 디자이너 둘이서 의미 있는 게임을 디자인하기 위한 강력한 도구를 공유해준다고? 나는 이 책이 정말 반갑다. 이 책은 근 십여 년간 게임 디자인 교육 분야에 일어난 사건 중에서 가장 훌륭한 업적이리라 믿어 의심치 않는다. 이 책을 나의 학생들과 동료 개발자들 손에 어서 빨리 쥐여주고 싶다.

– **존 샤프**(John Sharp) / 파슨스 디자인스쿨 부교수

게임 제작 분야의 지적 진보를 가로막는 가장 큰 걸림돌은 우리가 게임 제작을 개념화하고 논하는 방법 안에 놓여 있다. 이 단순하지만 심오한 새로운 어휘는 업계의 숙원이었고, 입문하는 개발자들이 의미 있는 게임 분석틀 안에서 게임을 만들게 해준다.

– **리 알렉산더**(Leigh Alexander) / 게임 전문 기자 겸 평론가

추천의 글

혹시 눈치채지 못한 사람이 있을까 봐 노파심에서 하는 말이지만, 비디오게임 분야에는 변화의 바람이 불고 있다. 이 바람은 게임이 어떻게 만들어지는지, 어떻게 플레이되는지, 무엇을 의미하는지에 대한 우리의 관점을 바꾸고 있다. 이 책의 저자들은 차세대 게임 개발자의 일원으로, 비디오게임이 동시대 문화를 이루는 모든 복잡한 장치와 완전히 결합할 수 있다고 본다. 애나와 나오미에게 비디오게임은 단지 힘에 대한 환상을 즐기게 해주는 가전제품이 아니라 새로운 정체성을 확립할 수 있는 부서진 기계의 파편이다. 무질서한 군중이 체제 전복을 목적으로 모일 수 있는 장소이자, 우리의 현주소를 진단하는 플랫폼이며, 권력과 진보의 출렁임을 바라보는 창이자, 게임만의 고유한 생산 수단에 의문을 제기하는 통제 불능의 기계이며, 새로운 메시지를 말하게 해주는 똑똑한 기계이고, 올바르게 작동한다면 파시스트를 처단할 아름다운 기계다.

우리는 다른 종류의 문화, 이를테면 음악, 영화, 문학과 이러한 모든 차원을 결합하는 데 익숙하다. 이 문화들은 오래전부터 정체성 확립과 정치적 투쟁의 영역으로 이해됐다. 하지만 같은 방식으로 비디오게임을 이해하는 것은, 비단 형식과 내용만이 아니라 다양한 맥락을 파헤치면서 개발자들 각각의 사적인 목소리, 그들을 둘러싼 공동체, 그들이 조명하는 더 깊은 흐름에 대해 생각하는 것은 아직도 낯선 영역이다.

보수적이라는 명성, 안정감을 주는 유아기적 고착 현상이라는 명성, 게임이 생성하는 모든 의미의 모호한 복잡성을 직시할 의지나 능력이 없다는 명성을 얻어온 비디오게임은 어느 날 갑자기 전류가 흐르는 전선을 잡고 있다는 사실에 충격을 받는다. 꼬여 있고, 불꽃이 튀고, 위험한 것은 사실이다. 하지만 낡은 줄의 일부라고 생각했던 것이 실은 위험한 에너지를 가득 품고 있다는 발견은 상당히 매력적이기도 하다. 전선의 플러그를 꽂는 주체는 바로 이 책의 저자 같은 사람들, 즉 차세대 게임 개발자 중에서도 가장 진보적인 일원들이다.

이것이 바로 이 책이 게임 디자인의 기본 원리를 하나의 기교로서 다루었다는 점이 중요해지는 이유다. 이 책은 비디오게임의 정치적 의미에 대한 과격한 선언문이 아니다. 이 책은 비디오게임이 어떻게 작동하는가에 관한 세세한 설명문이다. 이 책은 비디오게임을 필수적인 요소들로 세분화하고, 이 요소들이 서로 어떻게 맞물리는지 보여준다. 이 책은 움직이고 점프하는 동작, 버튼을 누르고 떼는 동작, 색깔과 형태, 적 캐릭터와 체력, 도전과 목표에 관한 책이다.

이 책은 2부로 구성되어 있다. 1부에서는 애나가 비디오게임 디자인을 구성하는 기본 요소들을 소개하고, 2부에서는 나오미가 무궁무진한 게임 아이디어를 표현하기 위해 이 요소들을 결합하는 여러 가지 방법을 보여준다. 하지만 전반적으로 이 책은 게임 디자인의 가장 기본적인 원리에 역점을 두고 있다.

기본 원리를 집중 조명한 만큼, 이 책은 신진 게임 디자이너들에게 아주 훌륭한 입문서다. 기본 개념을 구체적인 사례를 통해 보여줌으로써 범접하기 어려울 수 있는 과정을 쉽게 설명한다. 이러한 탈신비주의는 이 책의 표면 아래 숨겨진 급진적인 의제를 드러낸다. 이 책은 게임 분야로의 진입장벽을 낮추는 책이자, 새로운 손과 새로운 눈과 새로운 목소리를 환영하는 책이며, 비디오게임이 소비 대상으로서의 신비로운 문화 생산물이 아니라 직접 만들 수 있는 신비로운 문화 생산물임을 보여주는 책이기 때문이다. 게임은 여러분의 것이며, 여러분의 것으로 만들기 위한 첫걸음은 바로 게임을 자세히 분석하고 어떻게 작동하는지 이해하는 것이다.

그러나 동시에 나는 이 책이 중견 게임 디자이너들에게도 손색없는 책이라고 믿는다. 베테랑 개발자가 자신의 창작물을 갈고 다듬는 데, 이 책에서 개괄한 디자인 기본 원리들을 되새겨보는 것보다 더 좋은 방법은 없으리라 생각한다.

결론적으로 나는 게임이라는 형식의 기본 원리를 파헤쳤다는 점이 이 책에서 가장 급진적인 대목이라고 본다. 일부에서는 표현 수단으로서의 게임이 지닌 혁명적인 힘과 형식적 특성에 대한 더 전통적인 접근이 서로 배치된다고 생각한다. 하지만 애나와 나오미는 이러한 구분을 인정하지 않는다. 그들에게 비디오게임의 표현적인 힘은 형식적 특성을 통해 나온다. 비디오게임 디자인의 기본에 대한 관심은 숨겨진 의미의 중요한 세부사항들을 외면하는 방법이 아니라 그 세부사항들을 찾아내고 강조하며 부각하는 방법이다.

이러한 극도의 급진적인 생각을 한마디로 표현하자면 '미학적인 것이 정치적인 것이다'로 요약할 수 있겠다. 비디오게임은 중요하다. 무엇을 게임으로 보는가를 넘어 게임이 무엇을 말하는가라는 면에서, 또 게임이 무엇을 말하는가를 넘어 게임이 그것을 어떻게 말하는가라는 면에서 중요하다.

– **프랭크 란츠**(Frank Lantz) / 뉴욕대학교 게임센터장

지은이 소개

애나 앤스로피 Anna Anthropy

미국 캘리포니아 주 이스트베이에서 활동하는 아티스트이자 저자이자 게임 개발자다. 게임 개발 홍보대사로서 소외된 목소리들이 게임 개발에 접근할 수 있도록 힘쓰고 있다. 첫 번째 저서인 『Rise of the Videogame Zinesters비디오게임 동인 작가의 부상』(2012)는 자서전이자 선언문이자 DIY 설명서다. 앤스로피는 급진주의자다.

나오미 클라크 Naomi Clark

유년 시절 텍스트 기반 가상세계를 만들던 것부터 따지자면 게임을 디자인하고 제작하는 일에 20년 넘게 종사해왔다. 게임랩Gamelab, 레고LEGO, 레벨 멍키Rebel Monkey, 프레시 플래닛Fresh Planet 같은 회사들을 두루 거치면서 멀티 플레이어 웹게임 〈시스파이트 2000Sissyfight 2000〉, 다운로드 캐주얼 게임 〈미스 매니지먼트Miss Management〉, 아동용 플래시 게임 〈레고 정크봇LEGO Junkbot〉, 페이스북 게임 〈드림랜드Dreamland〉 개발에 참여했다. 파슨스 디자인스쿨, 뉴욕대학교 게임센터, 뉴욕영화아카데미에서 강연과 워크숍을 맡기도 했으며, '페미니스트Feministe'라는 블로그에 게임 분석과 페미니즘 비평을 썼다. 현재는 브루클린 게임 앙상블Brooklyn Game Ensemble 회원으로 인디게임을 개발하고 있다.

감사의 글

저술과 편집에 도움을 주신 피비 엘리판테, 콜린 맥클린, 존 샤프, 로라 르윈, 마이클 서스턴, 올리비아 바세지오, 세라 쉬만에게, 그리고 토니 피자 가게에 감사의 말씀을 전합니다. 아울러 게임의 디자인과 형태에 대한 영감을 주신 에밀리 쇼트, 에릭 짐머맨, 프랭크 란츠, 이언 보고스트, 매티 브라이스, 스티브 스윙크, 메리 플래너건에게도 감사드립니다. 우호적인 논쟁 상대가 되어주고 글을 갈고 다듬을 수 있도록 도움을 주신 키스 버건에게도 감사드립니다.

옮긴이 소개

전정순 (gaia8740@naver.com)

연세대학교 신문방송학과를 졸업한 후 삼성전자에서 7년 반 동안 근무했다. 퇴직 후 1년 반 동안 트레킹 세계일주를 했으며, 지금은 세상에 좋은 변화를 만드는 데 작은 힘을 보태는 번역가가 되고자 정진하고 있다. 옮긴 책으로『레디 플레이어 원』,『빅데이터에서 천금의 기회를 캐라』,『내셔널 지오그래픽이 선정한 세계 최고의 여행지 400』(공역), 저서로『마음이 끌리면 가라 – 히말라야·킬리만자로 편』이 있다.

옮긴이의 말

"게임 디자인을 논할 수 있는 용어가 있어야만 게임을 디자인하는 능력도 손에 넣을 수 있다"고 1부의 저자 애나 앤스로피는 말한다. 여기서 말하는 '용어'는 마케팅에 쓰이는 빈약한 용어나 게임에 대한 이해를 단순화하고 창의적 사고를 제약하는 용어가 아닌 게임 디자인의 본질에 접근할 수 있는 용어다. 여기서 말하는 '게임'은 막대한 자본과 수많은 인력을 동원해 제작하는 대작 게임이라기보다는 인디 정신으로 승부하는 인디게임이다. 그러므로 여기서 말하는 '게임을 디자인하는 능력'은 소수의 천재에게만 허락된 것이 아니라 게임을 만들고 싶은(혹은 누구나 게임을 만들어도 된다는 사실을 알고 나서야 게임을 만들고 싶어진) 모든 보통 사람에게 허락된 것이다.

유명한 인디게임 개발자인 애나 앤스로피는 기본적인 도구만 이해한다면 누구나 게임 개발자가 될 수 있고 누구나 게임 평론가가 될 수 있다고 외친다. 게임 회사에 취직하거나 억대 자본을 유치하지 못하더라도 누구나 자신만의 생각을 표현하는 게임을 만들 수 있다고 주장한다. 오히려 타성에 젖지 않은 참신한 게임이 나올 거라고 구슬린다. 참 대담하고 급진적인 주장이다. 이 책의 첫 번째 미덕은 이처럼 게임을 둘러싼 신비주의를 벗기는 데 기여한다는 점이다.

애나 앤스로피는 게임 디자인 담론을 활성화하면 많은 사람이 이득을 볼 수 있다고 주장한다. 그리고 그 담론을 활성화하는 데 가장 절실히 필요한 것이 어휘의 정립이라고 본다. '호르몬 대체 요법에 관한 실제 경험을 다룬 게임처럼 다양한 게임을 아우를 수 있는 어휘'가 있다면 훨씬 더 다양한 게임이 나올 거라고 본다. 그러한 어휘를 통해 게임을 더 밀도 있게 분석할 수 있다면 '오래전에 해결된 문제를 붙들고 씨름'하지 않아도 되는 만큼 좀 더 멋진 게임을 디자인할 수 있고 게임에 대한 의미 있는 평론을 할 수 있다고 본다. 이 책의 두 번째 미덕은 이처럼 게임이라는 표현 형식에 숨겨진 기본 원리를 꿰뚫을 수 있는 어휘를 정립하려고 노력했다는 점이다. 그것도 아주 평이한 용어로 말이다.

역시 인디게임 개발자인 2부의 저자 나오미 클라크는 1부에서 개념화한 게임의 어휘들을 결합하면 어떤 종류의 이야기가 전달될 수 있는지를 좀 더 방법론적으로 파고든다. 이 책의 세 번째 미덕은 게임이라는 표현 체계가 가진 고유한 방법으로 이야기(컷신이나 장황한 설명문이 아닌 진짜 이야기)를 전달할 수 있음을 충분히 깨닫게 해준다는 점이다. 게임을 통해 하고자 하는 말을 플레이어가 잘 듣게 할 것인가? 아니면 플레이어가 그들만의 표현을 마음껏 펼치게 할 것인가? 혹은 두 가지가 적절한 수준에서 균형을 이루게 할 것인가? 나오미 클라크는 어느 쪽이 옳다, 혹은 더 좋다고 딱 떨어지는 결론을 내리지는 않는다. "아직 개척되지 않은 가능성이 무궁무진한 공간을 탐험하는 일이 아주 흥미롭다"며 모험심을 자극하고 가능성을 열어둘 뿐이다.

저자들이 이 책에서 소개한 게임은 무려 100개가 넘는다. 본문에 다 담지 못한 게임 20개는 따로 모아 부록으로 실었을 정도다. 사례를 들어 개념을 구체적으로 보여주고자 한 노력이 엿보인다. 역자로서 게임을 글로만 이해하고 표현하는 일은 당연히 어려웠다. 그래서 번역하는 시간 외에 게임을 플레이해보는 시간도 만만치 않게 필요했다. 물론 그 시간은 충분한 투자 가치가 있었다. 책의 내용도 더 잘 이해할 수 있었고 무엇보다 즐거웠으니까. 그런 의미에서 시간이 걸리더라도 게임을 하나하나 플레이해보면서 읽기를 적극 권한다.

나오미 클라크의 말마따나 "지금처럼 개발자와 플레이어들이 '게임이라는' 표현 체계를 온갖 새로운 방법으로 탐색하고 있는 시대에 살고 있다는 것, 우리의 모든 생각을 이야기하고 음미할 수 있다는 것은 행운이다." 아무쪼록 이 책이 저자들의 원대한 꿈처럼 게임을 둘러싼 기존 통념을 과감히 뒤엎는 데 일조해, 다양한 사람들의 다양한 이야기를 참신하게 표현하는 게임들이 폭발적으로 쏟아지게 하는 촉매제 역할을 하기를 기대한다.

전정순

차례

이 책에 쏟아진 찬사 6

추천의 글 8

지은이 소개 11

감사의 글 12

옮긴이 소개 13

옮긴이의 말 14

1부   어휘의 요소   21

1장   용어 23

표지판과 디자인 24

빈약한 용어 28

용어의 필요성 31

들어가며 34

2장   동사와 오브젝트 37

규칙 38

플레이어의 선택 만들기 41

상황정보로 설명하기 48

오브젝트 50

물리적 레이어 54

캐릭터 발전시키기 61

우아함 64

실전 게임 개발 엿보기 66

정리 69

토의 활동 71

그룹 활동 72

3장   장면 75

장면의 규칙 76

형태 구성과 전개 속도 조절 90

오브젝트 조합하기 98

역전의 순간 103

운의 요소 105

실전 게임 개발 엿보기 109

정리 116

토의 활동 118

그룹 활동 120

4장   상황정보 123

첫인상 124

반복되는 모티브 129

캐릭터 디자인 131

애니메이션 135

장면의 구성 139

카메라 145

소리 148

실전 게임 개발 엿보기 152

정리 156

토의 활동 158

그룹 활동 159

2부   대화 **161**

5장   대화 만들기 163

플레이어 164

대화 만들기 166

재미와 그 이상을 위해 반복 수정하기 168

어떤 대화를 만들 것인가 171

5장　저항 175

　밀고 당기기 176

　몰입 178

　몰입의 대안 191

　공간의 확장 195

　목적의 확장 198

　보상이라는 유인 203

　시간과 벌칙 209

　점수와 반영 218

　정리 221

　토의 활동 224

　그룹 활동 226

7장　스토리텔링 227

　패턴 인식 228

　작가적 이야기 232

　해석된 이야기 250

　열린 이야기 263

　정리 271

　토의 활동 274

　그룹 활동 275

부록　추천 게임 목록 277

　어치브먼트 언락드Achievement Unlocked(2008) 278

　아메리칸 드림American Dream(2011) 278

　아날로그: 어 헤이트 스토리Analogue: A Hate Story(2012) 279

　배너 사가The Banner Saga(2014) 280

　캔디 박스Candy Box(2013) 281

　컨센슈얼 톨처 시뮬레이터Consensual Torture Simulator(2013) 281

　코립트Corrypt(2012) 282

　크립트 오브 더 네크로댄서Crypt of the NecroDancer(2013) 283

　드워프 포트리스Dwarf Fortress(2006) 284

잉글리시 컨트리 튠English Country Tune(2011) 284

이븐 카우걸스 블리드Even Cowgirls Bleed(2013) 285

곤홈Gone Home(2013) 286

마이티 질 오프Mighty Jill Off(2008) 287

넷핵NetHack(1987) 287

여권 주세요Papers, Please(2013) 288

퍼시스트Persist(2013) 289

QWOP(2008), GIRP(2011) 290

스펠렁키Spelunky(2008) 291

트리플 타운Triple Town(2011) 292

찾아보기 293

1부

어휘의 요소

— 애나 앤스로피

1장

용어

이 책은 게임 디자인, 좀 더 구체적으로 말하자면 비디오게임 디자인에 관한 책이다. 왜 2014년에 이런 책을 썼을까? 〈테니스 포 투(Tennis For Two)〉(1958)를 최초의 비디오게임으로 본다면 인류가 써 내려온 디지털 게임의 역사는 50년 세월을 훌쩍 넘었다. 50년 세월이라면 게임 개발자가 참고할 만한 단단한 기초가 다져졌겠지, 50년 세월이라면 게임을 다룬 글뿐만 아니라 게임 디자인의 기교를 다룬 글도 무수히 쏟아져 나왔겠지, 이렇게 생각했다면 크나큰 실망을 맛볼 일만 남았다. 매일같이 최신 비디오게임을 플레이하고 관련 글을 읽을 때마다 나는 게임 개발자와 평론가 양쪽 모두에게 게임 디자인의 기초 어휘가 절실하게 필요함을 통감한다.

표지판과 디자인

2009년 닌텐도 사에서 발매한 〈뉴 슈퍼 마리오브라더스 Wii^{New Super Mario Bros. Wii}〉
(그림 1.1 참조)는 1985년 판 〈슈퍼 마리오브라더스^{Super Mario Bros.}〉의 후속작이자
리메이크작이다. 후속작은 원작에 비해 획기적으로 그래픽 디자인이 달라졌지
만, 첫 레벨의 처음 몇 화면은 의도적으로 1985년 판의 화면을 그대로 베껴 넣었
다. 플레이어(후속작의 경우 최대 4명)는 화면 왼쪽에서 출발하고, 오른쪽에서는 땅
에서 약간 떠 있는 물음표 벽돌이 반짝이며 시선을 끈다. 조금 있으면 이 게임에
서 가장 상대하기 쉬운 적이 왼쪽에 있는 플레이어를 향해 느릿느릿 다가온다.
그 뒤로는 공중에 떠 있는 벽돌로 이루어진 발판 두 줄이 지면과 평행하게 놓여
있다. 어떤 벽돌은 부서지고, 어떤 벽돌은 보상을 토해내는데, 간혹 플레이어에
게 아주 유용한 파워업 아이템도 들어 있다. 그 뒤로는 게임을 더 진행해나가려
면 반드시 점프해서 넘어야 하는 높은 장애물이 나온다. 1985년 판에서는 커다
란 녹색 하수구가, 2009년 판에서는 절벽 사면이 장애물로 등장한다.

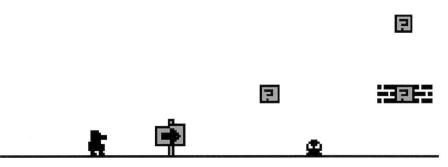

그림 1.1 〈뉴 슈퍼 마리오브라더스 Wii〉는 오른쪽을 가리키는 화살표와 함께 시작된다.

〈슈퍼 마리오브라더스〉는 많은 이들의 생애 첫 비디오게임이었다. 당시만 해
도 이런 류의 게임은 거의 유일무이했다. 이와는 반대로 〈뉴 슈퍼 마리오브라더
스〉의 경우 전례가 되는 게임들이 거의 20년 치나 있었다. 그런데도 1985년 판에
는 없지만 2009년 판에는 있는 것이 하나 있는데, 바로 플레이어에게 진행 방향
을 일러주는 화살표가 그려진 커다란 표지판이다.

1985년에서 2009년 사이에 대체 무슨 일이 있었길래 플레이어에 대한 게임 개발자의 신뢰가 이렇게나 땅에 떨어졌을까? 〈뉴 슈퍼 마리오브라더스 Wii〉 플레이어는 사실 '튜토리얼'이 알려주는 만큼은 아주 무난하게 통과할 수 있다. 상당수의 최신 게임들은 게임 진행을 방해하는 설명문과 장황한 지시문을 통해 플레이 방법을 설명한다. 많은 게임은 심지어 플레이어가 잘 훈련된 애완동물처럼 밑도 끝도 없이 제자리에서 점프함으로써 버튼 기능을 숙지했음을 입증할 때까지 아예 시작할 수가 없다.

튜토리얼은 놀라울 정도로 일반화되어 있다. 비단 플레이 방법을 헷갈리는 플레이어 수를 줄이는 노력이 수익과 직결된 고예산 상업 게임에서만이 아니라 저예산 게임이나 프리웨어 게임, 골방에서 한두 명이 만든 게임에서조차 찾아볼 수 있다. 2012 게임개발자회의GDC, Game Developers Conference에서 〈포토니카Fotonica〉라는 다운로드 게임 개발에 참여한 게임 개발자인 피에트로 리기 리바Pietro Righi Riva를 만난 적이 있는데, 그는 나를 보자마자 〈뉴 슈퍼 마리오브라더스 Wii〉에 관한 내 견해를 두고 다음과 같이 맞장구를 쳐주었다. "당신 말이 맞았어요. 그 게임에는 튜토리얼이 필요 없었죠." 이런 류의 직설적인 설명은 플레이어의 지능(틀림없이 게임 만족도에 영향을 미치는 요소인)에 대한 모독일 뿐 아니라 개발자의 자신감 부족을 드러낸다.

1985년 판 〈슈퍼 마리오브라더스〉에는 튜토리얼이 필요 없었다. 이 게임은 플레이어에게 기본 원리를 이해시키는 데 디자인을 이용했고, 전달력이 있는 시각적 어휘를 이용했으며, 플레이 과정을 관찰하고 수정하고 다시 관찰함으로써 파악한 플레이어 심리에 대한 이해를 이용했다. 첫 번째 화면은 플레이어가 알아야 할 모든 것을 가르쳐준다. 마리오는 빈 화면의 왼쪽에서 오른쪽을 보면서 출발한다. 공중에 떠 있는 반짝이는 보상 오브젝트와 느리지만 위협적인 괴물(이 괴물은 맞은편에서 마리오를 향해 걸어온다)은 플레이어가 점프하도록 유인한다. 발판은 일종의 정글짐으로 점프를 실험해보고, 종류에 따라 다른 벽돌의 속성을 발견하며, 첫 번째 파워업을 마주칠 수 있는 곳이다. 비록 처음부터 그 파워업이 위험한 것인지 아닌지는 확신할 수 없지만, 파워업은 상당히 빠른 속도로, 피하기에는 너무 좁은 공간으로 다가온다. 이 파워업에 마리오의 몸집이 커지는 혜택이 있음을 알게 되는 순간 플레이어는 이 게임에 등장하는 괴물과 파워업이 어떻게 생겼고, 어떻게 움직이는지 감을 잡을 수 있다. 곧이어 길을 가로막는 하수구는 마지막으로 점프 높이가 버튼을 얼마나 오래 누르느냐에 따라 달라짐을 알고 있는지 점검하는 역할을 한다.

1985년에는 닌텐도용 8605 어셈블리어로 게임을 코딩하는 작업조차 매우 어려웠으니, 게임 속에 전용 '튜토리얼'을 넣는 작업은 훨씬 더 어려웠을 거라는 지적도 있을 수 있겠다. 사람들은 디지털 게임의 요소들에 대한 기술적 당위성을 지적하기를 좋아한다. 게임 애호가들은 대부분 게임의 역사가 곧 기술의 역사라는 생각에 매료되어 있기 때문이다. 〈슈퍼 마리오브라더스〉의 디자이너인 미야모토 시게루와 데즈카 다카시에게 지시문 대신 디자인을 이용해 플레이어를 가르치게 한 기술적인 이유가 있었다면, 1980년대 게임기의 한계는 신의 축복이었던 셈이다. 디자인은 기술이 아니다. 게임에 딸려 나가는 설명서에 플레이 방법이 자세히 적혀 있었지만, 설명서를 읽는 사람이 얼마나 적은지, 소프트웨어보다 먼저 잃어버릴 확률이 얼마나 높은지에 주목하던 미야모토 시게루와 데즈카 다카시는 게임 그 자체를 통해서도 얼마든지 플레이 방법을 전달할 수 있음을 입증해 보였다.

2009년에 〈슈퍼 마리오브라더스〉 원작의 오프닝 화면을 본 사람이 있었지만(적어도 이 화면을 〈뉴 슈퍼 마리오브라더스 Wii〉의 첫 번째 레벨에 그대로 복사해 넣어야 했던 담당자만은 그랬겠지만), 그 사람은 이 화면이 어떤 의미를 담고 있는지, 혹은 이 화면이 왜 그렇게 효과적인지 이해하지 못했다. 게임 개발자들은 왜 과거로부터 배울 수 없을까? 거의 30년 전에 해결된 문제를 붙들고 왜 여전히 씨름하고 있을까?

디지털 게임은 1985년부터 폭발적으로 상업화됐고(사실 〈슈퍼 마리오브라더스〉가 나오기 10년 전부터도 성공한 비디오게임들은 있었다), 그에 따라 비디오게임을 설명할 수 있는 새로운 용어는 풍부해졌다. 애석하게도 이 용어들은 마케팅 종사자, 브랜드 충성도가 높은 인터넷 논쟁, 게임 유통사의 홍보부로 둔갑한 게임 잡지에서 탄생한다. 비디오게임을 설명하는 데 쓰이는 용어는 게임 디자인을 논하는 매우 실무적인 문제에 적용될 때는 깊이가 없다.

게임 디자인을 논하고 분석하고 비평할 어휘가 부족한 게임 디자이너들은 대부분 직관과 본능에 크게 의존한다. 직관과 본능에는 많은 장점이 있다. 많은 중요한 결정이 본능에 따라 내려지고, 실행해보고 나서야 이해될 수 있기 때문이다. 하지만 게임 디자이너가 팀에 속해 일한다면 어떨까? 게임에 들어갈 캐릭터를 본인이 아닌 다른 사람이 그리고 있다면? 캐릭터를 그리고 있는 사람은 무엇을 표현해야 하며, 게임 디자이너는 그 사람에게 무엇을 말해주어야 할까? 만약 두 명의 게임 디자이너가 공동 개발을 한다면? 두 사람은 게임의 요구사항과 방향성에 관해 어떻게 소통할 수 있을까?

이 문제를 처음 인식한 사람은 내가 아니다. 1994년에 이미 게임 디자이너 그렉 코스티키안Greg Costikyan은 '말이 아닌, 디자인만이 게임을 말해준다I Have No Words & I Must Design'라는 제하의 잡지 기고문에서 이 문제를 제기했다. 도입부에서 그는 이렇게 말한다. "우리에게는 비평적 어휘가 필요하다. 게임은 눈부신 성장을 거듭해왔고 경이로울 정도로 다양함에도 불구하고 근본적으로 새로운 문화 형식이기에 우리는 게임을 위한 비평적 어휘를 새로이 발명해야 한다." 그의 말은 당시에는 물론이거니와 지금도 옳다.

우리가 모두 한 팀에 속해 있고(오늘날 게임 유통사들의 관행에 비추어볼 때 가능성은 아주 희박하다지만), 게임 디자인 솔루션의 무궁무진한 자원, 즉 지금까지 세상에 나온 모든 비디오게임을 확보할 수 있다고 가정해보자. 이 게임들이 얼마나 잘 만든 게임인지, 그렇지 못한 게임인지, 무엇을 하는지, 왜 하는지 등을 이해함으로써 우리는 더 좋은 게임을 만들 수 있다. 플레이어를 오른쪽으로 가게 하는 방법처럼 오래전에 해결된 문제를 붙들고 다시 머리를 싸맬 필요가 없다. 하지만 게임을 논하는 데 사용할 용어가 없다면 이 게임들을 어떻게 이해할 수 있을까? 다른 사람과는 어떻게 토론할 수 있을까?

나는 한때 문예창작을 공부한 적이 있다. 수업은 한 사람이 제출한 습작을 모두가 읽은 다음, 둥그렇게 모여 앉아 돌아가면서 비평을 발표하는 식으로 진행되었다. 이때 비평을 하는 목적은 글쓴이가 이야기를 더 좋게 다듬을 수 있도록 돕고, 그 과정을 통해 각자의 작문 실력을 향상하는 것이었다. 이 과정을 우리는 '품평'이라고 불렀다. 우리는 이야기의 전개 속도가 어떤지, 특정 문단이나 구절이 등장인물의 특징을 표현하는 데 효과적인지(혹은 효과적이지 못한지), 어떤 부분이 엉성하고 어떤 부분이 탄탄한지 등을 이야기했다.

플레이어가 점프 버튼을 다섯 번 눌러야 슈팅 버튼을 다섯 번 누를 수 있게 하려고 게임에 튜토리얼을 넣으려는 게임 개발자는 없다. 게임 개발자가 게임에 튜토리얼을 넣는 이유는 사전에 명시적으로 설명하지 않고 플레이어에게 게임 규칙을 가르칠 수 있다는 자신감이 부족하기 때문이다. 보드 게임이나 카드 게임이라면 마땅히 플레이어가 사전에 모든 규칙을 알고 있어야 한다. 플레이어가 규칙을 지켜야 하는 주체이기 때문이다. 하지만 디지털 게임의 위대한 강점은 컴퓨터가 규칙을 시행하고 숫자를 계산하므로 플레이어가 규칙의 복잡성을 일일이 다 알 필요가 없다는 점이다. 플레이어가 나중에 그러한 복잡성을 발견한다면 이야기가 발전하고 있다는 느낌을 줄 수 있다.

어떻게 하면 플레이어를 이러한 발견으로 이끌 수 있을까? 이것이 '디자인'이다. 솔직히 터놓고 말하자면, 나는 우리 게임 디자이너들이 디자인을 썩 잘하고 있다고 생각하지 않는다.

게임 디자이너에게 필요한 것은 품평이다. 품평은 게임을 디자인하고, 디자인에 대해 평가받고, 기교를 향상할 수 있는 수단이다. 우리는 디자인을 하나의 기교로서 논할 수 있어야 한다. 더불어 게임 디자인을 논하려면 가장 먼저 필요한 것은 바로 어휘다.

빈약한 용어

비디오게임을 설명하는 데 사용할 용어가 부족하다는 말은 아니다. 다만 이 용어는 비디오게임을 판매할 목적으로 만들어진 것으로, 게임을 개발하거나 이해하는 과정을 설명해주지는 못한다. 현재 사용되는 게임 어휘는 마케팅 담당자가 보도자료용으로 생산해서 게임 잡지에 그대로 실리는 유행어가 판을 친다. 이 표현들은 누리꾼에 의해 인터넷으로 퍼져나가며, 급기야 다른 면에서는 지성을 겸비한 게임 개발자가 의미 없는 용어를 들먹이며 게임을 설명하는 소리까지 나오게 된다.

내 귀에 자주 들리는 용어와 그 용어가 뜻하는 의미를 나름대로 추론해보았다.

- immersive(완전히 둘러싸인 듯한): 물속에서 플레이하는 게임
- fluid(물 흐르듯 매끄러운): 진짜로 물로 만든 게임
- flow(부드럽고 빠른 속도감): 액화된 게임의 흐름

이 용어들이 전혀 무의미하다는 말은 아니다. 실제로 'flow^{몰입}'에 대해 논할 수 있는 의미 있는 방법들에 대해서는 이 책의 뒷부분에서 살펴볼 것이다. 유행어가 보도자료나 광고문구용으로 그저 게임을 홍보할 목적으로 맥락도, 어감도 무시한 채 사용될 바에야 차라리 의미가 없는 편이 나을지도 모르겠다.

게임을 논할 때 의미 없는 용어를 사용하면 게임을 설명하는 능력은 더욱 빈약해지고, 게임을 설명하는 언어는 더욱 모호해진다. 하지만 우리는 게임이 '그래픽', '오디오', '반복플레이성^{replayability}[1]'으로 구성된다는 생각을 믿었던 것처럼 어느 정도는 이 의미 없는 용어들을 신봉해왔다. 이 용어들을 기준으로 게임을 생각하는 데 익숙해졌지만, 대체 이 용어들은 어디서 왔을까?

용어의 출처는 바로 게임 관련 매체들이다. 비디오게임을 논할 때 쓰이는 용어들은 소비자 보고서류의 게임 리뷰에서 왔다. 「게임프로^{GamePro}」라는 잡지는 게임을 '그래픽', '사운드', '조작성', '재미 요소', '도전성'으로 구분한 다음, 항목마다 1점에서 5점까지 평점을 매겼다. 그렇다면 게임의 그래픽은 정말 플레이 방법과 관련이 없을까? 게임에서 요소들이 움직이는 방식은 게임의 조작 방법에 대해 많은 힌트를 주지 않을까? 사운드는 짝을 이루는 상호작용의 특징을 표현하지 않을까? 게임의 도전성은 게임의 경험, 즉 재미 요소에 영향을 주지 않을까?

사실 이러한 구분은 낡은 발상으로 보이지만, 여전히 게임에 대한 생각을 전

---

1 플레이할 때마다 새로움을 경험할 수 있어서 게임을 자꾸 하고 싶게 만드는 요소 – 옮긴이

달하는 데 사용되고 있다. 게임을 통합적인 시각에서 바라보기보다는 머릿속에서 조각조각 해체해버린다. 규모가 큰 단체나 스튜디오라면 특히 그렇게 하기 쉬운데, 보통 각 항목에 해당하는 업무를 진행하는 담당자가 다르기 때문이다. 하지만 게임 속 요소의 생김새를 통해 우리는 그 요소를 어떻게 생각해야 하는지, 어떤 기대를 품어야 하는지 알 수 있다. 그래픽은 디자인의 일부다. 사운드도 디자인의 일부다. 게임의 조작 방법도, 게임의 경험도 마찬가지다. 우리는 게임을 이루는 이러한 모든 요소를 따로따로 생각하는 데 익숙해져 버렸다.

용어는 다른 면에서도 우리의 사고를 제약한다. 우리는 슈팅 게임, 전략 게임, 플랫폼 게임처럼 정해진 '장르'를 신봉해왔다. 이렇게 구분한 탓에 이미 정형화된 발상에서 벗어난 게임을 설명하고 판매하는 일은커녕 상상하는 일조차 어려워졌다. 나는 2012년 3월에 〈디스포이아^{dys4ia}〉라는 게임을 개발했다. 호르몬 요법을 받았던 내 자전적 경험을 표현한 게임이었다. 당시 많은 플레이어와 평론가는 내 게임을 좋게 평가하면서도 애당초 게임이라고 부를 수 있는지 없는지를 놓고 옥신각신했다. 게임이 어떻게 작동해야 하는지, 플레이하는 동안 어떤 일이 '반드시' 일어나야 하는지에 대한 장르 중심적 선입견에 내 게임이 들어맞지 않았기 때문이다.

게임을 논할 때 우리가 사용하는 용어는 게임에 대해 우리가 사고하는 방식을 제약한다. 우리에게는 말하자면 승리나 지배를 위한 투쟁이 아닌 호르몬 대체 요법에 관한 실제 경험을 다룬 게임처럼 다양한 게임을 아우를 수 있는 어휘가 없다. 따라서 게임의 언어는 배제의 언어다. 게임 문화의 어휘는 그러한 방식으로 논의를 틀에 가둠으로써 그 문화의 기존 관념과 가치관을 존속시킨다. 그 어휘가 처음부터 지나치게 배타적이라면 문제의 소지가 있다.

〈디스포이아〉는 여러 가지 면에서 전통적인 게임이다. 이 게임은 이야기를 전달하기 위해 정해진 게임 어휘를 많이 차용했다. 대부분의 장면에서 플레이어가 조종하는 캐릭터는 화면을 돌아다니면서 주어진 임무를 수행한다. 플레이어와 게임 개발자들이 〈디스포이아〉를 게임으로 인식하지 못하는 이유는 아주 궁색하다. 호르몬 대체 요법에 관한 게임을 더 전통적인 주제를 가진 관련 게임과 묶을 수 있는 디자인 어휘가 부족하기 때문이다.

플레이어와 게임 개발자들에게 게임의 '이야기'에 대해 말하면 거의 하나같이 할리우드 제작물을 모방한 5분짜리 동영상인 컷신^{cutscene}을 떠올리거나 플레이어가 반드시 멈춰서 읽어야 하거나 주로 귀찮아하며 건너뛰는 설명문을 떠올린다. 이것은 게임 디자이너들이 가진 디자인 공포증의 또 다른 증상이다. 사실 게임에서 이야기를 전달하는 데 필요한 모든 도구는 이미 우리 손에 있다. 해설이 아닌 진짜 이야기 말이다. 단지 그러한 도구를 이해하지 못하고 있을 뿐이다.

게임에서 진짜 이야기를 전달하는 법을 배울 때까지 '이야기'는 언제나 '컷신'을 의미할 것이다. 통합적인 관점에서 디자인하는 법을 배울 때까지 게임은 언제나 '그래픽', '사운드', '조작성'으로 해체될 것이다. 게임의 다양성을 풍부하게 표현할 수 있는 용어를 손에 넣을 때까지 우리는 '슈팅 게임', '전략 게임', '플랫폼 게임'만 디자인할 수밖에 없을 것이다.

게임 디자인을 논할 수 있는 용어가 있어야만 게임을 디자인하는 능력도 손에 넣을 수 있다.

용어의 필요성

어린 시절 내게 있어 게임 개발은 그저 신비의 영역이었다. 인간이란 존재가 어떻게 게임이란 것을 창조할 수 있는지 상상조차 할 수 없었고, 어디서 시작하는지조차 알 수 없었다. 게임 디자인에 관한 진정한 담론이 형성되면 기성 게임 개발자들이 더 날카로운 지성을 갖추는 데 도움이 될 뿐 아니라 갓 입문한 개발자들도 게임 디자인에 대한 고민과 기획을 시작할 수 있는 어휘를 갖게 된다. 기성 개발자는 후배 개발자에게 디자인에 대한 생각을 전수할 수 있게 된다. 같은 업계에 몸담은 사람들끼리 서로 소통하면서 서로의 실력 향상을 도울 수 있다.

당연히 게임을 만드는 사람들이 게임 디자인에 관한 진정한 담론을 통해 가장 많은 이득을 얻겠지만, 이득을 얻는 사람은 그들만이 아니다. 나는 게임 평론가도 이득을 얻으리라 본다. 여기서 게임 전문 기자는 논외로 한다. 게임에 대한, 게임이 무엇을 하는지, 왜 하는지에 대한 진정한 논의가 활발한 환경을 만들 수만 있다면 누구나 훌륭한 게임 평론가가 될 수 있다. 게임을 이해하고 게임을 분석하며 게임에 대한 생각을 전달하는 일에 훨씬 능숙해질 수 있다는 뜻이다.

우리는 게임을 더 깊이 이해하고 더 높이 평가할 수 있는 문화를 만들어야 한다. 팍스^{PAX, Penny Arcade Expo} 같은 게임 박람회에 수만 명이 벌떼처럼 모여들어 게임 개발자와 퍼블리셔들이 보통 사람이 아닌 천재라는 신화를 더욱 굳혀가는 문화권에서 게임이 저평가되고 있다는 말은 자칫 우습게 들릴지도 모른다. 하지만 이것은 진정한 이해가 아닌 맹목적 숭배다. 게임 개발자들이 보통 사람이 아닌 월등한 존재라는 신화는 잘못된 믿음이기 때문이다. 하지만 어린 시절 게임 디자인이 내가 직접 시도할 수 있는 일이며, 심지어 이걸로 먹고 살 수 있다는 사실을 알 수 없었던 것도 바로 이러한 잘못된 믿음 때문이었다.

게임 개발자들을 맹목적으로 숭배하기보다는 그들이 하는 일을 깊이 이해할 수 있는 능력을 갖춘 플레이어들이 모여 있다고 생각해보자. 확실히 게임을 디자인하는 일에는 '마술의 비밀이 담긴 마술사의 가방'류의 매력이 있다. 어쨌든 게임 디자이너는 플레이어의 정신적 상태와 정서적 상태를 (바라건대, 플레이어가 동의할 만한 방식으로 그리고 비폭력적으로) 주무를 경험을 디자인한다. 플레이어가 마술의 비밀을 간파하고 나면 혹여 마술에 대한 신비감을 잃진 않을까 하는 공포심이 있을 수도 있겠다.

나는 글쓰기를 배우면서 이야기 전개 속도와 설명, 인물 설정 기법에 대해 많이 토론했지만, 문장에 대한 내 감상력이나 문장을 잘 쓰는 사람에 대한 경외심이 줄어들지는 않았다. 오히려 글쓰기에 대한 내 관심은 기법을 이해함과 동시에 한층 더 깊어졌다. 나는 평범한 독서가가 평범한 플레이어보다 훨씬 독해력이 뛰어나다고 믿는다. 여기서 말하는 독해력은 단순히 더 많은 책을 읽었다는 뜻이 아니라 그들이 좋아하는 문화 형식에서 쓰이는 기교에 대한 폭넓은 이해력을 의미한다. 책을 읽는 독자가 무엇을 읽고 있는지 이해하는 폭이 플레이어들이 무엇을 플레이하고 있는지 이해하는 폭보다 훨씬 클 거라는 점은 어찌 보면 당연하다. 소설과 산문의 역사가 훨씬 더 오래되었을 뿐만 아니라 작가들은 작가이기 때문에 글쓰기의 기교에 관해 글을 쓸 수 있는, 그것도 아주 상세히 표현할 수 있는 능력이 훨씬 더 탁월하다.

'독해력이 뛰어난' 플레이어라고 해서 꼭 염세적이고 오만한 사람일 필요는 없다(우리 주위에 그런 사람은 이미 널렸으니까). 오히려 잘 경청하는 사람, 특이한 발상에 열린 마음을 가진 사람일 수 있다. 게임 디자이너이자 개발자로 살면서 지금까지 어떤 평론가가 내 작품에 대한 통찰력과 예리함으로 나를 감동시킨 소중한 경험은 겨우 손에 꼽을 정도였다. 그 경험들은 내가 왜 개발자의 길을 택했는지를 떠올리게 했다. 내가 개발자가 된 이유는 서로 소통할 수 있고, 내 게임을 이해할 수 있는 사람을 얻기 위해서였다.

그 경험들은 내 작품을 나 스스로도 더 잘 이해하게 되는 계기가 되기도 했다. 평론가의 역할은 게임에서 작동하고 있는 개념을 분명히 표현하고, 다른 게임이나 다른 유파들과의 맥락에서 평가하는 것이다. 평론가는 작품을 다른 사람들에게 설명하는 일을 도와준다. 즉 평론가는 담론을 시작한다.

이것이 바로 디자인에 대해 이야기하고 자신의 디자인 결정을 공유하는 자리에서 게임 디자이너가 해야 하는 역할이다. 즉 게임 디자이너는 담론을 시작한다. 다른 사람들을 그 담론에 초대하고, 대화에 끌어들이며, 기여하게 한다. 이 주제는 왜 책으로 엮어야 할 만큼 중요할까? 이는 소수의 업계 개발자들이 스스로를 더 박식한 사람으로 여기도록 하기 위해서가 아니다. 게임 디자인을 둘러싼 침묵을 깨면 그 담론으로부터 모든 사람이 이득을 얻을 수 있기 때문이다. 여기에는 게임 개발자가 되고 싶은 사람도, 게임 개발자가 단지 본인들과 같은 보통 사람이라는 사실을 알고 나서야 게임을 만들고 싶어진 사람도, 식견이 풍부한 평론가가 되고 싶은 사람도, 단지 아는 것이 많은 플레이어로서 만족하는 사람도 모두 포함된다. 게임 디자인에 관한 열린 대화가 늘어나면 우리가 사랑해 마지않는 이 문화 형식을 둘러싼 신비주의가 벗겨지고, 우리 모두가 디지털 게임을 더 잘 이해하고 탐구하며, 원한다면 직접 만들 수 있는 수단을 얻게 될 것이다.

들어가며

이 책은 무엇을 다루는가? 이 책에는 우리에게 절실히 필요한 게임 디자인에 관한 담론을 활성화하고자 하는 나의 노력을 담았다. 이 담론을 시작하고 이 담론을 시작할 장을 마련해줄 수 있는 책은 앞으로 더 많이 나와야 한다. 나는 한동안 서던메소디스트대학교^Southern Methodist University에 있는 길드홀^Guildhall이라는 게임 대학원에서 레벨 디자인을 전공한 적이 있는데(불과 몇 달 만에 쫓겨났지만), 내가 보기에 당시 교수는 게임 디자인을 어디서부터 가르쳐야 하는지 모르는 게 분명했다. 강의 시간에는 디즈니 영화 속의 시차 스크롤 기법^parallax scrolling2에 관한 비디오를 봤고, 시험에는 영웅의 여정^The Hero's Journey3에 관한 내용이 출제되었다.

지금의 나는 게임 디자인이 '학제적 영역'이라는, 즉 깊이감을 구현하는 방법 등에 대한 이해부터 플레이어가 어떤 종류의 이야기를 기대하는가에 이르는 다양한 기술이 게임 디자이너에게 도움이 된다는 사실을 흔쾌히 인정하는 사람이지만, 여전히 교과목에 대한 이러한 몰이해는 게임 디자인과 레벨 디자인을 가르칠 수 있는 이론적 기초가 부족한 탓이라고 본다.

당시 읽어야 했던 레벨 디자인 교재도 아직 기억이 난다. 그 책은 한 가지 종류의 게임에 치우쳐 있었다. 앞서 같은 종류의 게임을 반복·재생산하는 게임 담론에 대해 언급한 바 있지만, 그 교재는 명백히 1인칭 슈팅 게임^FPS, first-person shooter을 중심으로 쓴 책이었다. 무려 한 장 전체를 조명에 할애하고 있었다. 물론 분위기를 연출하기 위해 조명을 사용하는 원리는 레벨 디자이너가 관심을 가질 만한 유용한 내용이지만, 세부사항은 기본 원리를 이해한 후에 접근해도 늦지 않다는 것이 내 생각이다.

그렉 코스티키얀이 어휘의 필요성이 얼마나 절실한지 지적한 후로 게임 디자인과 게임 개발 관련 서적들이 많이 쏟아져 나왔다. 특정 종류의 게임을 중심으로 다룬 책도 있고, 프로그래머와 아티스트, 프로젝트 책임자로 이루어진 대규모

2　2D 그래픽 표현을 입체적으로 보이게 하는 기술. 2D로 그려진 그림의 각 요소들을 원경과 근경에 따라 여러 장의 다중 레이어로 나누어, 가로 세로 스크롤 이동 시 이동 속도에 차이를 주는 방식으로 독특한 입체감과 거리감을 준다. – 옮긴이

3　신화학자 조지프 캠벨(Joseph Campbell)이 세계 각지의 신화를 분석한 뒤, 모든 영웅 서사 속에 공통적으로 12단계의 플롯 구조가 존재함을 발견하고 명명한 개념 – 옮긴이

팀에서 일하는 방법을 다룬 책도 있다. 후자는 앞으로 큰 회사에서 일하고자 하는 사람들에게는 유용한 책이겠으나, 점점 늘고 있는 소규모 게임 개발자 대열에 합류한다면 별로 얻을 내용이 없을 것이다. 게임과 재미에 관한 이론적인 연구에 초점을 둔 게임 디자인 책도 나왔고, 문화적 산물로서의 게임을 연구한 책도 나왔다. 심지어 게임을 논하는 데 필요한 새로운 어휘를 확립하는 성과를 이룬 책까지 나왔다. 하지만 여전히 게임 디자인 분야의 입문서 역할을 할 만한 책, 특히 무궁무진한 다양성을 지닌 게임에 두루 적용할 수 있는 입문서는 찾기 힘든 실정이다.

바라건대, 이 책이 가능한 한 보편성을 띨 수 있다면, 여기서 설명한 분석틀이 내 관점으로 감당할 수 있는 한 폭넓은 게임에 적용될 수 있다면 저자로서 더할 나위 없이 기쁘겠다. 하지만 나 역시 치우침이 없는 것은 아니다. 이 책은 기본적으로 〈슈퍼 마리오브라더스〉 같은(혹은 내 작품인 〈마이티 질 오프^{Mighty Jill Off}〉(2008)나 〈레더^{REDDER}〉(2010) 같은) 플랫폼 게임을 디자인하는 데 필요한 안내서다. 이 책에서 특정 게임에 대한 내 취향이 두드러지더라도 너그러이 양해해주기 바란다.

이 책은 디지털 게임, 즉 비디오게임을 집중적으로 다룬다. 보드 게임이나 카드 게임, 민속놀이 및 기타 비디지털 게임이 재미나 디자인 면에서 가치가 없어서는 결코 아니다. 사실 비디오게임은 비디지털 게임의 유구한 역사와 궤를 같이하며, 우리는 이 게임들로부터 많은 것을 배울 수 있다(사실 디지털 게임의 발상 중에서 상당수는 비디지털 게임에서 차용한 것이다). 비디지털 게임의 인간 플레이어는 규칙을 지키고 내면화해야 하는 당사자이기 때문에 보드 게임의 플레이어와 개발자들 사이에는 이미 디지털 게임에 관해 펼쳐졌던 그 어떤 담론보다도 활발한 담론이 오가고 있다.

비디오게임에 관한 담론이 가치 있는 이유는 비디오게임에 본질적으로 모호성^{ambiguity}이 내재되어 있으며, 그에 따른 스토리텔링이 가능하기 때문이다. 디지털 게임에서는 컴퓨터가 규칙을 지키는 주체다 보니 레벨 1에 있는 플레이어는 레벨 3이 어떻게 생겼는지, 캐릭터가 해당 레벨을 통과하기 전에 두 다리를 잃게 될지, 혹은 플레이 기술 중에 반드시 익혀야 하고 늦지 않게 숙련돼야 하지만 지금 레벨에서는 알 수 없는 기술이 있는지 알지 못한다. 디지털 게임 디자인은 플레이어에게 정보를 감추고, 여러 규칙들과 규칙의 복잡성을 스스로 발견할 자유를 줄 수 있다는 점에서 매력적이다. 더불어 비주얼 아트와 애니메이션, 사운드를 사용할 수 있는 특징은, 비록 이 요소들이 디지털 게임만의 전유물은 아닐지라도 디자인의 일부를 이루며 더 많은 담론을 촉발한다.

이 책은 무엇을 다루지 않는가? 이 책은 특정 도구나 기술에 대한 안내서는 아니다. 따라서 언리얼^{Unreal} 엔진으로 맵을 편집하는 법을 배우고자 하는 독자에게는 전혀 도움이 안 될 것이다. 언리얼 맵을 다루는 자료와 앞으로 사용하게 될 각종 게임 제작 도구나 에디터에 대해 다루는 자료는 이미 많이 나와 있다. 이 책을 특정 기술 한 가지를 염두에 두고 쓴다면 훨씬 미시적인 책이 될 것이다. 이 책은 디자인에 관한 책이다. 디자인은 기술이 아니다.

이 책이 모든 게임과 게임 디자인에 관한 모든 내용을 아우르는 완벽한 전서全書가 될 수는 없다. 게임 디자인에 관한 궁극의 책이 될 수도, 소장 가치가 있는 전무후무한 참고서가 될 수도 없다. 이 책은 첫 테이프를 끊는 책 중 하나이기 때문이다. 따라서 분명 빈틈이 있을 것이다. 이 책이 소기의 목적을 달성한다면 독자들이 한 걸음 더 나아가 빠진 부분을 채워주리라 믿는다.

이 책은 무엇보다도 담론을 시작하는 데 그 목적을 둔다. 오랫동안 계속되었으면 하는, 게임 디자인에 관해 꼭 필요한 대화를 이끌어나가는 계기를 마련하는 것이 목적이다. 일단 침묵을 깨면 사람들의 입을 틀어막기란 불가능할 것이다. 게임 디자인이란 무엇인가에 관한 이야기가 끊이지 않고 계속되기만 한다면 이 책은 욕하면서 찢어버려도 좋다.

이 책은 디지털 게임 디자인에 관한 책이다. 앞으로 더 많은 책이 나오길 기대하는 바이다.

2장

동사와 오브젝트

세상에 존재하는 모든 게임은 규칙으로 이루어져 있다. 2장에서는 규칙을 디자인하는 법에 대해 '동사'와 '오브젝트'라는 두 범주로 나누어 살펴본다. 한 명 또는 여러 명의 플레이어를 위한 게임의 경험, 즉 역학을 창조하는 규칙들 간의 관계도 살펴본다. 규칙은 이야기의 캐릭터다. 여느 캐릭터와 마찬가지로 규칙과 규칙들 간의 관계를 충분히 발전시킬 때 가장 훌륭한 이야기가 탄생한다.

규칙

게임은 규칙으로 이루어져 있다. 흰 돌로 검은 돌 주위를 에워싸면 검은 돌을 잡을 수 있다. 도형으로 빈틈을 다 채우면 가로줄이 통째로 사라진다. 체력을 영으로 떨어뜨리면 상대를 쓰러뜨릴 수 있다. 플레이어의 경험을 창조하는 것은 규칙들끼리 서로 영향을 주고받는 관계, 즉 규칙들 간의 상호작용이다.

게임 개발자라면 누구나 가장 강력한 경험을 선사할 규칙을 디자인하려고 한다. 또 서로 관계가 있는 규칙을 디자인하려고 한다. 게임이 진행됨에 따라 발전할 기회가 있는 규칙을 디자인하고 싶어하지, 발전할 수 없는 규칙은 피하고 싶어한다. 여기서 말하는 '발전develop'은 '게임 개발game development'과는 다른 의미다. 규칙은 플레이어와의 관계가 더 밀접해지고 복잡해지고 정교해짐에 따라, 플레이어가 규칙을 새롭게 이용하는 방법을 발견하며 플레이 경험에 영향을 주는 미묘한 차이를 이해하게 됨에 따라 발전한다.

존 뉴커머John Newcomer와 빌 퓌첸로이터Bill Pfutzenreuter가 1982년에 개발한 동전 투입식 아케이드 게임인 〈자우스트Joust〉는 서로를 보완하고 강화하는 규칙들로 이루어진 게임으로, 황량한 경기장에서 타조 등에 올라타고 창 시합을 벌이는 검투사들이 그 주인공이다. 〈자우스트〉의 규칙은 다음과 같다. 첫째, 두 검투사가 충돌할 때 더 높은 위치에 있는 검투사가 승리한다. 둘째, 버튼을 누르면 타조가 날개를 파닥거리면서 하늘로 올라간다. 셋째, 중력이 끊임없이 작용하므로 모든 타조가 아래쪽, 즉 화면 하단을 향해 계속 추락한다(그림 2.1 참조).

그림 2.1 〈자우스트〉의 기본 규칙

이제 이 규칙들이 어떤 식으로 어우러지면서 〈자우스트〉의 가장 중요한 주제 가운데 하나인 '높이가 중요하다!'는 주제를 강조하며 노련한 플레이가 요구되는 경험을 창조하는지 살펴보자. 높이를 유지하기 위해 날개를 파닥거리는 동작은 절대적으로 중요하다. 가만히 있으면 중력으로 인해 계속 추락하는데다 다른 검투사와 충돌한 경우 더 높은 위치에 있는 검투사가 무조건 승리하기 때문이다. 가끔 괴성을 지르며 나타나 경기장을 휘젓는 익룡도 여기에 한몫한다. 플레이어와 적군을 가리지 않고 닥치는 대로 잡아먹는 익룡을 처치하려면 정확히 코를 때려야 한다. 따라서 익룡은 높이에 대한 규칙을 한층 더 발전시킨다. 익룡을 죽이는 일은 정확하고 섬세한 조작을 요구하며, 게임에서 가장 중요한 순간이기 때문이다.

게임 규칙을 정한 후에는 이 규칙을 최대한 간단명료하게 플레이어에게 전달하는 작업, 그리고 이 규칙을 디자인을 통해 발전시키는 작업에 심혈을 기울여야 한다. 이 내용은 앞으로 차근차근 살펴볼 것이다. 2장에서는 규칙을 이해하고 논할 수 있는 기본 어휘와 규칙이 게임에서 기능하는 방식, 즉 문법을 정하는 일에 대해 살펴보고자 한다.

이 책을 쓰면서 나는 여러분이 지금 읽고 있는 단어와 문장을 짜 맞추는 데 정해진 문법을 사용하고 있다. 내 생각이 가능한 한 명확하게 전달되었으면 하는 바람에서다. 그럼에도 글이란 창작의 산물인 만큼 결과물이 훨씬 더 설득력 있으리라 생각할 때면 특정 규칙이나 관습을 무시하기도 한다. 미리 일러두자면, 앞으로 논할 '규칙'들이 어떤 법칙이라거나 불변의 진리라는 뜻은 아니다. 이 글의 목적은 디자인을 제약하는 것이 아니라 디자인에 대해 생각하고 담론을 시작할 수 있는 방법을 제시하는 것이다.

게임은 규칙으로 이루어져 있다. 여기서는 규칙을 게임이 진행됨에 따라 발전하는 게임의 캐릭터로 정의한다. 여기서 말하는 이야기란 규칙의 발전, 충돌, 절정, 해결을 말한다. 규칙은 캐릭터라는 말을 꼭 명심해두기 바란다.

그렇다면 누가 가장 중요한 캐릭터, 즉 중심 캐릭터일까? 아마도 주인공이나 영웅, 〈자우스트〉의 검투사를 떠올린 사람이 많을 것이다. 품사로 보자면 분명 명사의 테두리를 벗어나지 못했을 것이다. 우리는 이야기가 선형적인 구조일 때 명사, 즉 발전하는 존재인 사람에 익숙하기 때문이다. 하지만 게임의 주인공인 명사는 규칙이 아니다.

동사^{verb}가 일종의 규칙이다. 동사가 바로 게임에서 가장 중요한 규칙이다. 여기서 말하는 '동사'란 플레이어에게 게임 규칙 내에서 마음대로 행동할 수 있는 자유도를 부여하는 모든 규칙을 가리킨다. 플레이어가 게임 상태를 바꾸게 하는 모든 규칙이자, 뭔가 행동을 취하게 하는 모든 규칙이다. 동사는 플레이어가 게임의 다른 규칙들과 상호작용하게 해주는 규칙이다. 〈자우스트〉의 경우 '점프하기', '쏘기', '떨어지기', '날개 파닥거리기'가 바로 동사에 해당한다. 동사가 없는 게임은 함께 만들어가는 스토리텔링 체계가 아닌 현실을 모사한 시뮬레이션일 뿐이다.

이야기의 중심 캐릭터로 동사를 떠올리기는 어렵다. 영웅을 중심 캐릭터로 보기는 쉬운데, 동사가 영웅의 특징을 표현하기 때문이다. 가령 게임 초반에 낮은 구릉을 기어오르기는 쉽지만, 끝으로 갈수록 위험천만한 절벽을 기어오르는 일은 훨씬 어려워진다. 이는 영웅의 여정(길드홀 교수들이 모든 게임의 토대라고 주장하는 이야기 구조와 혼동하지 말 것)이 목표에 다가갈수록 훨씬 힘겨워진다는 사실과 영웅이 한계를 시험받으면서 주어진 도전을 극복할 만큼 강해지고 있다는 사실을 암시한다.

하지만 우리는 플레이어나 플레이어의 행동을 디자인할 수는 없다. 오로지 플레이어의 경험, 플레이어의 선택, 플레이어의 수행을 유도할 규칙만을 디자인할 수 있다. 규칙은 우리가 의미를 전달할 수 있는 수단이고, 동사는 플레이어가 화답하게 해주는 규칙이다. 게임과 플레이어가 주고받는 대화가 바로 게임이며, 우리가 디자인하는 규칙은 이 대화를 가능하게 해주는 어휘다.

게임 개발자가 이야기를 전달하는 데 동영상으로 만든 컷신이나 장황한 설명문에만 의존하는 이유는, 다시 말해 상호작용적인 게임에서 이야기를 전달하는 데 비상호작용적인 수단만 사용하는 이유는 이야기를 게임 내에서 플레이어가 실제로 취할 행동을 허용하는 방식으로 보는 법을 제대로 이해하지 못했기 때문이다.

플레이어의 선택 만들기

금성을 눈앞에 그려보자. 광활한 초록빛 하늘, 지평선을 따라 구름처럼 늘어선 보랏빛 산맥, 하품하듯 벌린 주둥이 사이로 연기 자욱한 지하가 보이는 이곳은 로봇 광산이다. 여기는 로봇들이 일하는 광산이 아니다. 아득히 먼 옛날 자취를 감춘 우주여행 종족이 버려둔 로봇들을 찾아 인간이 땅을 싸는 광산이다. 혹은 평소에는 그랬었다고 말해야겠다. 오늘, 광산이 생긴 지 지구 시간으로 481,900시간 만에(금성의 하루는 지구의 하루보다 훨씬 더 길다) 발굴된 로봇들의 전원이 일제히 켜졌다. 로봇들은 즉시 수천 년 전 회로 속에 하드코딩된 명령에 따라 일사불란하게 작동하더니 광산 통제권을 장악하고 탈출에 실패한 인간 광부들을 인질로 잡아갔다.

이제 광산을 탐험하고, 로봇을 무력화하며, 인간 인질을 구출하는 일은 고용된 우주 영웅인 자넷 점프젯^{Janet Jumpjet}의 몫이다. 그녀는 오직 지혜와 메가블라스터 3000 레이저 권총으로만 무장했다. 이 권총을 쏘는 것이 바로 자넷의 핵심 동사다.

자넷의 핵심 동사가 '쏘기'라는 말은 어떤 의미일까? 분명 총격전이 난무하는 게임이 될 거란 뜻이다. 금성은 폭력의 소굴이다. 이것이 플레이어 앞에 펼쳐진 미래다.

자넷의 메가블라스터는 한 번에 한 발의 레이저 볼트만 발사할 수 있다. 한 발은 위협적인 로봇 한 대를 녹여버리기에 충분하다. 탕! 하지만 발사 직후 메가블라스터는 엄청나게 뜨거워진다. 다시 총을 발사하려면 0.5초의 냉각 시간이 필요하다. 이것이 우리가 디자인한 규칙이다. 발사 간격이 정확히 얼마나 긴지 플레이해보고, 수치를 바꾸고, 다시 플레이해보고, 어떻게 설정할 때 가장 흥미로운 선택이 가능한지 결정하는 데는 상당히 오랜 시간이 필요하다. 게임이 완성됐다고 여겨질 때까지 수정은 계속 반복해야 한다.

발사 간격은 '쏘기' 동사의 일부다. 규칙은 다음과 같다. 버튼을 누르면 자넷이 정면을 향해 치켜든 메가블라스터에서 0.5초마다 한 발씩 레이저 볼트가 발사된다. 이 규칙은 왜 중요할까? 규칙을 이용해 플레이어의 선택을 만들어낼 수 있기 때문이다. 여기서 선택이란 자넷의 메가블라스터를 쏠 것인지, 말 것인지, 언제 쏠 것인지, 어디로 쏠 것인지 등을 말한다. 발사와 발사 사이에 0.5초(그리 긴 시간으로 들리진 않겠지만 광분한 로봇이 철컥철컥 다가올 때라면 매우 더디게 느껴질 것이다)가 필요하다면 이 규칙은 어떤 선택을 만들어낼까? 자넷은 그림 2.2처럼 생긴 어두컴컴한 통로에 갇혀 있고, 두 로봇이 서로 반대 방향에서 자넷을 향해 접근하고 있다. 이때 어느 로봇을 먼저 쏴야 할까?

그림 2.2 규칙은 선택을 제공한다. 이런 상황이라면 왼쪽 로봇을 쏴야
할까, 오른쪽 로봇을 쏴야 할까?

실제로 1975년에 나온 〈스페이스 인베이더^{Space Invaders}〉는 이동형 터렛을 이용해 침공하는 외계인을 섬멸하는 게임으로, 플레이어에게 이와 유사한 선택을 제공한다. 이 게임에서 플레이어는 한 화면 내에서 한 발의 총알만 사용할 수 있다. 다음 총알을 쏘려면 총알이 적에게 맞거나 화면 밖으로 사라질 때까지 기다려야 한다. 이러한 규칙은 플레이어의 선택에 어떻게 영향을 미칠까?

우선 표적을 못 맞히면 다시 쏘기 위해 얼마간 기다려야 하지만, 맞히면 훨씬 빨리 다음 총알을 쏠 수 있다. 따라서 플레이어에게는 더 신중하게 총을 쏠 만한 동기가 생긴다. 더 가까이에 있는, 즉 더 즉각적인 위협이 될 수 있는 침략자를 쏠 때가 멀리 있는 적을 쏠 때보다 훨씬 빠른 간격으로 쏠 수 있다. 여기에는 일정 정도의 균형이 있다. 더 위험한 적들에게는 더 많은 총알을 사용할 수 있다. 가까이 있는 적을 못 맞히면 다시 쏘기 위해 더 오래 기다려야 하지만 가까이 있는 적은 그만큼 맞히기가 쉽다.

동사들의 관계

〈스페이스 인베이더〉에는 상호작용하는 동사가 몇 개 있다. 쏘기 동사 외에 플레이어는 이 게임과 어떻게 상호작용할까? 플레이어는 좌우로 이동한다. 쏘기와 이

동하기라는 두 동사는 서로 관계가 있다. 플레이어가 쏘기 버튼을 누르면 총알이 플레이어의 현 위치에서 발사된다. 침략자에게 총을 쏘려면 플레이어 역시 적군의 사정거리에 들어간다는 뜻이다. 적군의 총알을 피하려면 방어벽 뒤에서 움직여야 하는데, 그곳에서는 대응사격을 할 수 없다. 좌우 이동하기와 총알 쏘기 사이에는 끊임없는 대화가 생성되며, 그에 따리 좌우 이동하기 동사는 디욱 발전한다. 표적을 겨누는 데도 사용하지만 적의 총알을 피하는 데도 사용해야 한다.

동사들 간의 관계를 정하면 선택을 디자인할 기회가 많아진다. 이야기의 여느 두 캐릭터와 마찬가지로 이 관계는 게임이 진행됨에 따라 발전할 수 있다.

마리오가 수평으로 이동하는(왼쪽이나 오른쪽으로 걸을 수 있는) 능력과 수직으로 이동하는(점프하는) 능력 사이의 강한 관계는 〈슈퍼 마리오브라더스〉의 백미를 이룬다. 주목해야 할 점은 이 관계가 시간이 지날수록 더 강력해진다는 점이다. 게임 초반에는 두 동사를 아주 복잡한 방식으로 협응하는 기술까지는 필요하지 않다.

게임에서 요구하는 첫 번째 점프는 자유의지로 움직이는 적을 넘는 것이다. 마리오는 적의 머리 위로 떨어질 경우에는 무사하다. 옆에서만 닿지 않으면 된다. 이 점프는 심지어 수평 이동조차 필요 없다. 그냥 적이 아래로 지나갈 때 제자리에서 점프만 해도 된다. 게임에서 요구하는 두 번째 점프는 땅에 붙어 있는 딱딱한 장애물 위로 올라타는 것이다. 이 동작은 최소한의 수평 이동을 요구한다. 아주 나중에 가서야 수평 이동과 수직 이동의 섬세한 조작과 협응을 필요로 하는 상당히 복잡한 점프가 요구된다(그림 2.3 참조). 이쯤 가면 플레이어는 수평 이동과 수직 이동을 동시에 수행할 수 있는 한 쌍의 동사로서 사용하는 법을 터득할 수 있다.

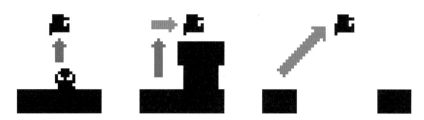

그림 2.3 〈슈퍼 마리오브라더스〉에서 수평 이동과 수직 이동의 관계가 발전하는 모습

게임 개발자는 외톨이 동사를 피해야 한다. 외톨이 동사란 다른 동사와 전혀 관계가 없어서 다른 동사로 인해 강화되지도 않고, 발전하지도 않으며, 이것이 필요한 유일한 상황이 올 때까지 플레이어의 머릿속에서 까맣게 잊혀지는 동사를 말한다. 다음 레벨로 빠져나가는 문에 '열기' 동사를 사용하면 각 레벨이 끝나는 어떤 게임이 있다고 상상해보자. 각 레벨에 문이 하나씩만 있다면 이 동사가 바로 외톨이 동사다. 이 동사는 다른 곳에는 전혀 사용되지 않으며, 다른 동사와 다양한 상황과의 관계 속에서 발전할 기회도 없다.

그럼 어떻게 하면 외톨이 동사를 피할 수 있을까? 플레이어에게 제공한 동사로 게임이 요구하는 모든 것을 수행하기에 충분하도록 게임을 디자인해야 한다. 더 많은 상호작용을 제공함으로써 동사의 활용도를 높여야 한다. 다양한 비디오 게임을 플레이해본다면 문을 여는 데 얼마나 다양한 방법이 있는지 아마 깜짝 놀랄 것이다.

다시 금성으로 돌아가 보자. 자넷 점프젯은 지하 광산의 암흑 속에서 아주 오래된 금속 격벽으로 된 문을 노려보고 있다. 메가블라스터에서는 연기가 피어오른다. 우리의 영웅은 어떻게 이 문을 통과할 수 있을까? 정중히 노크하고 누군가 열어주기를 기다려야 할까? 메가블라스터를 내려놓고 손잡이를 돌려야 할까? 아니면 메가블라스터를 문에 겨누고 방아쇠를 당겨야 할까?

게임에서 중요한 동사에 가능한 한 많은 기능을 부여하면 억지로 발전할 기회가 없는 보조 동사들을 욱여넣어 빈틈을 메우지 않아도 된다.

동사를 강건하게 만들기

게임 디자이너는 동사를 최대한 발전시켜야 한다. 동사를 다재다능한 캐릭터로 만들어야 한다. 동사가 가능한 한 많은 다른 규칙들과 상호작용한다는 뜻일 뿐 아니라 플레이어가 어떤 반응을 기대하는 모든 상호작용에 반응이 있다는 뜻이다. 동사는 플레이어가 나머지 게임 규칙들을 배우는 데 사용할 수 있는 규칙이다. 동사를 사용했는데 피드백이 전혀 없다면 플레이어는 그 동사나 게임 규칙에 대해 아무것도 배울 수 없다. 설령 "안 돼요, 그렇게 할 수 없어요."라는 말일지라도 플레이어와 소통하는 강건한 동사를 만들어야 한다. 겉으로는 부정적인 이 진술 역시 플레이어에게 무엇을 할 수 있는지 알려주는 과정 못지않게 중요하다.

내 게임 중에서 예를 하나 들어보자. 나는 2009년에 데인저 제인^{Danger Jane}이라는 고고학자를 주인공으로 한 〈툼드^{Tombed}〉라는 게임을 만들었다. 깊은 지하성당을 조사 중인 제인은 점점 내려오는 스파이크월^{spike wall}을 피해 땅을 부수면서 아래로 도망쳐야 한다. 스파이크월은 전형적인 무덤 함정이다. 제인은 손에 든 삽을 이용해 발 밑에 있는 부드러운 점토 벽돌을 파낼 수 있다. '삽질하기'는 타이틀 화면에 나올 정도로 매우 중요한 동사다. 타이틀 화면에는 손에 삽을 든 채로, 삽으로 팔 수 있는 땅 위에 서 있는 제인과 "시작하려면 시프트 키를 누르세요"라는 문구가 나타난다. 플레이어가 시프트 키를 누르면 제인은 삽질로 바닥을 판다. 맞닿아 있는 같은 색깔의 벽돌(총 세 가지 색상)은 삽으로 팔 때는 한 덩어리처럼 취급된다. 곧 제인이 타이틀 화면에서 아래쪽으로 추락하면서 게임이 시작된다.

플레이어는 이제 제인의 중요한 동사가 무엇인지(삽질하기), 그 동사를 실행하려면 어느 키를 눌러야 하는지(시프트 키), 앞으로 게임에서 숱하게 마주칠 부드러운 점토 벽돌을 파면 어떤 일이 일어나는지 알 수 있다. 제인의 또 다른 동사는 단단한 땅 위에 있을 때 좌우로 '걷기'다. 발 밑에 디딜 땅이 없을 경우 제인은 발이 땅에 착지할 때까지 떨어진다.

하지만 이 게임에 삽으로 파지는 점토 벽돌만 나오는 것은 아니다. 삽으로 파지지 않는 단단한 금속 벽돌도 나온다. 금속 벽돌은 제인의 이동을 제약하는 데, 즉 플레이어의 선택을 유도하는 데 사용된다. 제인이 금속으로 된 장애물을 통과할 수 없는 탓에 다른 길로 돌아가야 하다 보니 그 틈에 스파이크월이 머리에 닿을 정도까지 바짝 내려오기도 한다. 제인은 스파이크월이 금속 벽돌을 부수기에 충분한 높이까지 내려오도록 기다려야 한다. 이것이 또 다른 규칙인 '스파이크월은 금속 벽돌을 포함해 접촉하는 모든 벽돌을 부순다'는 규칙이다. 따라서 이 게임에서 금속 벽돌은 속도 조절 메커니즘으로 기능한다. 제인이 스파이크월에서 너무 멀리까지 도망쳐 화면 밖으로 벗어나면 플레이어가 볼 수도 없고 어떤 결정을 내려줄 수도 없게 되는데, 이 상황을 막아주는 역할을 하는 것이다.

하지만 플레이어가 이 규칙을 어떻게 알 수 있을까? 앞에서는 제인의 삽으로 장애물을 부술 수 있다고 배웠는데, 똑같은 삽으로 금속은 부술 수 없다는 사실을 어떻게 배울 수 있을까? 지금부터 그 방법을 이야기해보고자 한다. 플레이어가 처음 삽으로 금속을 내리치면 게임은 무슨 일이 일어나는지 보여주기 위해 피드백을 준다.

제인의 삽으로 부술 수 없는 금속을 내리치면 금속성의 '팅' 하는 소리와 함께 삽이 튕긴다(그림 2.4 참조). 플레이어가 어떤 동사를 사용해 장애물을 부술 수 없을 때조차 여전히 관찰 가능한 효과를 통해 그 동사와 장애물의 관계에 대한 정보는 줄 수 있다. '제인은 금속을 삽으로 팔 수 없다'는 규칙은 플레이어가 주어진 동사를 사용하는 과정에서 학습되고 강화된다.

그림 2.4 각각 점토와 금속을 삽으로 파보는 제인

실제로 이 게임에서 규칙을 소개하는 방식은 이렇다. 플레이어는 오프닝 장면에서 세 층으로 쌓인 점토 벽돌을 파 내려가야 한다. 세 층은 게임에 나오는 세 가지 색깔로 되어 있다. 그림 2.5는 게임의 첫 장면이다. 삽으로 내리치는 순간 맞닿아 있는 같은 색깔의 벽돌은 전부 허물어지지만, 색깔이 다른 벽돌은 허물어지지 않는다. 이것이 가장 기본적인 게임 규칙이자, 이 게임에서 첫 번째로 가르치는 규칙이다.

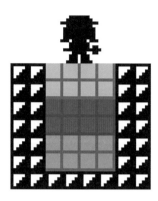

그림 2.5 〈툼드〉의 오프닝 장면

제인이 세 가지 색깔의 벽돌을 모두 파내면 양쪽으로 금속 벽이 세워진 우물 형태의 바닥에 갇히게 된다. 삽으로 금속을 내리칠 수는 있지만 그저 '팅' 소리만 나면서 튕길 뿐이다. 곧 스파이크월이 내려와 양쪽에 남겨진 벽 윗부분에 닿는 순간 맞닿아 있는 금속은 전부 허물어지고, 제인은 자유의 몸이 되면서 더 아래쪽에 있는 땅으로 떨어진다. 이제 플레이어는 '제인은 금속을 삽으로 팔 수 없다'는 규칙과 '스파이크월은 금속을 부술 수 있다'는 규칙을 직접 관찰했다.

플레이어가 어떤 효과가 있으리라고 합리적으로 기대할 수 있는 모든 상호작용에는, 설령 부정적인 형태라도 반드시 어떤 효과가 따라야 한다. 이것이 강건한 동사를 통해 내가 말하고자 하는 핵심이다. 금속에 삽을 밀어 넣었는데 아무 일도 일어나지 않거나, 오브젝트에 아무런 반응이 없거나, 물체들이 서로 관통해버리더라도 여전히 플레이어가 금속 벽돌을 팔 수 없다는 사실을 알아낼 수도 있다. 하지만 이것은 규칙을 강력하게 납득시킨 것도, 효과적으로 납득시킨 것도 아니다. 플레이어가 규칙을 알아내는 데 좀 더 시간이 걸릴 수도 있고, 우왕좌왕하는 사이 스파이크월이 플레이어를 깔아뭉갤지도 모른다. 이제 되돌아가서 모든 과정을 다시 반복해야 한다. 플레이어는 시간을 낭비했고 아무 규칙도 배우지 못했을 것이다.

이것은 형편없는 디자인이다. 게임 개발자는 기회가 있는 곳마다, 기회가 있을 때마다 규칙을 가르치고 강화해야 한다.

상황정보로 설명하기

다시 금성으로 돌아가 보자. 자넷은 메가블라스터를 손에 들고 모험을 떠날 채비를 끝냈다. 자넷은 이야기 속 가상 캐릭터이지만, 자넷이 살고 있는 세상은 시뮬레이션이다. 시뮬레이션을 구동하는 컴퓨터 속에서 자넷은 수많은 숫자로 존재한다. 이 숫자들은 화면 속의 수평 위치와 수직 위치, 이동 방향과 이동 속도를 나타낸다. 권총에서 발사되는 레이저 볼트는 속도와 방향이 있는 신호일 뿐이다. 이 신호가 적절한 표적, 가령 방향과 속도가 있는 또 다른 (X, Y) 좌표값인 로봇과 겹쳤음을 컴퓨터가 인식하는 순간, 시뮬레이션은 두 오브젝트를 모두 제거함으로써 충돌을 해결한다. 규칙의 추상화, 즉 게임의 수식 차원에서는 이것이 우리가 볼 수 있는 모든 것이다.

플레이어에게 규칙을 설명할 때는 이해를 도울 만한 친숙한 상황정보를 함께 제공해야 한다. 게임의 상황정보는 자넷과 메가블라스터를 나타내는 이미지, 이들을 설명하는 말, 이미지에 애니메이션이 입혀지는 방식, 플레이에 따라 들려오는 효과음, 모든 요소가 종합적으로 일어나는 타이밍 등 다양한 요소로 구성된다. 우리는 이 요소들을 게임의 서사구조, 즉 금성의 광산에서 인질을 구출하는 자넷 점프젯의 이야기로 생각하는 데 익숙하다. 이 요소들은 정말로 그 이야기에서 나왔고, 그 이야기를 전달하는 데 도움이 된다. 하지만 게임에서 상황적 요소들의 역할은 그 이상이다. 이 요소들은 우리가 만든 규칙이 중심 캐릭터인 다른 차원의 이야기에서 어떤 일이 일어나는지 보여주고 적절한 맥락을 제공해준다.

자넷은 권총이 있으므로 레이저 볼트를 발사할 수 있다. 레이저 볼트는 로봇을 박살 낼 수 있다. 이것들은 플레이어가 규칙을 이해하도록 돕는 은유다. 은유는 이미지와 소리, 애니메이션, 피드백을 통해 플레이어에게 전달된다. 만약 뜨거운 레이저를 발포한 후 메가블라스터를 식혀야 한다는 설명을 전달해주면, 플레이어에게 0.5초의 재장전 시간이 필요한 이유를 납득시킬 수 있다. 만약 메가블라스터가 0.5초 동안 하얗게 달아오른 뒤 다시 원상복귀되는 모습을 보여준다면, 규칙을 강화하는 시각적 은유로 활용할 수 있다.

게임의 상황정보가 더 응집력이 있을수록, 더 많은 요소가 플레이어에게 이미 전달한 은유와 합치되는 행동을 보일수록 플레이어는 더 쉽게 결과를 기대하고 게임 규칙을 추측하고 이해할 수 있다.

금성 지하의 암흑 속에서 자넷은 로봇의 잔해를 걷어차 가며 인간 인질을 찾아 주변을 샅샅이 수색한다. 이 게임의 개발자로서 우리는 발전되지 않은 동사를 새로 등장시키지 않고자 플레이어에게 '쏘기'라는 동사를 사용해 인질을 구출하도록 정했다. 이미 익숙한 동사의 쓰임새를 확장한 것이다.

인질을 발견한 자넷은 과연 메가블라스터의 총열을 통해 고통에 신음하는 인질을 바라보면서 방아쇠를 당길 수 있을까? 플레이어는 과연 원래 구출하라는 임무를 받았던 대상을 쏘려고 할까? 이제 로봇들이 인질을 얼마나 괴롭혔는지 직접 확인했다는 이유로? 그보다는 당황하고 머뭇거릴 확률이 훨씬 높을 것이다.

일단 한 번이라도 권총을 쏘아본다면, 그래서 인질이 동굴 벽으로 내동댕이 쳐지는 대신 안전한 장소로 순간이동 한다는 사실을 알고 나면 인질을 향해 총을 쏠 수 있을 것이다. 하지만 처음에 품게 되는 의구심은 플레이어의 게임 학습 과정을 심각히 방해하는 장애물이다. 이 장면은 플레이어가 해당 규칙을 처음 마주친 순간이다. 우리는 가능한 한 재촉하지 않고 규칙을 이해시켜야 한다. 만약 자넷에게 무전으로 인질을 쏘아 순간이동 시키라고 명령하는 사령관이 필요하다면 우리는 규칙을 전달하는 데 실패한 것이다. 사령관을 삼가야 한다.

인질을 구출하기 위해 치명적인 무기로 인질을 쏘는 행위는 플레이어의 기대와 게임 규칙 사이의 부조화를 일으킨다. 이 부조화는 남은 경험을 하는 동안 계속 뇌리에 남아 과연 게임을 제대로 이해한 것인지 의심하게 만들 것이다.

만약 인질을 구출하기 위해 총을 쏘아야 하는 대신 인질이 감금 장치에 갇혀 있다면 어떨까? 이 장치가 자넷이 박살 냈던 로봇과 같은 재질의 금속으로 만들어졌고, 시각적으로도 명백히 그렇게 보이는 감금 장치라면? 이제 플레이어가 인질을 향해 총을 쏘면 감금 장치가 열리고 인질이 풀려난다. 감금 장치의 순간이동 전파방해구역에서 풀려난 인질은 이제 안전하게 빔으로 전송될 수 있다. 이게 다 우리의 영웅 자넷 덕분이다!

이러한 설정은 치명적인 무기로 인질을 쏘게 하는 것보다 훨씬 더 납득하기가 쉽다. 플레이어가 시각적으로 감금 장치에 갇힌 인질로 보이는 형체를 보게 되면 메가블라스터로 로봇과 같은 재질의 물체를 파괴할 수 있다는 지식과 연결지어 감금 장치를 쏘아야 한다는 사실을 추리해낼 수 있다. 플레이어가 감금 장치를 쏘는 순간 게임은 인질이 구출됐다고 알려줌으로써 반응한다. 구출 성공!

게임 규칙을 더 쉽게 이해할 수 있게 만들수록 플레이어는 규칙을 더 쉽게, 더 효과적으로 내면화하고 예측할 수 있다.

오브젝트

여기서 말하는 오브젝트는 단순한 의미에서의 명사, 돌덩어리, 정적인 물체가 아니다. 동사를 위한 오브젝트, 문장을 완성하는 오브젝트를 말한다. '제인은 녹색 점토로 된 벽돌을 삽으로 파낼 수 있다', '제인은 금속 벽돌을 파내려고 하지만 실패한다'와 같은 문장 말이다. 우리는 이미 만들어놓은 오브젝트를 끌어와 플레이어의 선택을 설계하고 이야기를 전달할 수 있다.

올바른 오브젝트를 선택하면 효과를 톡톡히 볼 수 있다. 〈툼드〉에서 제인이 누비는 지하 통로는 같은 색깔 벽돌이 맞닿아 있는 세 가지 색깔의 점토 벽돌과 금속 벽돌, 이렇게 네 가지 오브젝트로 이루어져 있다. 동사와 마찬가지로 올바른 오브젝트를 선택하면 활용도가 높아지며, 다른 오브젝트의 쓰임새와 너무 많이 겹치는 탓에 발전하지 못할 오브젝트는 넣지 않도록 주의해야 한다.

점토 벽돌이 한 가지 색깔뿐이라면 아마 너무 부족할 것이다. 속도 조절용으로 사용할 수야 있겠지만 어디를 파야 할지에 대한 흥미로운 선택을 설계할 수는 없을 것이다. 두 가지 색깔을 쓴다면 선택을 설계할 수야 있겠지만 서로 잘 연결되도록 만들 수는 없을 것이다. 두 가지 색깔밖에 없으므로 갈라진 길이 서로 만날 수 없기 때문이다. 네 가지 색깔은(적어도 내가 이 게임을 만들 때 속도를 빠르게 하려고 설정한 협소한 공간에서만큼은) 세 가지 색깔로는 불가능한 선택을 그리 많이 추가해주지는 못한다. 그림 2.6의 예를 보자.

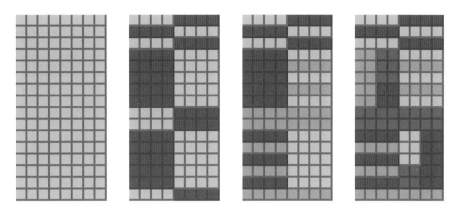

그림 2.6 〈툼드〉를 각각 단색, 2색, 3색, 4색으로 구성해본 예시. 2색과 3색의 차이가 3색과 4색의 차이에 비해 더 많은 가능성을 더함에 주목하자.

혹시 수많은 선으로 구획된 지도를 놓고 가능한 한 적은 색깔을 사용해 맞닿은 지역의 색깔이 겹치지 않도록 색칠해본 적이 있는가? 이때 필요한 최댓값은 4로 밝혀졌다(이 원리를 '4색 정리'라고 부른다). 하지만 완성된 지도, 가령 4색을 사용한 미국 지도를 살펴본다면 네 번째 색깔이 아주 복잡하게 얽히고설킨 부분에만 제한적으로 쓰였음을 알 수 있다. 이 게임에서 네 번째 색깔은 거의 쓰이지 않을 것이다. 네 번째 색깔은 게임의 시각적 형태를 더 복잡하게 만들고 혼동을 야기해 게임 규칙에 대한 플레이어의 이해도를 떨어뜨릴 것이다.

〈툼드〉는 48시간 동안 게임을 디자인하는 대회인 제14회 루둠 데어^{Ludum Dare} 출품작이었다. 그래서 나는 완성된 게임과 함께 소스 코드도 공개한 바 있다(게임 메이커 8로 제작했다). 그 소스 코드를 이용해 내 친구인 리언 아노트^{Leon Arnott}는 파생작이자 후속작인 〈툼드 II^{Tombed II: Twombed Off}〉를 개발했다. 리언은 기존의 네 가지 오브젝트는 그대로 두고 삽으로 부술 수 있는 오브젝트를 한 개 추가했는데, 바로 제인의 삽으로 내리치면 색깔과 관계없이 금속 벽돌을 포함해 맞닿은 모든 벽돌이 부서지는 빨간 '폭탄'이다.

빨간 폭탄은 신의 한 수였다. 이 폭탄으로 인해 게임에 많은 변화가 생기기 때문이다. 빨간 폭탄은 플레이어에게 금속 벽돌을 부술 수 있는 능력을 부여해준다. 단, 기회가 주어질 때만 그렇다. 게다가 빨간 폭탄에는 다른 벽돌과의 관계도 있다. 맞닿아 있는 모든 물체를 파괴하기 때문에 플레이어는 폭탄을 건드리지 않으려면 잘 피해서 파 내려가야 한다. 빨간 폭탄은 리언이 추가한 또 다른 규칙에 의해 강화된다. 이제 화면의 상단뿐 아니라 하단에도 스파이크가 달려 있으므로 플레이어는 신중하게 하강 속도를 조절해야 한다. 폭탄은 넓은 땅덩어리도 한 번에 없애버릴 수 있는데, 그러다 보면 제인의 발이 미처 땅에 닿기도 전에 스파이크에 처박히는 일도 생길 수 있다(그림 2.7 참조).

그림 2.7 〈툼드 II〉에서 폭탄을 터뜨릴 때 처할 수 있는 위험

폭탄으로 많은 새로운 선택을 할 수 있는 기회가 늘어난다. 이 선택들은 기존 벽돌로는 불가능하다. 기존 벽돌은 다른 색깔의 벽돌이 아닌 같은 색깔의 벽돌과만 상호작용하기 때문이다. 하지만 폭탄은 여전히 기존 오브젝트와도 잘 어우러진다. 삽질로 파는 점도 똑같고, 제인이 파고 있는 벽돌에 어느 벽돌이 연결되어 있는지에 신경 써야 한다는 점도 똑같기 때문이다.

기존 오브젝트와의 관계가 미약한 게임 오브젝트를 추가하는 작업은 쉽다. 퀵 픽스나 허접한 패치로도 충분히 할 수 있기 때문이다. 예를 들어, 제인이 오른쪽으로 달려가기 전에 왼쪽으로 달려가게 하고 싶을 때 가장 단순한 방법은 오른쪽에 스위치를 놓아 제인이 스위치를 밟으면 왼쪽으로 가는 문이 열리게 하는 것이다(그림 2.8에서 스위치와 빨간 문이 있는 왼쪽 삽화 참조). 하지만 이 동작은 우리가 플레이어에게 지금까지 가르쳐준 규칙인 삽질 동작과는 아무런 관계가 없다. 게다가 발전되지 않은 새로운 규칙을 등장시키지 않고도 얼마든지 이미 만들어놓은 오브젝트와 디자인을 이용해 같은 효과를 줄 수 있다. 〈툼드〉에서 이미 만들어 놓은 오브젝트와 동사를 사용해 '스위치와 문'을 만드는 가장 좋은 방법은 그림 2.8의 오른쪽 삽화에 나와 있다(제인은 가로 몸길이가 벽돌 두 개를 차지하므로 벽돌 하나 폭의 틈은 빠지지 않고 건너갈 수 있음을 기억해두자).

그림 2.8 〈툼드 II〉에 문을 추가하는 두 가지 방법. 새로운 오브젝트를 등장시키는 방법과 기존 오브젝트를 이용해 같은 효과를 내는 방법

물리적 레이어

디지털 게임은 규칙이 모니터를 통해 구현될지라도 물리적 레이어가 있다. 제인
은 점토 벽돌을 파 내려가지만, 플레이어가 실제로 하는 동작은 시프트 키를 누
르는 것이다. 플레이어가 게임의 다른 규칙들과 상호작용하는 데 사용하는, 즉 제
인이 행위를 취하게 만드는 데 사용하는 동사는 아무리 작은 행위일지라도 플레
이어가 취하는 물리적 행위와 연결되어 있다.

　게임 개발자의 목표는 게임 규칙을 가능한 한 간단명료하게 전달하는 것이다.
이것이 바로 플레이어가 수행하고 있는 동사와 그 동사를 수행하기 위해 취해야
하는 물리적 행위 사이에 가능한 한 연관성을 높이는 작업이 중요한 이유다. 〈툼
드〉의 삽질 동작이 실제로 플레이어의 팔을 아프게 해야 한다는 뜻은 아니다. 〈툼
드〉는 민첩한 판단을 요하는 게임이지, 고통을 참고 버티는 능력을 요하는 게임
이 아니기 때문이다.

　팔을 아프게 하는 조작 방식은 다른 게임에는 적합할 수도 있다. 원작 아케이
드 버전 〈트랙 앤 필드Track & Field〉(1983)의 예를 살펴보자. 이 게임에서 달리는 동
작을 취하려면 두 개의 버튼을 번갈아 눌러야 한다. 이 행위는 달리는 동작의 특
징을 표현하는 데 도움이 된다. 오른발, 왼발, 오른발, 왼발, 이렇게 두 발을 차례
로 디디는 동작이 연상되기 때문이다. 게다가 버튼을 누르는 동작은 실제로 팔이
아프기 때문에 화면 속 운동선수와 플레이어가 취하는 동작 사이의 연관성도 높
아진다. 달리는 동작이 덜 중요한 게임에서는 달리기 동작의 메커니즘을 추상화
하는 것이 안전하다. 보통 다른 게임에서는 다리 동작에 신경 쓰지 않고 이리저
리 걸어 다닐 수 있다. 하지만 달리기 시합을 소재로 한 게임에서는 이러한 연관
성이 중요하다.

　물론 비디오게임을 많이 해봤다면 잘 알겠지만 동사를 구현하는 물리적 동작
이 꼭 동사를 닮아야 한다는 법은 없다. 버튼을 누르는 행위와 점프 동작은 아무
런 연관성이 없다. 이것이 바로 비디오게임의 흥미로운 특징이다. 우리는 인터페
이스를 사용하는 물리적 행위와 그 행위가 게임 내에서 나타내는 동작 사이의 거
리를 넓힐 수도 있고 좁힐 수도 있다. 지금 나와 있는 플랫폼 중에는 인간의 움직

임을 더 폭넓게 감지할 수 있어 플레이어가 땅을 파기 위해 흙을 퍼내는 동작을 실제로 수행하게 할 수 있는 장치도 있다. 하지만 우리가 물리적 상호작용과 게임상의 구현 간 거리를 넓히더라도(즉 하나의 버튼으로 입력을 제한한다면) 게임의 동사와 연결되게 할 수 있는 물리적 행위는 다양하다.

〈툼드〉에서 플레이어는 제인이 삽으로 땅을 파게 하기 위해 키보드의 키를 누른다. 제인은 어떻게 삽질을 행동으로 옮기는가? 키를 톡 치면 제인이 삽을 땅에 꽂는다. 플레이어가 키를 누르는 동작을 모방한 빠른 동작이다. 만약 플레이어가 버튼을 톡 쳤는데 제인이 느린 동작으로 삽을 땅에 대고 발로 누른 다음 어깨너머로 흙을 던진다면 어떨까? 이런 식의 부조화가 발생하면 플레이어는 지금 수행하고 있는 동사와 연결되어 있다는 느낌을 받기 어렵다.

삽질 동작이 느리고 오래 걸리는 게임을 절대 만들지 말라는 말은 아니다. 삽질 동작은 실제로 그런 작업이기 때문이다. 하지만 그렇게 느린 '삽질하기' 동사를 디자인했다면 그 동작을 더 잘 표현하는 동사로 물리적 레이어를 디자인해야 한다. 가령 제인이 삽을 땅에 꽂는 동안 플레이어가 계속 버튼을 누르게 하고, 버튼에서 손을 떼는 순간 제인이 어깨너머로 흙을 던지게 하는 식으로 말이다(그림 2.9 참조).

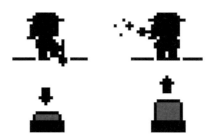

그림 2.9 버튼의 물리적 움직임을 모방한 동사

사실 후자의 경우가 특히 매력적인데, 동사의 두 부분 동작을 하나의 버튼에 매핑했기 때문이다. 연속 동작의 각 단계, 즉 삽을 땅에 꽂고, 어깨너머로 들어 올리는 두 작업을 같은 버튼으로 수행할 수 있는 두 가지 물리적 행위, 즉 누르는 동작과 떼는 동작으로 매핑했다. 되도록 많은 동사를 되도록 작은 물리적 레이어로, 앞서 든 예에서는 되도록 적은 수의 버튼으로 압축하면 플레이어의 헷갈림과 더듬거림은 줄어든다.

나는 서너 개의 인접한 키보드 키를 사용하는 게임을 플레이할 때면 무슨 키가 무슨 키인지 기억하는 데 종종 애를 먹는다. 그래서 오타도 많이 생긴다. 실수로 엄청나게 중요한 자원을 써버리거나 중요한 선택을 잘못 수행한다는 뜻이다. 이렇게 되면 플레이어는 속았다는 느낌을 받게 된다. 여러 개의 키보드 키를 사용할 때 문제가 생기지 않는 유일한 경우는 화살표 키를 사용하는 것이다. 화살표 키는 게임 컨트롤러에 달린 다방향 조이패드처럼 마음속에 이미 자리한 물리적 은유에 맞게 설계되고 배열된 것이다! 많은 게임이 조작 방식으로 화살표 키를 사용한다는 사실은 그리 놀라운 일이 아니다. 화살표 키는 아주 간편한 지름길이다.

〈스트리트 파이터Street Fighter〉 시리즈 같은 '격투 게임' 중에는 다수의 중복된 동사를 다수의 버튼, 전통적으로는 6개의 버튼과 8방향 조이스틱에 매핑하는 게임도 있다. 물리적으로 동사를 수행하는 법을 배우고, 적시에 성공적으로 수행하는 기술은 이 게임에서 매우 중요한 부분이다. 동사를 배우고 수행하는 데 필요한 훈련은 무술을 배우고 수행하는 데 필요한 훈련과 아주 비슷하게 설계되어 있다.

가능한 곳마다 동사의 물리적 레이어를 강화하자. 게임에 타이틀 화면과 메뉴가 있다면 중요한 동사와 연관성이 있게 하고 그 동사를 화면에 넣자. 앞서 언급한 대로 〈툼드〉는 플레이어가 제인이 앞으로 게임에서 땅을 팔 때 사용할 버튼을 사용해 타이틀 화면의 바닥을 파 내려가야만 게임이 시작된다. 아니면 최소한 플레이어가 나중에 게임에서 사용할 버튼으로 메뉴라도 검색하게 하자. 많은 플래시 게임은 플레이어의 동사에 화살표 키와 스페이스 바 등 키보드를 사용하지만, 메뉴에는 마우스를 사용하게 되어 있다.

한 레벨이 끝날 때마다 플레이어가 중요한 키에서 손을 떼서 마우스를 잡고 다음 레벨로 가는 버튼을 클릭한 후에 다시 손가락을 화살표 키와 스페이스 바에 놓아야 한다고 가정해보자. 이 과정은 지루할뿐더러 게임의 동사와 그에 해당하는 키에 대한 플레이어의 집중력을 떨어뜨린다. 키보드와 마우스를 동시에 성공적으로 사용하는 게임은 대개 한 손은 몇 개의 키보드 키에, 다른 손은 마우스에 올려놓게 함으로써 이러한 종류의 더듬거림과 오타를 피한다.

나는 최근에 〈미니 믹스 메이헴Mini Mix Mayhem〉(2012)이라는 아이패드용 게임을 접했다. 이 게임의 전제는 한 명 또는 여러 명의 플레이어가 분할된 화면에 동시다발적으로 나타나면서 각기 다른 규칙과 목표를 특징으로 하는 미니 게임을 최대 4개까지 수행해야 한다는 것이다. 4개의 작은 화면에 나타날 수 있는 게임은 약 20가지로 마치 곡예를 하듯 정신없이 동시에 수행해야 하는데, 게임이 표현하는 시각적 은유에 맞게 각기 다른 방식으로 조작해야 한다. 나사에서 너트를 푸는 과제는 물리적으로 너트를 왼쪽으로 돌려야 한다. 이때 플레이어는 실제로 손가락으로 나사를 푸는 것처럼 느껴진다. 반지가 어느 컵에 들었는지 맞추는 야바위 게임에서는 올바른 컵을 지목해야 한다. 이때 플레이어가 여리꾼을 향해 손가락으로 컵을 가리키면, 그가 컵을 열어 안을 보여주는 것처럼 느껴진다. 빗방울을 컵에 담는 과제는 손가락을 컵에 댄 채로 좌우로 밀어야 한다. 이때 플레이어는 실제로 컵을 들고 왔다 갔다 하는 것처럼 느껴진다.

우리 같은 사람들이 터치스크린용으로 게임을 디자인할 일이야 아마 없겠지만, 게임에 필요한 동사를 수행하도록 플레이어에게 어떤 물리적 행위를 시키느냐에 관계없이 우리는 동사의 속성을 연상시키는 행위, 즉 게임 규칙을 전달하고 강화할 수 있는 행위를 디자인할 수 있다.

조작의 정도

입력 방식이 달라지면 입력 속도가 달라진다. 예를 들어, 마우스 입력은 상당히 감도가 좋다. 마우스를 이용하면 X축과 Y축 방향으로 동시에 천천히 부드럽게 움직일 수도 있고, 재빨리 미끄러지듯 움직일 수도 있다(예를 들어, 플레이어는 마우스를 각각 다른 축으로의 움직임과는 별개의 속도로 위쪽과 왼쪽으로 움직일 수 있다). 흔히 많은 게임에서 '정찰하기' 같은 동사에 마우스 움직임을 사용한다. 예를 들어, 멀리 신비에 싸인 도시의 무질서한 외곽 지역을 따라 플레이어의 시선이 천천히 이동한다. 여기에는 어떤 비밀이 숨어 있을까? 시야 한구석에서 갑자기 두 개골로 만들어진 새 한 마리가 날면서 시선을 끈다.

마우스는 단순히 버튼을 누른 상태 또는 누르지 않은 상태만 있는 키보드 키 보다 훨씬 다양한 정도의 움직임을 가능하게 한다. 하지만 2진법 키도 나름 유용할 때가 있다. 〈테트리스Tetris〉(1986) 같은 게임을 예로 들어보자. 이 게임의 목표는 네 개의 정사각형으로 이루어진 도형을 잘 끼워 넣어 가로줄을 빈틈없이 채우는 것이다. 그래서 이 게임의 움직임은(플레이어는 도형을 한 번에 한 개씩 이동시켜야 한다) 정사각형 한 개 너비만큼이다. 움직임은 그리드 위에서 일어난다. 그렇지 않으면 새로 나온 조각을 기존 조각 사이에 있는 틈새로 끼워 넣기가 어려울 것이다. 이때 2진법 키는 몹시 유용하다. 키를 한 번 누를 때 정사각형 한 개 너비만큼 움직이게 할 수 있기 때문이다.

물론 〈테트리스〉를 마우스로 조작하도록 디자인할 수도 있다. 이때는 도형을 플레이어의 가로축 마우스 위치에서 가장 가까운 그리드로 재빨리 이동하게 해야 한다. 하지만 마우스의 세로축은 어떤가? 이 경우 세로축은 있으나 마나다(그림 2.10 참조). 〈테트리스〉는 마우스를 염두에 두고 디자인한 게임이 아니었다.

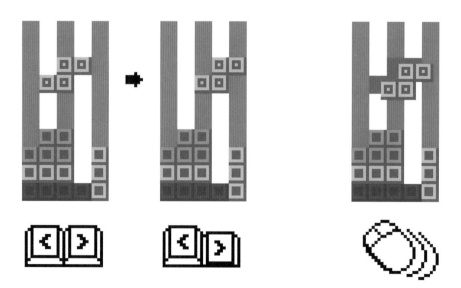

그림 2.10 각각 키보드 키와 마우스를 이용한 〈테트리스〉 게임의 그리드 기반 움직임

키보드 대신 마우스를 사용하도록 디자인한 게임은 〈테트리스〉 같은 그리드 기반 게임과는 형태가 굉장히 다를 수 있다. 크리스토프 안드레아니^Christophe Andreani가 1987년에 아타리 ST용으로 만든 게임인 〈버블 고스트^Bubble Ghost〉의 예를 살펴보자. 그는 게임 주인공을 유령으로 만들었다. 유령은 실체가 없으므로 벽이나 장애물에 부딪힐 염려 없이 마우스 커서가 움직이는 모든 곳으로 이동할 수 있다. 하지만 유령은 터지기 쉬운 거품을 (후후 불어서) 조종하면서 장애물로 가득 찬 저택을 통과해야 한다. 유령은 장애물에 닿아도 괜찮지만, 거품은 장애물에 닿으면 터진다. 이제 우리는 이 게임이 마우스를 가장 염두에 두고 디자인한 게임임을 알 수 있다(흥미롭게도 〈버블 고스트〉는 1990년 게임보이용 버전에서 4방향 십자키에 맞게 개발되었다. 무언가 잃어버렸다는 사실은 그리 놀랍지 않다. 플레이어가 고정된 속도로 움직여야 하다 보니 정렬과 조준이 더 쉬워진 데다 정밀한 조작이 필요 없어졌다).

게임 디자이너는 어떤 이유에서든, 혹 직접 선택할 수 없는 상황이더라도 항상 디자인에 사용하는 입력 장치의 특성을 고려해야 한다. 나는 지금껏 아이패드의 터치스크린상에서 슈퍼 마리오류의 게임, 즉 왼쪽에는 좌우로 이동할 수 있는 '버튼'이 있고, 오른쪽에는 두 개의 '액션' 버튼이 있는 조작 방식을 모방한 게임을 수도 없이 많이 해봤다. 만약 두 개의 키였다면 질감의 차이가 있었을 테지만, 이 두 개의 액션 '버튼'은 질감에는 아무런 차이가 없다. 따라서 '왼쪽 액션 버튼'이나 '오른쪽 액션 버튼'을 터치하는 적중률이 일정하기는 힘들다. 게다가 플레이어의 손가락이 화면 귀퉁이에서 너무 먼 곳까지 움직일 경우 플레이어가 꼭 알아야 하는 정보가 담긴 화면을 가리게 되는 단점도 있다.

이런 류의 게임 중에서 가장 효과적인 게임은 플레이어의 동사 세트를 2진법 입력만 필요한 수준까지 줄인 게임이다. 플레이어의 왼쪽 엄지가 화면에 닿은 상태와 안 닿은 상태, 오른쪽 엄지가 화면에 닿은 상태와 안 닿은 상태까지 줄여야 한다는 뜻이다. 〈1비트 닌자^1-Bit Ninja〉(2012)에서 주인공은 화면의 왼쪽 부분을 터치하면 전진하고, 오른쪽 부분을 터치하면 점프한다(그림 2.11 참조). 플레이어는 주인공의 수평 이동 방향을 선택하는 데는 터치스크린을 사용하지 않는다. 그 대신, 주인공이 몸을 갖다 대면 유턴을 시켜주는 인게임 오브젝트를 사용한다. 이처럼 게임의 입력 장치에 맞춰 디자인해야지, 입력 장치에 반하는 디자인을 해서는 안 된다.

그림 2.11 두 가지 터치스크린 입력 방식. 한쪽이 좀 더 터치스크린을 의식하고 만들었다.

동사에 맞는 물리적 레이어를 디자인하기 전에 입력 형태의 특성을 먼저 파악하자. 컴퓨터의 화살표 키나 닌텐도 컨트롤러의 십자 모양 '조이패드'나 외관상으로는 똑같아 보일지 모르지만, 둘 사이에는 엄연한 차이점이 있다. 화살표 키는 네 개가 각각 독립적인 2진법 상태인 반면, '조이패드'는 한 덩어리의 플라스틱이다. 즉 좌우 중 한쪽과 상하 중 한쪽(움직임의 두 축)을 동시에 누를 수는 있지만, 좌우를 동시에 누를 수는 없다. 이러한 조이패드의 강제적인 차단은 2차원 공간을 탐험하는 게임에는 적절하다. 어쨌거나 움직임이라는 관점에서 좌우를 동시에 누른다는 것은 무슨 의미일까? 두 명령 모두 취소된다.

하지만 다른 상황에서는 좌우를 동시에 누르는 것이 유용할 수 있다. 〈댄스 댄스 레볼루션DDR, Dance Dance Revolution〉(1998)은 플레이어가 대형 조이패드를 발로 밟으면서 플레이하는 일종의 사이먼 가라사대 게임[1]으로, 때때로 좌우나 상하를 동시에 밟도록 요구한다. 왼발과 오른발을 동시에 밟기 위해서는 점프를 할 수밖에 없다. 바로 이 점 때문에 DDR의 대형 조이패드를 한 덩어리의 플라스틱(이것은 한쪽 엄지손가락을 위해 설계된 것이지, 두 발을 위해 설계된 것이 아니다)이 아닌 이진법 버튼으로 만든 것이다.

너무 당연한 말처럼 들릴지도 모르겠다. 한 덩어리의 플라스틱 크기를 넘는

---

1 명령어 앞에 '사이먼 가라사대'를 붙이면 명령을 따르고, 안 붙이면 명령을 따르지 말아야 하는 게임 – 옮긴이

물리적 입력 장치를 개발하려는 사람은 없을 테니까. 하지만 여기에 숨은 맹점은 한 가지 입력 장치의 특성에 익숙해질 경우 다른 입력 장치의 덜 부각된 특성을 인지하고 디자인하기가 어렵다는 점이다. 닌텐도용 조이패드를 터치스크린상에서 재현하려고 하는 개발자들처럼 말이다.

캐릭터 발전시키기

금성의 로봇 광산에서 자넷 점프젯은 지하 묘지에 잠입한다. 메가블라스터 3000의 총구는 정면을 향해 있고, 캄캄한 어둠 속 어딘가에는 틀림없이 광기 어린 로봇 군단이 잠복해 있다. 곧 로봇이 모습을 드러낸다. 전방에 금속의 번쩍임이 보인다. 로봇에서 반사된 빛이 틀림없다! 자넷은 그 자리에 멈춰 서서 방아쇠를 잡은 손가락에 힘을 준다. 하지만 금속 덩어리는 꼼짝도 하지 않는다. 자넷이 살금살금 다가가 보니 그것은 로봇이 아니라 또 다른 감금 장치다! 또 다른 포로일까? 얼굴 쪽을 좀 더 자세히 들여다보니, 인간 포로가 아니라 감금 장치에 격납된 로봇이다! 자넷은 기지를 발휘해 감금 장치를 개방하지 않고 그냥 놓아두기로 했다.

자넷이 산만해진 찰나를 틈타 어둠 속에서 로봇 한 대가 불쑥 튀어나온다. 졸지에 기습을 당한 자넷은 닥치는 대로 총을 난사한다. 덕분에 감금 장치의 문짝이 열리고 안에 있던 로봇들이 밖으로 나온다. 로봇들은 즉시 전원이 켜지면서 한데 뭉쳐 자넷을 향해 포위망을 좁혀온다. 자넷은 욕을 퍼부으며 로봇들을 박살낸다. 자넷은 이렇게 생긴 로봇 격납고가 앞으로도 많이 나올까 궁금해지면서 총을 쏠 때 훨씬 더 신중을 기해야겠다고 마음먹는다.

잠시 후 자넷은 로봇 두 대가 보초를 서고 있는 방에 도착한다. 메가블라스터를 들어 올리지만 이내 목덜미가 서늘해지면서 불길한 예감이 엄습한다. 심호흡을 하며 주위를 둘러본다. 그 방에는 감금 장치에 격납된 로봇들이 사방을 에워싸고 있다(그림 2.12 참조).

자넷은 신중하게 목표를 조준하는 편이 좋겠다.

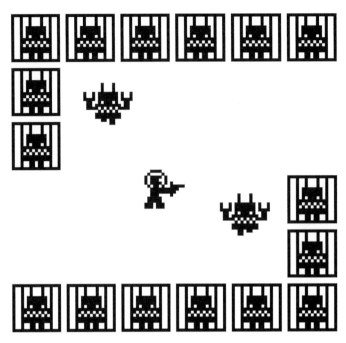

그림 2.12 이 방에서 자넷은 총을 쏘기 전에 생각을 하는 편이 좋겠다.

　자넷은 이 게임에서 펼쳐지는 서사구조의 주인공이지만, 여기서 잊지 말아야 할 점은 게임의 주인공이 여전히 '쏘기'라는 동사, 즉 플레이어가 현명하게 사용하는 법을 반드시 이해해야 하는 동사라는 점이다. 동사를 게임 이야기의 중심 캐릭터로 본다면, 우리는 여느 문화 형식의 캐릭터처럼 동사를 발전시킬 수 있다. 즉 동사를 시험할 수도 있고, 새로운 책임이나 임무를 부여할 수도 있으며, 새로운 면모가 드러나게 할 수도 있고, 성장하게 하거나 강제로 육성할 수도 있다.

　규칙과 오브젝트는 동사를 발전시키는 데 사용하는 어휘다. 재차 강조하건대, 게임 디자이너는 너무 많은 규칙이나 오브젝트를 등장시키지 말아야 한다. 그중 일부는 충분히 발전할 수 있는 시간이 부족하며, 게임에서 충분히 활용될 수 없기 때문이다. 아울러 게임 디자이너는 새로운 규칙들을 플레이어가 전부 배우고 기억해야 하는 만큼 절제해야 한다. 새로운 규칙은 기존 규칙에 대해 플레이어가 가진 주의력을 얼마만큼은 빼앗아간다. 규칙이 많아지고 조건이 많아질수록 게임에 대한 플레이어의 이해도는 떨어진다. 이해도가 떨어질수록 플레이어는 더 많은 내용을 잊어버리고, 더 많이 헷갈리며, 새로운 오브젝트가 어떤 역할을 하는지, 혹은 이 오브젝트가 기존 오브젝트와 어떻게 어우러지는지 예측하는 데 더 많이 실패한다.

제대로만 활용한다면 이미 만들어놓은 오브젝트를 통해서도 얼마든지 동사를 충분히 발전시킬 수 있다. 금성에서 우리는 앞에 나온 '감금 장치'와 같은 기능을 하지만 총에 맞으면 로봇을 풀어주는 오브젝트를 등장시켰다. 이 오브젝트 하나만으로도 흥미로운 상황을 제법 많이 연출할 수 있다. 로봇 격납고로 사방이 에워싸인 방이 하나 있다. 플레이어는 보초를 서는 로봇과 전투를 벌이지만, 놈을 맞히지 못하면 더 많은 로봇이 탈출하게 된다. 혹은 감금 장치에 갇힌 로봇이 출구 한쪽을 가로막고 있는 터널을 상상해보자. 이 구간을 통과하려면 플레이어는 감금 장치에 갇힌 로봇을 우선 풀어준 뒤에 박살 내야 한다. 터널 반대쪽에서 로봇이 추격해오게 하는 방법도 있겠다!

'격납된 로봇'이라는 오브젝트는 기존에 이해한 규칙, 즉 '로봇이 자넷을 추격한다', '총에 맞으면 감금 장치가 안에 있는 것을 풀어준다'는 규칙에서 벗어나지 않는다. 게다가 방금 본 시나리오는 자넷의 '조준하기'와 '쏘기'라는 동사를 발전시킨다. 감금 장치가 있는 방은 플레이어가 더 정확히 쏘게 만들며, 터널은 메가 블라스터의 발사 간격이 0.5초라는 사실을 더 잘 각인시켜준다. 플레이어는 터널 한쪽 끝에 있는 로봇을 언제 나오게 할지 결정하고, 양쪽에서 달려드는 적에 제압되지 않도록 시간 계산을 잘해야 한다.

이런 식으로 오브젝트를 배치하는 과정을 '레벨 디자인'이라고 부른다. 이에 대해서는 3장 '장면'에서 좀 더 자세히 살펴보자. 게임을 그저 어수선하게 만드는 오브젝트가 아닌 동사를 뒷받침하는 오브젝트를 선별할 줄 아는 안목을 개발하는 일은 중요하다. 활용도가 높은 오브젝트를 고르는 안목 역시 중요하다. 비명을 지르며 무대로 뛰어 올라와 할 말도 없이 어정쩡하게 서 있기보다는 스스로 발전할 수 있는 오브젝트를 골라야 한다.

우아함

지금까지 동사와 오브젝트, 규칙의 신중한 구축을 통한 우아한 디자인을 위한 접근법을 살펴봤다. 지나치게 구체적이거나 폭이 좁아서 게임에 많이 기여하지 못하는 규칙이라도 여전히 플레이어의 머릿속 일부분을 차지하므로 게임에 대한 집중력과 이해도를 희석시킨다는 것이 요점이었다. 우리는 간결함의 중요성에 대해 이야기하고 있다.

그럼에도 가능한 한 많은 동사를 갖고 있음을 강조하는 게임의 전통이 있다. 이런 류의 게임은 플레이어가 텍스트 입력창에 명령어를 입력함으로써 규칙을 다루는 게임인 텍스트 어드벤처 게임에 그 뿌리를 두고 있다. 텍스트 어드벤처 게임은 인간 플레이어끼리 진행하는 테이블톱 롤플레잉 게임^{TRPG, tabletop role-playing game}에서 영감을 받았다. TRPG는 '게임 마스터' 역할을 하는 플레이어가 다른 이들에게 모험을 읽어주고 그들이 내린 선택에 따라 반응하는 게임이다.

대부분의 디지털 어드벤처 게임에는 인간 게임 마스터가 없는 대신 컴퓨터가 인간 개발자에 의해 미리 정의된 허용 범위 내에 있는 동사 목록 중에서 플레이어가 어떤 동사를 입력했느냐에 따라 반응한다. '북쪽으로 가기', '남쪽으로 가기', '줍기', '조사하기' 등 자주 이용하는 동사들이 발전한다는 뜻이다. 플레이어의 도전은 특이한 동사가 요구되는 순간을 인지하고, 동사 목록 중에서 어느 동사가 적합한지 알아내는 것이다.

텍스트 어드벤처 게임의 전통을 물려받은 그래픽 어드벤처 게임들은 텍스트 입력창은 없앴지만 여전히 가능한 동사 목록에 주어진 장애물을 통과할 수 있는 해법을 숨겨놓음으로써 플레이어에게 도전을 제공한다. 1990년에 나온 〈원숭이 섬의 비밀^{Secret of Monkey Island}〉을 예로 들면 게임 초반에 '열기', '닫기', '밀기' 등 12개의 동사가 주어지며, 게임이 진행됨에 따라 점점 더 많은 동사가 주어진다(그림 2.13 참조). 주인공은 머그컵, 바나나, 잉크병 등의 오브젝트를 수집하는데, 그러면 더 많은 동사가 해제된다. 머그컵으로는 '마시기'가, 바나나로는 '먹기'가, 잉크병으로는 '사용하기'가 플레이어가 선택할 수 있는 동사 목록에 보태진다. 그렇다고 해서 퍼즐이 골치가 아플 만큼 어려워지지는 않는다. 다만 플레이어가 가능한 모든 선택과 조합을 꼼꼼하게 살피며 어느 동사가 들어맞을지 직관으로 추측해야 하는 만큼, 해법을 찾는 일이 훨씬 지루해질 뿐이다.

```
PUSH  EAT   TALK  MATCH
PULL  HIT   BUY   FISH
OPEN  GET   SELL  ROCK
SHUT  DROP  EXIT  KEY
```

그림 2.13 지나치게 많은 동사는 지나치게 많은 추측을 하게 만든다.

이 체계의 매력은 발상의 전환을 유도한다는 점이다. 1980년에 나온 텍스트 어드벤처 게임인 〈조크[Zork]〉를 예로 들자면, '매우 시끄러운' 상태라고 묘사된 방이 있고, 그 방에는 백금괴 한 덩이가 놓여 있다. 플레이어가 게임 내의 다른 유용한 오브젝트를 집을 때처럼 'GET BAR'라고 입력해서 백금괴를 집으려고 하면 단지 'GET BAR'라는 명령어만 되돌아온다. 플레이어가 입력하는 어떤 명령어도 방의 음향 구조에 의해 똑같이 메아리칠 뿐이다. 해법은 'ECHO'라고 입력하는 것이다. 그러면 마법이 풀리면서 백금괴를 집을 수 있다.

그래픽 어드벤처 게임에서는 플레이어가 게임 초반에 수집한 탓에 의식 속에서 잊힌 거의 쓸모없는 아이템이 게임 후반의 중대한 순간에 가서는 아주 중요한 역할을 하기도 한다. 일종의 체호프의 총[2]인 셈이다. 이러한 장면은 서사적 종결 구조를 제공하며, 플레이어가 유머를 간파했을 때는 그 기발함에 탄복하게 한다.

이 경우 문제는 플레이어가 유머를 즉시 간파하지 못했을 때는 게임이 망가진다는 점이다. 실험은 느린 과정이기 때문이다. 플레이어는 게임 규칙에 대한 정보를 얻는 데 동사를 사용한다. 플레이어에게 100개의 동사를 제공하는 게임에서 실험은 느리고 지루한 과정일 수밖에 없다. 플레이어는 손에 닿는 모든 오브젝트에 동사를 하나씩 일일이 실험해보느라 한 시간을 허비하지만 올바른 조합을 찾아낼 때까지는 아무것도 배울 수 없다.

---

2 러시아의 극작가 안톤 체호프(Anton Chekhov)의 문학 이론에 등장하는 총. 그에 따르면 1막에 총이 등장하면 2막이나 3막에서 반드시 쏴야 한다. – 옮긴이

그렇다면 간결한 동사 목록을 사용하는 게임에서는 발상의 전환이 가능할까? 〈포탈^{Portal}〉(2007)을 이러한 전통, 즉 명백한 설명이 있는 스토리텔링이 포함된 퍼즐 해결 게임이라고 생각해보자. 이 게임은 초반부터 매우 간결한 동사 목록을 설정한다. 플레이어는 파란색 포탈과 주황색 포탈을 생성함으로써 공간 내 모든 두 점을 연결할 수 있다. 두 출입구는 어디에 있든 서로 연결된 것으로 간주된다. 게임에 등장하는 오브젝트의 종류도 상당히 간결하다. 포탈을 생성할 수 있는 벽, 포탈을 생성할 수 없는 벽(더 짙은 색깔), 주인공처럼 포탈을 통과할 수 있는 블록, 플레이어나 블록의 하중에 의해 자동으로 열리는 스위치, 주인공을 감지하면 기관총을 발사하지만 블록과 같은 속성을 지닌 터렛이 전부다.

진로를 방해하는 터렛을 제거하기 위해 터렛 바로 아래에 포탈을 설치할 수 있다는 사실을 깨닫는 순간은 발상의 전환이 이루어지는 순간이다. 터렛의 머리 위에 포탈을 설치하면(이 사례에서는 터렛이 포탈 설치가 불가능한 짙은 색깔 바닥 위에 있을 때) 블록을 떨어뜨려 터렛을 부술 수 있다는 사실을 깨닫는 순간도 마찬가지다. 이 경우 플레이어는 동사와 동사의 행위를 받는 오브젝트에 대한 기존 지식으로부터 새로운 발상을 끌어낼 수 있다. 플레이어는 실험하고 관찰하면서 연결지을 수 있다. 하지만 그럼에도 불구하고 퍼즐의 해법은 여전히 유레카, 즉 동사가 획기적으로 발전하는 순간이 될 수 있다. 플레이어가 동사의 잠재력에 대한 새롭고 흥미로운 지식을 발견하게 되는 예기치 못한 '반전'처럼 말이다.

해법이 예기치 못한 방향에서 나오는 순간을 일부러 배제할 필요는 없지만, 게임을 그러한 순간만으로 디자인해서는 안 된다. 동사는 플레이어가 게임 규칙을 이해하게 하는 수단이다. 상호작용하지 못하는 동사를 지나치게 많이 제공하면 게임 규칙에 대한 플레이어의 이해도는 낮아진다.

실전 게임 개발 엿보기

나는 이 책을 쓰는 동안 로렌 슈미트$^{Loren\ Schmidt}$와 함께 게임 개발 작업도 하고 있다. 이 게임은 플레이어가 임무 수행용 소모품인 노예 광부 행렬을 이동시키는 게임이다. 노예 광부들은 보이지 않는 외계인이 지배하는 낯선 행성의 동굴에서 값비싼 수정을 캐야 한다. 우리는 이제 막 레벨 디자인, 즉 플레이어가 탐험할 동굴 디자인을 시작했다. 지금까지 가장 많은 시간을 할애한 부분은 동사들을 디자인하고, 그 동사들을 강화하고 다른 오브젝트를 강화할 수 있는 오브젝트를 고르는 작업이었다.

플레이어는 라듐 폭탄을 이용해 수정을 캘 수 있다. 동굴마다 정해진 개수의 폭탄을 갖고 시작하는데, 대개는 동굴 내부에서 추가로 폭탄을 획득할 수 있다. 스페이스 바를 누르면 광부가 폭탄을 떨어뜨린다. 폭탄이 얼마간 깜박인 후에 터지면 주변이 둥근 모양으로 파이면서 폭발 반경 내에 있던 모든 생물체는 죽는다. 광부도 예외가 아니다. 따라서 폭탄을 심는 일과 안전거리를 유지하는 일 사이에는 벌써 긴장감이 생기며, 공격적인 괴물과 기타 위험물들은 이 긴장감을 더욱 고조시킨다.

또한 플레이어는 손으로 벽을 팔 수도 있다. 광부를 벽 쪽으로 이동시키면 몸이 들어갈 만한 너비의 통로를 천천히 파기 시작한다. 이 작업은 느리고 비효율적이지만 몇 가지 목적에 부합한다. 우선 플레이어가 폭파시키는 벽이 작은 알갱이로 되어 있고 아무 데나 폭탄을 심을 수 있다 보니 공간이 완전히 뚫리지 않고 얇은 껍데기나 장애물이 남는 경우가 있는데, 이때 대단히 유용하다. 이러한 부분을 제거하는 데 플레이어의 폭탄 한 개를 써버리기에는 아까우므로 그냥 손으로 찌꺼기를 '청소'하는 것이다.

또 다른 목적은 전술적으로 폭탄을 절약하는 것이다. 폭탄이 몇 개 남지 않은 상황이라면 플레이어는 귀중한 폭탄을 아끼기 위해 기꺼이 시간과 맞바꾸려 할 것이다. 화면 상단 계기판에는 플레이어가 사용할 수 있는 제한된 산소의 잔량이 표시되는데, 산소량이 천천히 줄어들므로 폭탄과 시간을 맞바꾸는 작전은 매우 중대한 선택이 된다. 그런가 하면 폭탄이 다 떨어져 어쩔 수 없이 손으로 벽을 파야 하는 상황도 있겠다. 이때 수작업이 불가하다면 레벨을 클리어할 방법이 없이 꼼짝없이 갇히게 되는데, 이러한 상황만은 피해야 한다. 그림 2.14는 폭탄 발파 방식과 수작업 방식을 비교해 보여준다.

그림 2.14 플레이어는 폭탄 발파 방식과 수작업 방식 중에서 선택할 수 있다.

　언제 폭탄을 심고, 언제 심지 말아야 하느냐 하는 문제는 매우 중요한 선택이
다. '폭탄 터트리기'는 플레이어의 핵심 동사이자, 게임 세계와 상호작용하는 수
단이다. 따라서 우리는 이 동사와 상호작용하는 괴물, 즉 폭탄을 심는 결정에 영
향을 받고, 이 결정을 복잡하게 만드는 괴물을 등장시키기로 했다. 또 그들끼리
상호작용하면서 관계를 형성하도록 만들기로 했다.

　외계 동굴에서 마주칠 녀석들을 소개하면 이렇다. 첫 번째 소개할 녀석은 45
도 각도로(대각선 방향으로) 이동하는 단순하게 생긴 통통 괴물이다. 속도는 플레
이어보다 약간 느리고 벽에 부딪히면 소리 없이 튕겨 나간다. 이 녀석의 움직임
은 예측 가능하기 때문에 우르르 떼 지어 나타나지만 않는다면 피하기는 꽤 쉬운
편이다. 우리는 플레이어가 통통 괴물이 풀려날까 견제하며 조심조심 폭탄 설치
위치를 골라야 하는 상황을 넣으면 좋겠다고 생각했다. 두 번째 녀석은 휴면 상
태로 꼼짝도 하지 않는 바위 괴물이다. 이 녀석은 발 밑에 있는 땅이 없어지면 움
직이는데, 이때 떨어지면서 부딪치는 모든 생물체는 죽는다. 따라서 플레이어는
이 바위 괴물을 풀어줌으로써 자신이 다칠 수도 있고, 자신을 보호할 수도 있다.
가령 이 녀석을 적당한 때 풀어줌으로써 통통 괴물이 우글거리는 갱도를 소탕하
는 수단으로 사용할 수 있다.

　외계 동굴에는 또 플레이어가 접근하면 전원이 켜지면서 총알을 퍼붓는 터렛
도 있다. 이 총알은 플레이어에게는 물론, 통통 괴물 같은 여타 괴물들에게도 치
명적이다. 또 총알에 맞은 땅은 조금씩 허물어지므로 명석한 플레이어라면 이 총
알을 폭탄 대용으로 통로를 파는 데 사용할 수도 있다. 혹은 바위 괴물을 막고 있
는 땅을 제거함으로써 이 녀석들을 풀어줄 수도 있다. 그림 2.15는 오브젝트들
간의 상호작용을 보여준다.

그림 2.15 상호작용하는 게임 오브젝트들

우리는 무생물까지도 플레이어의 폭탄에 반응하게 하고 싶었다. 라듐 원석(플레이어가 폭탄 개수를 늘리기 위해 모을 수 있는 라듐)은 플레이어가 터트린 폭탄에 맞으면 점화되어 폭발한다. 플레이어는 연쇄 폭발을 일으키고 싶을 때도 있고, 라듐 원석을 터트리지 않고 조심스럽게 파내고 싶을 때도 있을 것이다. 플레이어가 모아야 하는 수정은 폭탄에 맞으면 금이 가고 부서진다. 수정은 폭탄에 처음 맞으면 금이 간다. 주로 수정을 캐내려고 폭탄을 사용할 때 이렇게 되는데, 한 번 더 폭탄에 맞으면 안 된다는 경고인 셈이다. 수정은 폭탄에 두 번째로 맞으면 부서진다. 폭발에는 결과가 따른다.

이 모든 요소는 플레이어의 핵심 동사를 강화한다. 폭발을 유도하는 능력과 이 폭발을 통해 땅을 파는 능력을 강화한다는 뜻이다. 더불어 우리는 그 동사를 흥미로운 방식으로 발전시킬 오브젝트를 디자인하려고 노력했다. 예를 들어, 통로를 파는 데 폭탄을 써버리는 대신 적을 이용할 기회를 제공했다. 막다른 길이 될 수 있는 오브젝트, 즉 일회성인 데다 그 후로 발전시키지도, 의미 있는 선택을 제공하지도 못하는 오브젝트는 피하려고 노력했다.

정리

- 게임은 규칙으로 이루어져 있다. '점프하기', '기어오르기', '쏘기', '조각 맞추기', '블록 회전시키기' 같은 동사는 플레이어에게 게임의 여타 규칙들과 상호작용할 수 있는 자유도를 부여하는 규칙이다.

- 게임 디자이너는 동사를 사용해 플레이어의 선택을 설계할 수 있다. 흔히 흥미로운 선택을 제시하려면 한 개 이상의 동사가 필요하다. 예를 들면 '수평으로 이동하기'와 '수직으로 쏘기'를 둘 다 넣어야 한다. 이 동사들은 서로 관계가 있어야 한다.

- 게임 디자이너는 발전시킬 수 있는 동사와 관계를 신중히 골라야 한다. 지나치게 많은 동사를 넣으면 게임에 대한 플레이어의 이해도가 흐려질 뿐 아니라 그 동사들 대부분이 발전되지 않은 채로 남겨질 가능성이 크다.

- 게임 디자이너는 이야기에서 캐릭터를 발전시키는 것과 똑같은 방식으로 동사를 발전시킨다. 동사에 더 많은 책임을 부여하고, 다른 동사들과 더 밀접하게 엮이게 하고, 어려운 선택 상황이 생기게 만든다.

- 동사는 행위를 받는 대상물인 오브젝트를 통해 강화되고, 발전되고, 선택 상황이 생긴다. 동사와 마찬가지로 게임 디자이너는 발전되지 않을 오브젝트는 등장시키지 말아야 하며, 서로 관계가 있는 오브젝트들을 디자인해야 한다.

- 게임 디자이너는 플레이어의 핵심 동사와 관계가 있는 오브젝트를 선택해야 한다. 동사는 플레이어가 다른 게임 규칙에 대한 정보를 얻는 데 사용하는 수단이므로, 플레이어가 어떤 반응을 기대하면서 동사를 사용할 때마다 반응이 있어야 한다. 동사를 강건하게 만들어야 한다.

- 모든 규칙에는 플레이어가 연관성을 이해하는 데 도움을 주는 상황정보가 있다. 이 상황정보는 게임의 시각적, 청각적 표현 방식에 의해 강화될 수 있다. 가령 주인공을 해치는 것은 가시가 삐죽삐죽 돋아 있게, 플레이어가 다가가게 만들고 싶은 것은 귀한 물건처럼 보이게 만드는 것이다.

- 모든 동사에는 물리적 레이어가 있다. 플레이어가 누르는 버튼, 마우스로 하는 동작, 터치스크린에 가하는 조작, 트랙볼을 굴리는 동작 등이 그것이다. 물리적 레이어가 속도와 성능 면에서 더 밀접하게 동사를 표현할수록 동사와 물리적 레이어의 관계는 더욱 탄탄해진다.

- 게임 디자이너는 가능할 때마다 플레이어의 동사와 동사들 간의 관계를 강화해야 한다. 동사의 물리적 레이어도 강화해야 하고, 동사에 부여하는 상황정보도, 동사에 대한 오브젝트의 반응도 강화해야 한다. 동사의 관점에서 여러 게임을 떠올려보자. 그 동사들이 어떤 관계를 이루고 있는지, 어떤 오브젝트가 그 관계를 강화하고 복잡성을 높이는지, 어떻게 그렇게 하는지 생각해보자. 동사는 게임 이야기의 캐릭터다. 동사를 발전시킬 때 우리는 진짜 이야기를 전달할 수 있다.

토의 활동

1. 게임을 하나 고른다. 가급적 무작위로 골라본다. 게임 타이틀이 있으면 마구 뒤섞어 놓은 다음 눈을 감고 하나를 찍는다. 그 게임을 딱 5분만 플레이해본다. 이 5분에는 유통사 로고와 타이틀 메뉴 화면, 장황한 오프닝 동영상은 포함하지 않는다. 5분이 지나면 게임을 멈춘다.

   종이를 꺼낸 다음, 플레이어의 동사들을 기억나는 대로 다 적어본다. 특히 게임에서 가장 중요한 역할을 하는 동사들을 도식으로 나타내본다. 상호작용하는 동사들을 선으로 잇고 그 관계를 설명해본다(예를 들어, '좌우로 이동하기'와 '쏘기' 동사의 관계는 '조준하기'다).

2. 금성의 로봇 광산에서 펼쳐지는 자넷 점프젯의 모험에 어울릴 만한 오브젝트를 디자인해본다. 이 오브젝트는 흥미로운 방식으로 자넷의 동사를 발전시키거나 복잡성을 높여야 하며, 적어도 한 개 이상의 기존 오브젝트와 관계가 있어야 한다. 기존 오브젝트에는 로봇, 감금 장치에 갇힌 인간 인질, 감금 장치에 갇힌 로봇 등이 있다.

   이 연습을 위해 자넷의 게임을 마음 내키는 대로 상상해보기 바란다. 나는 게임의 시점이나 자넷의 동사를 구현하는 물리적 레이어 같은 세부사항을 일부러 모호하게 남겨뒀다.

3. 아래에 열거한 동사 중 하나를 골라, 그 동사를 위한 물리적 레이어를 디자인해본다. 이때 한 개 혹은 두 개의 2진법 키(키보드 키처럼 누른 상태 혹은 뗀 상태 둘 중 하나로 인식하는 것)를 사용한다.

- 가라앉는 배에서 양동이로 물 퍼내기
- 강아지와 공 던지기 놀이 하기
- 망치로 벽에 못질하기
- 선물 포장 풀어보기
- 새총 쏘기

그 동사를 최대한 깔끔하게 표현할 수 있는 물리적 레이어를 디자인해보자. 동사를 여러 개의 동사나 행위로 잘게 쪼개고 싶은 마음이 들지도 모른다. 하지만 물리적 레이어를 최대한 압축적으로 만들어야 한다는 사실을 잊지 말자. 적절한 정도의 입력 수단으로 구현할 수 있는 물리적 레이어를 디자인해보자.

그룹 활동

제일 좋아하는 게임이나 최근에 접한 게임을 플레이할 때 어떤 동사들을 사용했는지 서로 이야기해보자. 그 동사들은 '점프하기'나 '쏘기'처럼 많은 게임에서 사용하는 동사인가? 혹시 그 동사들을 독특하거나 흥미로운 방식으로 사용한 게임을 알고 있는가?

이제 평상시에 자주 사용하는 동사나 지금 사용 중인 동사를 생각해보자. 지금 의자에 '앉아' 있을 수도 있고, 종이에 무언가를 '적고' 있을 수도 있겠다. 아주 평범한 동사를 게임 체계의 주축으로 삼는다면 과연 어떤 종류의 게임이 나올까?

방금 언급한 동사 중 하나를 골라 게임에서 그 동사를 발전시키는 방법을 구상해보자. 점프해서 올라서면 중력의 방향이 바뀐다거나 게임 세계의 전체 풍경이 바뀌는 오브젝트처럼 그 동사를 발전시키는 데 도움이 되는 특별한 오브젝트를 넣어도 좋고, 아니면 오브젝트를 점프용 발판으로 바꾸는 총처럼 서로 복합적

으로 작용하는 여러 개의 동사를 넣어도 좋다. 동사와 오브젝트의 이러한 조합을
통해 어떤 종류의 게임플레이가 나올 수 있을지 자유롭게 이야기해보자.

3장

장면

모든 게임은 규칙으로 이루어져 있다. 앞서 우리는 규칙을 동사와 오브젝트로 나누어 살펴봤다. 동사와 오브젝트라는 게임 캐릭터를 발전시키는 일이 얼마나 중요한지도 살펴봤다. 그렇다면 어떻게 어디서 발전시켜야 할까? 바로 장면을 통해서다. 게임이 진행되는 동안 서서히 공개되면서 게임의 전개 속도를 조절하는 플레이 경험의 기본 단위를 우리는 장면이라고 부른다. 플레이어가 행동의 주체인 만큼 당연히 주어진 장면에서 플레이어가 어떻게 행동할지 늘 예측할 수는 없다. 하지만 게임을 만들 때 이러한 장면을 디자인하고 플레이어가 선택할 수 있는 범위를 설정하는 일은 할 수 있다.

장면의 규칙

2장에서는 이야기의 중심 캐릭터이자 플레이어가 게임과 상호작용하게 해주는 규칙인 플레이어의 동사에 대해 살펴봤다. 3장에서는 플레이어의 동사를 발전시키는 방법을 살펴보려고 한다. 규칙 체계를 이루는 게임의 양대 요소인 동사와 오브젝트를 이야기의 배우로 본다면, 이 배우들이 연기를 펼치는 무대가 바로 **장면**scene이다.

게임에 따라, 말하는 사람에 따라, 살고 있는 나라에 따라 장면은 레벨, 스테이지, 라운드, 웨이브, 보드, 미션, 스크린 등 다양한 명칭으로 불린다. 하지만 시간적으로나 내용적으로나 외형적으로나 장면이 반드시 똑같을 필요는 없다. 장면은 게임의 전개 속도를 조절하는 가장 기본적인 단위다.

장면의 크기와 형태는 게임마다 천차만별이다. 실제로 어떤 게임은 단 한 장면만으로 이루어져 있다. 문제는 없다. 단지 캐릭터를 많이 발전시키지 않으리라는 뜻일 뿐이다. 캐릭터를 발전시키는 것은 규칙에 대한, 그리고 규칙들이 상호작용하는 방식에 대한 플레이어의 이해도를 높이는 작업이라고 볼 수 있다. 1970년대에 나온 가장 원시적인 게임인 〈브레이크아웃Breakout〉과 〈퐁Pong〉 같은 게임을 생각해보자. 두 게임에서 플레이어는 라켓을 이리저리 움직여 공을 받은 다음, 〈퐁〉의 경우에는 화면 반대쪽에 있는 상대 플레이어의 라켓 쪽으로, 〈브레이크아웃〉의 경우에는 부서지는 벽돌 쪽으로 보낸다. 이 게임들은 단 한 장면만으로도 충분히 작동한다. '공을 쫓아 라켓 움직이기'라는 동사는 플레이어가 연습을 계속하면서 공의 궤적을 이해하게 됨에 따라 발전한다.

장면을 게임의 전개 속도를 조절하는 가장 기본적인 단위로 본다면, 흔히 게임은 자체적으로 구획된 장면보다 더 잘게 쪼갤 수 있다. 〈슈퍼 마리오브라더스〉는 월드 1-1, 월드 1-2, 월드 2-2 이런 식으로 나누어져 있지만, 월드 1-1 안에서도 몇 개의 장면을 구분해서 말할 수 있다. 가령 괴물과 하수구가 나오는 부분, 마리오가 계단을 오르고 점프해서 구덩이를 넘는 부분, 마리오가 점프해서 깃대를 잡는 부분으로 나눌 수 있다. 각 부분에서 다른 종류의 발전이 계속되므로, 각 부분을 별도의 장면으로 생각하는 관점은 유용하다. 장면은 레벨이나 월드, 게임 세계의 한 지역보다 훨씬 원자적이고 기본적인 게임플레이의 최소 단위인 것이다.

장면은 어떻게 동사를 발전시킬 수 있을까? 좀 터무니없게 들리겠지만, 우리의 거대한 두뇌로 미래에서 온 주인공을 소재로 한 어떤 게임을 시각화해보자. 미래에 사는 모든 시민은 개인용 순간이동기를 갖고 있다. 어느 장소로 가고 싶다고 생각만 하면 그곳으로 이동할 수 있다. 당연히 이 게으름의 황금기에 인간의 다리는 모양 면에서나 기능 면에서나 흔들의자의 다리와 진배없이 퇴화됐다.

플레이어의 동사는 '순간이동 하기'이고 물리적 레이어는 마우스다. 아무 데나 마우스 커서를 갖다 대고 클릭하면, 빙! 주인공이 그곳에 나타난다(그림 3.1 참조). 아주 단순한 게임이다.

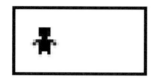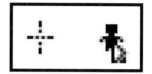

그림 3.1 동사로 기능하는 순간이동. 클릭만 하면 그곳으로 이동한다!

이 동사를 발전시키려면 어떤 상황, 즉 어떤 장면을 설계할 수 있을까? 무엇보다 순간이동이 왜 중요한지 납득시킬 이유가 필요하다. 그래서 그런 역할을 해줄 첫 번째 오브젝트를 만들어야 한다. 첫 번째 오브젝트는 전류가 흐르는 장애물이다. 이 장애물은 미래에는 아무 데서나 불쑥불쑥 나타난다. 플레이어는 이것을 만지고 싶어하지 않는데, 모양이 위험해 보이기 때문이다. 게임 규칙을 설명하는 데 상황정보를 이용하는 방법에 대해서는 4장 '상황정보'에서 더 자세히 살펴보겠다. 지금은 장애물에서 스파크가 튀고, 마디마디가 위험을 나타내는 녹색으로 빛나며 지지직 소리가 나는, 생물체에 비우호적인 물체라는 점만 알아두자.

장애물은 화면의 위쪽에서 아래쪽으로 주인공을 향해 다가오며, 가로 길이는 화면 폭을 꽉 채운다. 이제 순간이동에는 목적이 생긴다. 장애물의 건너편으로 안전하게 피신하려면 플레이어는 순간이동을 해야 한다(그림 3.2 참조). 더 강력한 유인이 필요하다면 장애물의 건너편에 음식 캡슐을 놓는 방법도 있다. 이 미래적인 음식 캡슐의 맛은 기가 막히게 좋다! 플레이어가 음식을 먹으려고 순간이동하면 자연히 장애물을 넘어 안전한 곳으로 피신하게 된다.

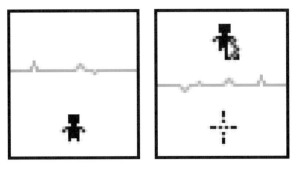

그림 3.2 치명적인 장애물을 피하기 위해 순간이동을 사용하는 장면

이제 순간이동 이야기의 첫 장면이 완성됐다. 그럼 다음에는 어떤 장면을 넣으면 좋을까? 어떻게 하면 순간이동을 더 발전시킬 수 있을까? 순간이동에 타이밍이라는 더 강력한 요소를 넣어보자. 다음으로 등장하는 치명적인 장애물은(이번에는 화면 아래쪽에서 올라오게 만들 텐데, 플레이어가 첫 번째 장애물을 피하느라 화면 위쪽으로 순간이동 했기 때문이다) 굉장히 두껍다. 이 장애물은 너무 두꺼워서 화면에 한 번에 다 보이지도 않는다. 플레이어는 장애물을 넘어 안전지대로 순간이동 하기 전에 장애물이 화면에 전부 나타날 때까지 기다려야 한다. 장애물 가장자리가 화면 위쪽에 있는 플레이어에게 거의 닿기 직전 마침내 탈출 기회가 생긴다(그림 3.3 참조).

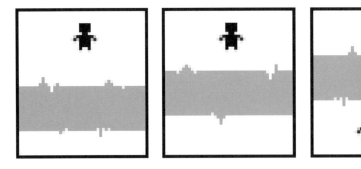

그림 3.3 두꺼운 장애물을 피하기 위해 순간이동의 타이밍을 조절하는 장면

'순간이동 하기' 동사를 더 발전시키기 위해 타이밍을 사용한다면, 다음 장면은 어떻게 만들면 좋을까? 전류가 흐르는 장애물이 화면 전체를 덮을 정도로 두꺼운데, 이 장애물에 구멍이 하나 있으며, 이 구멍의 길이가 딱 다음 구멍이 화면에 나타나기를 기다릴 만큼의 길이라고 가정해보자(그림 3.4 참조). 이 장면에서 순간이동의 타이밍은 얼마나 중요할까?

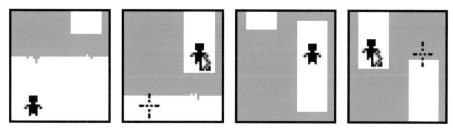

그림 3.4 전류가 흐르는 장애물의 구멍에서 구멍으로 점프할 때 타이밍은 절대적으로 중요하다.

각 장면은 게임의 동사를 특정한 방향으로 발전시키도록 전개된다. 앞서 든 사례처럼 장면에서 새로운 발전을 소개할 수도 있지만, 동사를 사용하는 법이나 동사의 쓰임새를 어디에 집중해야 하는지(타이밍과 같은) 반복적으로 환기시키는 방법도 매우 유용하다. 글이나 음악에서 흔히 주제가 반복적으로 나타나는 것과 같은 이치다. 장면을 게임에 추가하는 과정에서 동사를 발전시키는 이러한 여러 가지 방법을 적절히 혼용할 때 플레이어에게 더 복잡하고 풍부한 경험을 선사할 수 있다.

이 장면들을 배치하는 순서가 얼마나 중요한지는 아마 짐작할 수 있을 것이다. 앞서 본 순간이동 게임에서는 플레이어에게 고정된 장애물, 얇은 장애물, 두꺼운 장애물 순으로 보여주는 흐름이 아마 가장 자연스러울 것이다. 이러한 흐름은 게임의 **전개 속도**^{pacing}를 조절할 뿐 아니라 게임의 **저항**^{resistance}도 만들어내는데, 두 개념은 이 책의 뒷부분에서 다시 다루겠다.

배역

장면의 목적은 규칙을 소개하거나 발전시키는 것이다. 즉 게임의 배역인 동사와 오브젝트가 빛날 수 있는 기회, 그리고 플레이어가 이들에 대한 새로운 정보를 이해할 수 있는 기회를 제공하는 것이다. 오브젝트는 장면을 구성하는 요소다. 동사가 흔히 게임 전반에 걸쳐 중심 캐릭터 역할을 한다면(강건하기만 하다면!), 장면에 들어가는 오브젝트의 선정과 배치는 흔히 장면에 개성을 부여하는 역할을 한다. 오브젝트는 플레이어를 위한 선택을 만들고 동사와 오브젝트의 만남을 설계하는 가장 기본적인 도구다. 오브젝트가 무대에 등장하는 타이밍은 상당히 중요하다.

닉 스칼지^{Nick Scalzi}가 개발한 〈덕스^{Ducks}〉(http://www.glorioustrainwrecks.com/node/3833)라는 게임에서 플레이어는 연못을 헤엄치는 어미 오리를 조종한다. 마우스 커서를 갖다 대고 왼쪽 버튼을 누르면 어미 오리가 그곳으로 이동한다(그림 3.5 참조). 이 게임의 동사는 단순하다. 플레이어는 연못에 있는 어미 오리를 움직일 수 있다. 새끼 오리 다섯 마리는 한 줄로 어미 오리 뒤를 졸졸 따라다니며 어미 오리가 하는 모든 동작을 따라 한다.

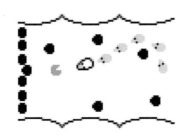

그림 3.5 〈덕스〉라는 게임에 나오는 연못의 구조

이 게임의 첫 번째 장면에서 어미 오리는 연못을 헤엄치면서 새끼 오리한테 줄 먹이를 수집한다. 이 장면에는 두 가지 오브젝트가 등장한다. 오리가 돌아서 헤엄쳐야 하는 통과 불가 오브젝트인 연못 속 바위와, 물에 떠내려오는 먹이인 수련잎이다. 연못의 구조는 그림 3.5에서 볼 수 있다. 연못은 바위 몇 개가 점점이 흩어져 있을 뿐 대부분은 트인 공간이다. 화면 왼쪽 가장자리를 따라 바위가 한 줄로 벽을 이루고 있고, 화면의 위쪽과 아래쪽은 강둑으로 막혀 있다.

먹이인 수련잎은 왼쪽이나 오른쪽에서 떠내려온다. 수련잎은 움직이는 목표물로 플레이어는 이것을 잡고 싶어한다. 수련잎은 플레이어가 '이동하기' 동사를 사용하도록, 그 과정에서 어미 오리가 어떻게 움직이는지 배울 수 있도록 유인하는 자극제다. 더불어 새끼 오리들이 어미 오리 뒤를 따라 어떻게 움직이는지도 배울 수 있으며, 바위에 부딪히는 과정에서 바위를 피해 길을 찾아야 한다는 사실도 배울 수 있다.

먹이를 몇 조각 먹어 치우고 핵심 동사와 그 동사의 제약 조건에 좀 익숙해지고 나면 게임에 변화가 찾아온다. 새로운 장면은 새로운 돌발성 오브젝트를 소개한다.

새로 등장하는 오브젝트는 화면 위쪽에서 아래쪽으로 발사되는 총알이다. 화면에는 보이지 않지만 강둑 뒤편에 사냥꾼이 도사리고 있는 모양이다. 갑자기 어미 오리 뒤를 졸졸 따라다니는 새끼 오리의 움직임이 중요해진다. 이제 플레이어는 새끼 오리의 움직임에도 신경 써야 한다. 사냥꾼의 총알을 피하기 위해 노력하는 동시에 새끼 오리들도 총알에 맞지 않도록 노력해야 한다. 플레이어의 '이동하기' 동사에는 이제 임무가 늘어난다. 게임의 배역인 동사들 중에서 가장 발전된 캐릭터가 되었다는 뜻이다. 적시에 이동을 멈춤으로써 플레이어는 총알이 오리들 사이의 빈 공간으로 날아가도록 새끼 오리들의 위치를 조정할 수 있다. 당연히 이 기술은 수직보다는 수평으로 이동할 때 더 쉽다. 그래서 이 장면의 구조가 수평으로 설계된 것이다.

그림 3.6은 탈출 장면, 즉 연못의 오른쪽으로 흐르는 강 전체 길이를 보여준다. 앞서 말한 대로 연못의 왼쪽은 바위로 막혀 있다. 화면에서 커다란 화살표가 깜박이는 순간 총알이 날아오기 시작한다. 이 책의 첫머리에서 플레이어에게 게임의 진행 방향을 일러주는 화살표를 사용하는 것에 대한 반감을 드러내긴 했지만, 공격의 돌발성과 이로 인해 유발되는 공포를 감안할 때 닉 스칼지는 탈출로가 어느 쪽인지 분명히 알려주는 것이 가장 공평하리라고 생각한 모양이다.

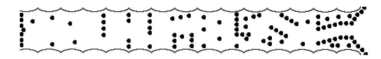

그림 3.6 이 장면을 탈출하려면 오브젝트 사이를 요리조리 피해 나가야 한다.

탈출로는 이 게임의 가장 기본적인 오브젝트인 바위를 피해 설계된다. 위 그림에서 화면 왼쪽 부분에 보이는 첫 번째 중요한 장애물은 맨 아래쪽에 틈새가 있는 벽이다. 두 번째 벽까지는 통과하기에 상당히 넉넉한데, 네 번째 벽부터는 틈새가 좀 더 높은 위치로 올라간다. 틈새는 왜 맨 아래쪽에서 시작해서 조금씩 위쪽으로 올라가는 것일까? 그 이유는 총알이 위에서 날아오기 때문이다. 이 장면들의 목적은 오리를 이동시키는 임무와 총알로부터 오리들을 지키는 임무 사이의 긴장감을 서서히 높이는 것이다.

바위 못지않게 총알도 이 장면에서 중요한 역할을 한다. 두 오브젝트는 플레이어의 동사를 한 단계 발전시키며, 둘 사이의 관계는 게임의 끝으로 갈수록 훨씬 더 아슬아슬해진다. 마침내 강물의 오른쪽 끝에 다다르면 어미 오리가 총알을 피해 헤쳐나가야 하는 공간이 급격히 좁아진다. 이러한 진행은 총알이라는 위험물과 플레이어의 핵심 동사인 '헤엄치기' 사이의 관계를 발전시킨다.

규칙 소개

규칙을 발전시키는 것만이 장면의 가장 중요한 임무는 아니다. 규칙을 소개하는 것도 장면의 가장 중요한 임무다. 새로운 규칙의 소개는 절대적으로 중요하다. 이것은 플레이어가 어떤 규칙이나 오브젝트와 처음 마주치는 순간으로, 이 첫 대면에서 플레이어가 어떤 정보를 얻느냐에 따라 미래의 만남에 대한 예측이 달라진다. 플레이어가 그 오브젝트를 마주칠 때마다 갖게 될 기대에 영향을 준다는 뜻이다. 게임 디자이너는 플레이어가 규칙과 그 규칙의 함축적 의미를 최대한 충분히 이해했는지 확실히 짚고 넘어갈 필요가 있다. 만약 게임 후반부에 위험한 오브젝트가 등장하는 장면에서 플레이어를 제대로 겁먹게 하고 싶다면 해당 오브젝트와의 첫 만남에서 그 위험성을 충분히 각인시켜야 한다.

　　한편 게임 디자이너는 오브젝트의 위험성을 플레이어에게 최대한 효율적으로 가르칠 필요도 있다. 플레이어의 가장 중요한 자원은 시간이다. 플레이어를 죽임으로써 오브젝트의 위험성을 깨닫게 할 수도 있지만, 이것이 플레이어가 5분 전으로 돌아가 게임을 다시 반복해야 한다는 뜻이라면, 플레이어의 귀중한 5분이 낭비되고 만다(반복과 벌칙에 관해서는 6장 '저항'에서 좀 더 자세히 다루겠다). 앞서 2장 뒷부분에서 언급한 우주 광산 게임에서 적이 공격에 성공하면 소모품인 노예 광부 한 명이 죽고 새로운 노예가 그 자리를 메운다. 플레이어가 그 장면을 처음부터 다시 플레이해야 한다는 뜻이다. 이런 이유로 게임 디자이너는 플레이어를 죽임으로써 규칙을 가르치는 일을 피해야 한다.

　　2장에서 우주 광산 게임을 위해 디자인했던 괴물들을 상기해보자. 발 밑 땅이 부서지면 떨어지는 괴물도 있었고, 플레이어가 접근하면 총알을 퍼붓는 터렛도 있었다. 이 괴물들을 이용해 우리는 다양한 상호작용을 만들어냈었다. 가령 터렛에서 발사된 총알은 바위 괴물의 밑에 있는 땅을 허물어 이 괴물을 떨어뜨릴 수 있다. 하지만 플레이어가 첫 대면에서 이 오브젝트들의 함축적 의미를 이해하지 못한다면 당연히 이러한 상호작용을 예상할 수 없을 것이다. 그렇다면 이 게임의 첫 장면을 디자인할 때 이 오브젝트들과 각각의 의미를 어떻게 소개하면 좋을까?

　　이 게임을 처음 하는 초보자를 위해 우리는 플레이어의 핵심 동사인 '폭탄 심기'를 소개해야 한다. 구체적으로 말하자면 플레이어에게 도화선의 기폭 시간과 폭발 반경, 즉 폭탄을 언제, 어디에 심을지 선택하는 데 영향을 미칠 동사의 특징을 알려줘야 한다. 이 문제를 해결하는 한 가지 방법은 (적어도 지금은) 두꺼운 벽으로 둘러싸여 있으며 플레이어가 벽 바로 앞에 심은 폭탄의 폭발 반경에서 간신히 벗어나 서 있을 만한 크기의 둥근 방을 이용하는 것이다(그림 3.7 참조). 이 방에는 다른 괴물이나 아이템은 없다. 이 방은 단지 플레이어가 폭탄을 시험해보고 폭발 반경에서 벗어나려면 얼마나 멀리, 얼마나 오래 서 있어야 하는지 감을 잡을 수 있는 공간이다.

　　플레이어가 오브젝트들이 어떤 식으로 작동하는지 감을 잡는 일은 매우 중요하다. 떨어지는 바위 괴물의 등장이 전적으로 이 지식에 달려 있기 때문이다(그림 3.8 참조). 플레이어가 첫 번째 마주친 떨어지는 바위 괴물을 핵심 동사인 '폭탄 심기'를 이용해 풀어주는 일은 매우 중요하다. 플레이어가 자신의 결정에 따라 이 괴물을 풀어줄 수 있는(나중에는 이들을 무기로 이용할 수 있는) 선택권이 있다는 사실을 알아야 하기 때문이다. 하지만 이 녀석들은 쏜살같이 떨어진다. 이것은 우리가 떨어지는 괴물 밑으로 다른 괴물들이 한 줄로 정렬하게 해서 무기로 사용하기 쉽게 하기 위해 일부러 넣었던 특성이다. 우리는 플레이어가 이 괴물을 떨어뜨리게 유도해야 하지만, 떨어질 때 그 밑에 서 있게 해서는 안 된다.

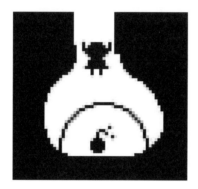

그림 3.7 플레이어에게는 오브젝트가 어떤 식으로 작동하는지 시험해볼 안전한 공간이 필요하다.

그림 3.8 플레이어는 떨어지는 바위 괴물 같은 새로운 오브젝트와 어떻게 상호작용해야 하는지 알아내는 데 기존 지식을 활용할 수 있어야 한다.

그래서 우리는 플레이어에게 이미 가르친 폭탄의 반경과 파괴력에 대한 기존 지식을 활용한다. 첫 번째로 떨어지는 바위 괴물을 구불구불한 복도 끝에 있는 작은 동굴방에 배치한다. 통로의 끝 부분은 폭발 반경에 휘말리지 않은 채 폭탄을 사용하기에는 길이가 너무 짧다. 또 이 부분은 바위 괴물의 수직 아래에 있어 낙하 공격 범위에 들어가기도 한다. 따라서 플레이어는 폭탄을 놓은 다음 폭발 반경에서도 벗어나고, 떨어지는 괴물의 진로에서도 벗어나기 위해 길을 되짚어 나와야 한다. 폭탄이 터지는 순간 플레이어는 괴물의 행동, 즉 떨어지는 동작과 어디로, 얼마나 빨리 떨어지는지를 안전한 거리에서 지켜볼 수 있다.

그렇다면 플레이어는 첫 대면에서 왜 폭탄을 설치해 이 괴물을 풀어주고 싶어할까? 앞에서도 소개했다시피, 이 게임에서 플레이어의 정해진 목표는 수정을 모으는 것이다. 그림 3.8에서 볼 수 있듯이 작은 동굴방에는 바위 괴물 뒤쪽으로 수정 한 개가 놓여 있다.

우리는 로봇 터렛 역시 같은 방식으로 소개한다. 플레이어가 상대적으로 안전하지만 상당히 가까운 곳에서 녀석의 행동을 관찰함으로써 녀석의 행동과 자신이 어떤 관계가 있는지 이해할 수 있게 하는 것이다. 바위 괴물의 경우와 마찬가지로 우리는 플레이어가 터렛의 행동을 나중에 무기나 도구로 이용할 수 있도록 동사가 터렛과 어떻게 상호작용하는지 이해시켜야 한다. 하지만 이 경우 터렛과 상호작용하는 동사는 '폭탄 심기'가 아니라(터렛은 직접 총알을 발사해 땅을 허물 수 있으므로) 단순히 '걷기'다. 터렛은 플레이어가 사정거리 안으로 들어가면 입을 벌리면서 깨어나며, 플레이어가 사정거리를 벗어나면 다시 휴면 상태로 돌아간다. 터렛은 플레이어의 현재 위치를 향해 총알을 퍼붓는다(그림 3.9 참조).

그림 3.9 플레이어는 안전한 위치에서 로봇 터렛에 대해 배울 수 있는데, 총알이 벽에 먼저 맞기 때문이다.

미끼는 이번에도 수정이다. 수정은 터렛의 사정거리 안에 있는 짧은 통로의 끝 부분에 있어서, 플레이어가 통로에 첫발을 디디는 순간 터렛이 깨어난다. 벽의 두께는 터렛에서 발사된 총알이 벽을 뚫고 플레이어를 맞힐 때까지는 몇 발이 필요할 만큼 두꺼워서, 플레이어가 서두른다면(터렛 때문에라도 그렇게 할 확률이 높은데) 수정을 획득하고 탈출하기에 시간은 충분하다.

수정을 줍는 동안 플레이어한테는 터렛의 특성을 배울 기회가 생긴다. 구체적으로 말하자면 얼마나 자주 발사하는지(지금은 세 발을 연발로 쏘고, 잠깐 틈을 둔 후 또 세 발을 연발로 쏜다), 어디로 발사하는지(플레이어의 광부를 향해), 이 총격이 지형에 어떤 영향을 미치는지(총알은 땅을 조금씩 부순다)를 배울 수 있다. 수정을 획득해서 빠져나갈 때쯤이면 플레이어는 많은 지식을 얻게 된다.

다음에 이어지는 장면들은 플레이어가 오브젝트들을 땅을 파는 도구로, 혹은 다른 괴물을 상대하는 무기로 직접 사용해보게 함으로써 여기서 소개된 오브젝트들과 플레이어의 동사들 사이의 관계를 발전시킨다.

연기와 표현

플레이어는 게임과 상호작용하고 게임을 진행하는 방법을 다양하게 선택할 수 있어야 한다. 하지만 장면을 특정한 방식으로 구성해야 한다는 말과 플레이어를 위한 선택을 디자인해야 한다는 말이 서로 모순은 아닐까? 주연 배우인 한 명 또는 여러 명의 플레이어들이 무슨 행동을 할지 예측할 수 없을 때 이야기를 전달한다는 말은 어떤가? 게임에서의 스토리텔링은 연극에서의 스토리텔링과 같다. 그래서 장면이라는 단어를 사용하는 것이다.

연극에는 각본이 있긴 하지만 각본을 바탕으로 하는 연기는 배우의 몫이다. 하지만 그럼에도 우리는 장면의 형태를 연출하고 배우에게 장면을 연기할 자유를 준다. 이 대목이 바로 선택이 개입할 수 있는 지점이다. 플레이어가 내릴 수 있는 선택은 게임 디자이너가 제공한 동사로부터 나온다. 따라서 게임 디자이너는 그 선택을 제약하고 디자인할 수 있다. 비디오게임이 추구하는 이상은 플레이어에게 무엇이든 할 수 있는 능력을 주고, 무엇이든 선택하게 하는 것이다. 이런 류의 소원 성취를 노린 게임들은 종종 응집력과 초점이 부족해 설득력이 약한 경험으로 끝나버리고 만다.

게임 디자이너는 플레이어가 운용할 수 있는 동사를 이용해 이야기에 영향을 미치는 선택을 만들 수 있다. 〈바이오쇼크^{Bioshock}〉(2007)는 해저도시를 누비며 객관주의자들을 저격하는 게임으로, 플레이어의 핵심 동사는 '쏘기'다. 이 게임의 이야기에서 가장 중요한 부분은 고아원의 소녀들을 '살해'할지 '구원'할지 주기적으로 선택하는 일이다. 게임 자원을 채취하기 위해 소녀를 죽이느냐, 마법을 부려 좀비 소녀를 뺨이 발그레한 백인 소녀로 바꾸느냐, 이것은 도덕적 위기에 대한 소시오패스의 발상이다.

'도덕적' 선택을 인간 행동의 양극단에 존재하는 것으로 설정해야 한다는 부조리함은 제쳐놓고라도 이 선택이 어색하게 느껴지는 이유는 게임의 나머지 부분과 동떨어져 있기 때문이다. 이 선택들은 게임과 대화하기 위해 플레이어에게 이미 주어진 동사들을 사용하지 않는다. 플레이어는 게임에서 잠시 떨어져 나와, 구원하기 위해 A를 누를 것인가, 살해하기 위해 B를 누를 것인가 하는 자의적인 선택 앞에 놓인다. 이 선택과 탐험하기나 쏘기처럼 게임에서 플레이어가 해야 하는 나머지 선택과의 관계는 무엇인가? 전혀 없다. 게임이 마치 '악행'에 이득이 있는 것처럼(살해하면 초능력에 쓸 수 있는 더 많은 자원을 얻는다) 흘러가긴 하지만, 게임 후반에 가면 소녀를 구원하는 행위가 훨씬 더 많은 자원의 보상으로 이어진다는 사실을 알게 된다. 이 게임의 소위 도덕적 셈법이 스스로 무너지는 셈이다.

나는 2008년에 만든 〈컬래머티 애니$^{Calamity\ Annie}$〉라는 총잡이 대결 게임에 사랑 이야기를 넣었다. 주인공인 애니의 동사는 권총 '조준하기'와 '쏘기'다. 애니가 애정 상대에게 작업을 걸 때 플레이어는 권총을 조준하고 쏨으로써 담뱃불을 붙여준다(그림 3.10 참조).

그림 3.10 〈컬래머티 애니〉에서 플레이어에게는 '쏘기' 동사를 사용해 담
뱃불을 붙일 수 있는 선택이 주어진다.

 하지만 게임에서 플레이어가 하는 선택들은 대부분 훨씬 더 미묘하다. 다시
미래로, 순간이동과 장애물과 음식 캡슐이 나오는 게임으로 돌아가 보자. 전류
가 흐르는 첫 번째 장애물을 피하기 위해 순간이동 할 때 플레이어는 실제로 몇
가지 선택을 하고 있다. 첫째, 플레이어는 언제 순간이동 할지 결정한다. 장애물
이 몸에 닿기 직전에? 장애물 너머에 공간이 보이자마자? 언제가 순간이동 하기
에 가장 안전한 순간인가? 아니면 최대한 빨리 장애물을 통과하도록 애써야 하는
가? 이 모든 것이 선택이다.

 둘째, 플레이어는 어디로 순간이동 할지 결정한다. 플레이어는 전류가 흐르는
장애물에 감전되지 않도록 건너편으로 순간이동 해야 하는데, 이것만이 유일한
조건이다. 플레이어는 화면 왼쪽 가장자리로 갈 수도 있고, 오른쪽 가장자리로 갈

수도 있으며, 장애물 바로 뒤로 갈 수도 있고, 가능한 한 멀리 순간이동 할 수도 있다. 장애물 바로 앞으로 순간이동 한 다음 실수를 깨닫고 재빨리 장애물 뒤를 클릭해 순간이동 할 수도 있다. 장애물 뒤쪽으로만 이동한다면 모든 공간은 동등한 가치를 지닌다.

만약 특정 공간의 가치를 다른 공간보다 높게 만들면 어떻게 될까? 음식 캡슐을 이용하면 그렇게 해볼 수 있다. 플레이어가 획득하는 음식 캡슐의 개수를 일종의 점수로 기록해도 좋겠다. 음식 캡슐을 먹기 위해 플레이어는 순간이동을 하게 된다. 조그마한 음식 캡슐을 먹으려면 플레이어는 화면의 특정 위치로 순간이동 해야 한다.

이제 플레이어에게는 음식 캡슐로 순간이동 하거나 다른 곳으로 순간이동 할 수 있는 두 가지 선택이 생겼다. 물론 플레이어는 음식 캡슐을 먹으려고 할 게 뻔하므로 이 경우 선택이라고 부르기는 좀 힘들지만 말이다. 그럼 좀 더 확실한 선택으로 만들기 위해 음식 캡슐 뒤에 조그만 장애물을 추가해보자. 이제 플레이어가 음식 캡슐을 먹으려면 한 번이 아닌 두 번의 순간이동을 해야 한다. 즉 음식 캡슐로 순간이동 한 후 두 번째 장애물에 닿기 전에 다른 곳으로 순간이동 해야 한다(그림 3.11 참조).

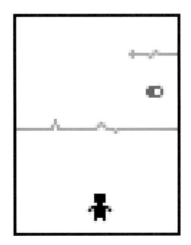

그림 3.11　플레이어는 음식 캡슐을 먹기 위해 위험한 선택을 해야 할 수도 있다.

이것은 더 쉬운 길을 택하느냐, 보상이 기다리고 있는 좀 더 어려운 길을 택하느냐가 달려 있는 흥미로운 선택이다. 플레이어에게 의미 있는 선택을 제시하면 더 의미 있는 연기를 끌어낼 수 있다. 게임 개발자는 플레이어가 플레이를 통해 연기할 수 있고 그 과정에서 일련의 선택들을 통해 자신을 표현할 수 있는 흥미로운 체계가 완성될 때까지 플레이어를 위해 온갖 흥미로운 상황을 연쇄적으로 갖다 붙이는, 루브 골드버그$^{Rube\ Goldberg1}$의 후예들이다.

형태 구성과 전개 속도 조절

형태^{shape}는 게임 개발자들에게는 많은 의미가 담겨 있는 용어다. 여러분이 만든 게임의 각 장면이 어떤 형태인지 떠올려보자. 재차 강조하건대, 게임 디자이너는 플레이어를 위한 각본을 쓰고, 연기를 끌어내기 위해 소품을 배치하지만, 궁극적으로 플레이어의 연기 하나하나를 통제할 수는 없다. 따라서 "이 장면에서 무슨 사건이 일어나지?"라고 물을 수 없는 경우가 많다. 대신 "이 장면의 형태가 어떻지?"라고만 물을 수 있다. 게임 디자이너는 장면의 형태를 결정할 때 가능성의 공간도 함께 정의하게 된다. 건축가가 벽을 어디에 세울지 결정함으로써 방이나 통로 같은 공간을 만들어내는 과정과 상당히 흡사하다고 볼 수 있다. 한 장면에 펼쳐진 가능성의 공간은 플레이어가 선택을 내림으로써 게임의 형태 내에서 움직일 수 있는 모든 방법을 아우르는 개념이다.

따라서 장면의 형태는 일면 건축가의 '평면도'와 비슷하다고 볼 수 있다. 플레이어가 내릴 수 있는 선택을 모아놓은 지도 말이다. 〈미스터 도!$^{Mr.\ Do!}$〉(1982)라는 게임에서 플레이어는 체리를 먹기 위해 땅굴을 판다. 그러면 괴물들이 땅굴로 들어와 마구 돌아다니면서 플레이어를 추격한다. 땅굴은 플레이어가 함정으로 이용하면서 방어해야 하는 구역이다. 이 추격전은 플레이어가 체리를 전부 먹어 치우거나 괴물한테 잡히는 순간 끝이 난다(그림 3.12 참조).

---

1   하나의 동작으로 연쇄 반응을 일으켜 단순한 작업을 아주 기발하고 복잡한 과정을 거쳐 처리하는 장치를 고안한 미국의 풍자 만화가 – 옮긴이

그림 3.12 〈미스터 도!〉는 구불구불
한 땅굴 모양에서 플레이된다.

　　체리를 먹기 위해 땅굴을 파고 괴물을 피해 도망 다니는 순간들에는 수많은
작은 선택들이 숨어 있고, 이들은 다시 더 많은 선택으로 갈라진다. 땅굴을 위쪽
으로 파야 할까? 아래쪽으로 파야 할까? 아니면 왼쪽이나 오른쪽으로 파야 할까?
구불구불한 모양으로 땅굴을 파서 추격자들이 가능한 한 가장 느린 길로 쫓아오
도록 해야 할까? 추격자들이 바짝 다가왔을 때 이들이 죽도록 무거운 사과 아래
를 파서 사과가 떨어지게 해야 할까? 사과는 언제 떨어뜨려야 할까? 완벽한 순간
이 올 때까지 사과 아래쪽에서 기다려야 할까? 세로로 길쭉한 모양으로 땅굴을
파서 사과를 떨어뜨릴 때 그 안에 최대한 많은 괴물이 들어 있게 해야 할까?

　　이처럼 한 장면에서 플레이어가 선택할 수 있는 모든 경우의 수를 설계하는 일
은 불가능한 작업이며, 조합 폭발 문제가 생길 것이다. 하지만 게임 개발자가 장면
의 형태를 구상하고 이 형태의 부분과 부분이 이루는 관계를 인지할 수는 있다. 플
레이어가 땅굴을 팔 거라는 사실과 괴물이 땅굴로 들어올 거라는 사실은 알 수 있
다. 이 형태를 잘 염두에 둔다면 특정한 상호작용을 촉진하는 방식으로 오브젝트
를 배치하는 일은 가능하다.

　　그림 3.13은 〈미스터 도!〉 첫 번째 장면의 오브젝트 배치 상태를 보여준다. 체
리가 묻힌 모든 밭 근처에는 한 개 또는 두 개의 사과가 있다. 사과는 밑에 아무
것도 없으면 아래로 떨어지면서 괴물을 압사시키는데, 자칫 주인공인 미스터 도
를 죽일 수도 있다. 왼쪽에서 가장 밑에 있는 밭은 게임을 시작하는 플레이어가
접근하기에 가장 안전한 곳이다. 미스터 도가 화면 아래쪽 중앙에서 게임을 시작

하기 때문이다. 체리가 묻힌 밭과 위쪽에 있는 사과 사이에는 공간이 있는데, 플레이어는 체리를 먹은 후에 이 공간을 쫓아오는 괴물을 물리치기 위한 함정으로 사용할 수 있다. 왼쪽에서 가장 밑에 있는 밭 바로 위에 있는 밭에는 사과와 체리 사이에 공간이 없다. 그래서 체리를 먹어 치우는 동안 사과의 존재를 의식해야 한다. 〈미스터 도!〉의 디자이너는 더 안전한 체리와 사과의 배치, 더 위험한 체리와 사과의 배치, 플레이어가 유리하게 이용할 수 있는 땅굴 모양, 플레이어가 함정에 빠질 수 있는 땅굴 모양 등 여러 가지 형태가 출현할 수 있도록 게임 규칙을 디자인했다.

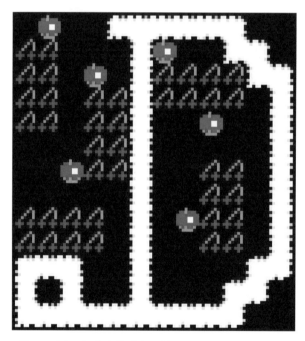

그림 3.13 〈미스터 도!〉의 첫 번째 장면은 플레이어에게 수많은 선택을 제공한다.

장면의 형태를 생각할 때 그 장면에 펼쳐진 가능성의 공간이 어떻게 변하는지도 생각할 수 있다. 이 책의 첫 번째 그림이었던 〈슈퍼 마리오브라더스〉의 오프닝 장면을 다시 떠올려보자. 그림 3.14에서도 다시 볼 수 있는데, 출발점에 펼쳐진 가능성의 공간(플레이어가 내릴 수 있는 선택의 집합)은 열려 있지만 작다. 처음에 나오는 이 열린 공간에서는 어디로 점프하든 아무 상관이 없다. 조금 있으면 첫 번째 적이 나오는데, 이 적을 처리하는 방법은 몇 가지가 있다. 점프해서 적의 머리를 밟는 방법, 점프해서 넘어가는 방법, 달리면서 점프하는 방법, 수직으로 점프한 다음 적이 마리오 밑으로 이동하도록 기다리는 방법 등이다. 어떤 방법을 쓰든 이 적은 처리해야 한다. 가능성의 공간은 좁아진다.

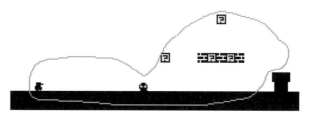

그림 3.14 〈슈퍼 마리오브라더스〉 오프닝 장면 속 가능성의 공간

적을 통과하면 가능성의 공간은 훨씬 넓어진다. 공중에 떠 있는 발판 위에서 또는 발판과 발판 사이에서 할 수 있는 작은 선택들이 많아진다는 뜻이다. 맨 꼭대기로 올라갈까, 중간으로 올라갈까? 버섯을 먹을까? 벽돌을 몇 개만 부술까, 아니면 전부 다 부술까? 그냥 달려서 지나칠까? 발판을 지나면 다시 가능성의 공간은 좁아진다. 마리오는 게임을 계속하려면 반드시 하수구를 넘어야 한다. 다시 몇 가지 선택이 주어진다. 플레이어는 하수구 바로 앞에서 점프할 수도 있고, 발판 위에서 점프할 수도 있으며, 달리면서 점프할 수도 있고, 가만히 서 있던 자세에서 점프할 수도 있다. 하지만 플레이어는 반드시 마리오의 '점프하기' 동사를 이용해 장애물을 넘을 수 있다는 사실을 이해했음을 입증해 보여야 한다.

시작부터 끝까지 가능성이 넓은 공간과 가능성이 좁은 공간을 번갈아 배치하면서 장면의 형태에 변화를 줌으로써 게임의 전개 속도를 만들 수 있다. 장면의 움직임을 특정한 방향으로, 특정한 지점을 향해, 플레이어의 선택 능력을 빼앗지 않은 채로 유도할 수도 있다. 장면을 넓혔다가 플레이어가 각본에 충실하게 연기할 때까지 서서히 좁힐 수도 있다. 장면의 목적에 가장 부합하는 형태를 고를 수도 있다. 그런 다음 어떤 장면을 다음 장면으로 배치할지, 그 장면의 형태는 앞 장면과 어떤 관련이 있고 어떻게 이어질지 결정할 수 있다. 다음 장면은 플레이어의 계속하려는 의지를 꺾어버릴 만큼 더 어렵게 만들 수도 있고, 더 많은 가능성을 열어줄 새로운 동사를 발전시킬 수도 있다.

장면의 형태가 어떻게 시각적으로 표현되는지, 어떻게 장면의 가장 중요한 요소로 플레이어의 시선과 주의를 끄는지의 측면에서도 생각해볼 수 있는데, 이에 대해서는 4장에서 살펴보겠다.

장면에는 목적이 있어야 한다

게임 디자이너라면 자신이 만든 모든 게임 장면을 놓고 다음 두 질문에 답할 수 있어야 한다. 그 장면의 목적이 무엇인가? 어떻게 미리 정해놓은 게임 어휘를 이용해 그 목적을 달성할 수 있는가? 가령 그 장면에서 플레이어가 긴장감을 느끼게 하고 싶다면, 게임에 들어 있는 어떤 규칙과 오브젝트로 그러한 느낌을 유발할 수 있는가? 가령 타이밍이라는 요소를 추가하는 데 사용할 오브젝트가 있는가? 이번 장의 앞부분에서 전류가 흐르는 장애물 사례를 통해 보았듯이 타이밍은 동사를 발전시키는 데 도움이 될 수 있다. 그 장면에 플레이어가 이해할 수 있도록 돕고 있는 동사의 쓰임새나 새로운 규칙이 있는가? 미리 정해놓은 게임 어휘를 이용해 의도한 이야기를 전달하지 못하면 게임과 전혀 연관성이 없는 장치를 사용하는 데 의존하게 된다. 플레이어 상호작용이 전혀 없는 동영상 같은 장치 말이다.

〈콘덴서티^{Condensity}〉(www.newgrounds.com/portal/view/598331)라는 게임은 물방울들을 목적지까지 이동시키는 게임이다. 모든 물방울은 한 몸처럼 움직이지만 화면상의 위치는 각각 다른데, 출구에는 반드시 모든 물방울이 동시에 도달해야 한다. 이것이 게임의 핵심 규칙이다. 물방울들은 각기 다른 형태의 장애물이 있는 각기 다른 공간을 플레이어로부터 받은 똑같은 명령에 따라 움직이며 통과해야 한다. 차이점을 좀 더 부각하기 위해 물방울은 (열기나 냉기를 가하는 요소에 의해) 두 가지로 상태가 변하는데, 중력의 영향을 받는 액체 상태와 날아다닐 수 있는 기체 상태다(그림 3.15 참조). 물론 액체 형태의 물방울과 기체 형태의 물방울이 동시에 존재할 수도 있는데, 이때 조작은 더 까다로워진다.

그림 3.15 〈콘덴서티〉에 나오는 액체 상태와 기체 상태의 물방울. 액체 상태에서는 아래로 떨어지지만 기체 상태에서는 어느 방향으로든 자유롭게 이동할 수 있다.

기체 물방울은 액체 물방울과는 다른 특성을 지니고 있다. 환풍기 모양의 오브젝트는 기체 물방울을 한 방향으로 줄기차게 떠민다. 환풍기는 종종 관문 역할을 한다. 즉 환풍기를 통과하려면 기체 물방울은 액체가 될 수 있는 방법을 찾아야 하고, 액체 물방울은 기체로 변하지 않도록 주의해야 한다. 하지만 환풍기의 또 다른 쓰임새를 확인할 수 있는 장면이 있다(그림 3.16 참조). 이 장면에서 환풍기는 긴 통로를 따라 기체 물방울을 이동시킨다. 그러는 동안 아래 칸에서 플레이어의 조종을 받는 액체 물방울은 출구에서 기체 물방울과 만날 수 있도록 부지런히 기체 물방울을 따라잡아야 한다(출구에 도달한 기체 물방울은 액체 물방울로 변하고 아래 칸에 있는 물방울이 제때 도달하지 못하면 출구에서 멈추지 못하고 떨어져 버린다).

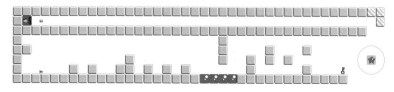

그림 3.16 장면에 타이밍을 추가하면 플레이어는 압박감을 느낀다.

이것은 원래 그런 류의 압박감이 없었던 게임에 타이밍이라는 요소, 즉 경주의 요소, 따라잡기 위해 노력해야 하는 요소를 추가한다. 게다가 이미 정해놓은 규칙을 이용한다. 플레이어는 이러한 상황이 벌어지게 된 상호작용을 이해한다. 즉 왜 달리고 있는지를 알고 있다.

　　앞서 2장 '동사와 오브젝트'에서 살펴본 〈툼드〉라는 게임을 다시 떠올려보자. 데인저 제인과 점점 내려오는 스파이크월이 등장하는 게임 말이다. 그림 3.17은 이 게임의 앞부분에 나오는 한 장면이다. 이 장면의 목적은 스파이크월이 오브젝트를 파괴할 수 있는 능력을 하나의 전략으로 이용할 수 있음을 플레이어에게 가르치는 것이다. 지금까지 정해진 규칙은 청록색, 파란색, 초록색으로 된 '부드러운' 벽돌은 파낼 수 있지만, 금속 벽돌은 오직 스파이크월만 부술 수 있다는 것이었다. 이 장면에서 발전시키고자 하는 것은 후자의 규칙이다. 이 규칙이 플레이어와 중요한 관계가 있음을 알려주기 위해서다.

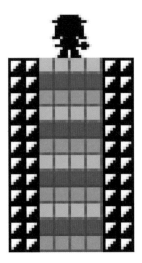

그림 3.17 〈툼드〉의 앞부분에 나오는 한 장면은 플레이어에게 스파이크월을 전략적으로 이용하는 법을 보여준다.

　　이와 같은 규칙, 즉 동사는 아니지만 스파이크월 같은 오브젝트와 다양한 종류의 벽돌 사이의 관계를 지배하는 규칙을 어떻게 발전시킬 수 있을까? 플레이어에게 선택을 제공하면 된다. 점점 내려오는 스파이크월에 쫓기는 제인은 양쪽 가장자리에 있는 금속 벽돌은 팔 수 없으므로 가운데에 있는 부드러운 벽돌을 파 내려가는 수밖에 없다. 달리 선택의 여지가 없다.

　　선택의 여지는 스파이크월이 점점 가까이 와서 금속 벽돌을 부술 때 생긴다. 일단 스파이크월이 연속적인 모양의 일부분을 건드리고 나면 즉시 전체가 허물어진다(그림 3.18 참조). 이때 제인은 부드러운 벽돌의 중간 어디쯤에 서 있을 것이다. 부드러운 벽돌은 색깔이 다른 층으로 겹겹이 쌓여 있어서 한 층씩 파야 하므로 파 내려가는 속도가 느릴 수밖에 없다. 사실 속도가 너무 느려서 그 루트를 계속 고집한다면 제인은 거의 십중팔구 스파이크월에 찔릴 것이다(플레이어의 타이밍이 엄청 빠른 속도로 파 내려가기에 충분하다면 부드러운 벽돌을 전부 파 내려가는 일도 가능할 수는 있겠으나, 절대로 쉽지 않다).

그림 3.18 금속 벽돌은 스파이크월에 닿자마자 허물어진다.

해결책은 부드러운 벽돌의 왼쪽이나 오른쪽으로 걸어가 금속 벽돌이 허물어지면서 생긴 빈 공간으로 떨어지는 것이다. 즉 스파이크월로 인해 촉발된 게임 세계의 변형을 이용할 수 있다는 사실을 플레이어가 인지하는 것이다. 이 대목에서 플레이어는 계속 파 내려갈지, 양쪽 가장자리로 도망칠지 선택해야 한다. 둘 중 하나는 옳은 선택처럼 보이고 나머지는 잘못된 선택처럼 보이지만, '올바른' 선택을 하려면 스파이크월의 파괴력이 플레이어에게 기회라는 사실을 이해해야 한다. 그리고 그 지식을 바탕으로 선택을 내리게 하면 규칙을 단순히 관찰하게 하는 것보다 플레이어가 규칙을 내면화하는 데 도움을 준다.

뒤에 나오는 다른 장면들은 스파이크월이 다른 게임 오브젝트를 파괴하는 순간 선택의 여지가 생긴다는 사실에 대한 플레이어의 이해를 중심으로 전개된다. 게임 초반에 나오는 이 장면의 목적은 '스파이크월이 사물을 파괴한다'는 규칙을 명확한 수준까지 발전시키는 것, 다시 말해 이 규칙을 플레이어에게 잘 이해시키는 것이다.

오브젝트 조합하기

2005년에 나는 초창기에 만든 게임 하나를 손보던 중 중요한 교훈을 하나 얻었다. 이 게임은 원래 도살장의 교묘한 술책을 어떻게든 방해하기 위해 유체이탈을 통해 아스트랄계로 이동한 돼지 이야기로 만들려고 했으나, 결국 연못에서 물고기들의 추격을 받는 오징어 이야기로 바뀌었다. 게임의 이름은 〈폰드 스쿼드^{Pond} ^{Squid}〉로 붙였다(그림 3.19 참조).

작은 연못에서 플레이어는 끊임없이 쫓아오는 물고기들한테 잡히지 않도록 오징어를 사수해야 한다. 나중에는 (예상치 못하게) 물고기를 가두어서 다른 물고기를 제거하는 공격 무기로 사용할 기회가 생기는데, 이때쯤이면 아주 거대한 물고기떼가 오징어를 추격하고 있을 것이다.

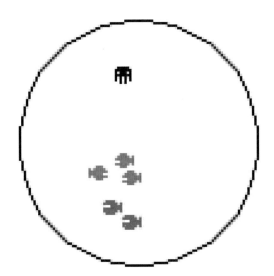

그림 3.19 〈폰드 스퀴드〉에서 물고기들은 오징어를 추격한다.

모든 물고기는 꿩장히 단순한 규칙을 따른다. 녀석들은 곧장 오징어를 향해 돌진한다. 따라서 제아무리 숫자가 계속 늘어난다고 해도 기본적으로는 한 몸처럼 행동하는 하나의 군집을 이룬다. 그때의 나는 오늘날의 나처럼 원숙하고 노련한 게임 디자이너는 아니었지만, 이 문제를 해결하려면 또 다른 오브젝트, 즉 또 다른 종류의 물고기가 필요함을 깨달았다. 내가 추가한 물고기는 처음 만든 물고기와 똑같은 규칙을 따르지만(곧장 오징어를 향해 돌진하지만) 속도가 2배로 느린 녀석이었다.

그리고 그 방법은 효과가 있었다. 아니 내가 등장하는 물고기 종류를 완전히 무작위로 만들지만 않았더라면 그랬을 것이다. 완전히 무작위로 만들다 보니, 한참 동안 같은 속도로 움직이는 물고기만 계속 나오고 더 느린 물고기는 나오지 않는 경우도 생겼다. 하지만 빠른 물고기와 느린 물고기가 서로 섞여 있을 때가 빠른 물고기만 있거나 느린 물고기만 있을 때보다 훨씬 더 게임이 재미있어진다. 탄막 슈팅 게임[2]에서도 이와 비슷한 디자인을 볼 수 있는데, 총알 무더기가 각기 다른 속도로 섞여 날아올 때가 전부 같은 속도로 날아올 때보다 피하기가 훨씬

2 게임 화면이 총알로 가득 찬다는 점이 특징인 슈팅 게임의 하위 장르 – 옮긴이

까다롭다.

나는 **조합**^{layering}이 매우 중요하다는 교훈을 얻었다. 흥미로운 방식으로 오브젝트를 겹치면 더 흥미로운 선택이 가능해진다. 〈폰드 스퀴드〉를 만들고 나서 6년 뒤에 〈레즈비언 스파이더 퀸즈 오브 마스^{Lesbian Spider-Queens of Mars}〉(http://games.adultswim.com/lesbian-spider-queens-of-mars-twitchy-online-game.html)를 작업하면서 나는 이 규칙의 중요성을 다시금 마음에 새기게 되었다. 이 게임에서 화성에서 온 거미여왕은 미로를 돌아다니며 도주 노예를 추격해 결박용 레이저로 제압한 다음 다시 잡아 가둔다. 노예들은 무장한 상태이므로 한 명이라도 여왕에게 먼저 총을 들이대는 데 성공한다면, 즉 결박용 레이저에 포박당하지 않은 채 여왕에게 몰래 접근하는 데 성공한다면, 노예들이 판세를 뒤집을 수도 있다.

가장 기본적인 도주 노예는 교차로에 접근할 때마다 무작위로(왔던 길은 제외하고) 새로운 방향을 선택한다(그림 3.20 참조). 이 노예는 대부분 여왕의 반대 방향을 선택한다. 무작위로 선택하다 보면 항상 여왕 뒤를 따라오지는 않으므로 뒤에 숨어 있다가 몰래 다가갈 수 있다. 이 노예는 여왕을 궁지에 몰아넣는 기회는 피하려고 한다. 수가 많아지면 더 많은 공간을 차지하며 각기 여러 갈래를 선택하기에 훨씬 까다로워지긴 하지만, 수가 적을 때는 쉽게 처리할 수 있다.

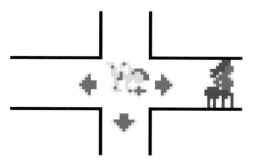

그림 3.20 〈레즈비언 스파이더 퀸즈 오브 마스〉에서 기본 노예는 무작위로 방향을 선택한다.

나는 게임 중반에 더 지능이 뛰어난 적을 등장시키고 싶었다. 이름은 검투사로 지었다. 검투사는 교차로에 도달할 때마다 자신의 위치를 기준으로 미로 속에 있는 여왕의 상대적 위치를 확인한 후 가장 빠르게 접근할 수 있는 방향을 선택한다(그림 3.21 참조).

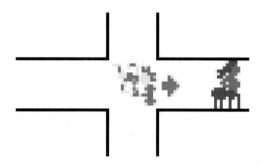

그림 3.21　검투사는 여왕이 있는 쪽으로 방향을 선택한다.

원래는 게임 후반에 가서 기본 노예를 대체하는 적으로, 같은 행동을 하지만 상대하기 더 까다로운 적으로 검투사를 넣을 작정이었다. 하지만 실제로 그렇게 해보니 아무리 수가 많아져도 그리 압도적이기는커녕 기본 노예에서 얻는 만큼도 얻을 수 없다는 사실이 명백해졌다. 검투사들은 예측이 가능했다. 이들은 항상 여왕을 향해 돌진하므로 같은 장소에서 떼 지어 출발하면 한 줄로 여왕을 향해 행진하며 여왕의 결박용 레이저에 제 발로 걸어 들어가 버렸다.

나는 무작위로 움직이는 노예와 여왕을 쫓는 검투사를 조합하는 쪽이 훨씬 더 게임이 재미있어진다는 사실을 깨달았다. 그러면 더 복잡한 상황과 더 의미 있는 선택을 만들 수 있었다.

상호보완적인 오브젝트는 상황을 설계하는 데 아주 중요하다. 〈둠DOOM〉(1993)이라는 게임을 보자. 게임 초반에는 플레이어에게 일직선으로 날아가는 불덩어리를 던지는 임프imp라는 괴물과, 물어뜯는 공격을 하고 플레이어의 총알을 피해 지그재그로 달려와 덤비는 핑키데몬pinky demon이라는 괴물이 등장한다. 이 게임에서 가장 위태로운 장면은 대개 두 가지 공격을 동시에 처리해야 하는 순간들이다.

앞서 언급한 우주 광산 게임에서 우리는 흥미로운 장면과 의미 있는 선택을 만들기 위해 서로 조합할 수 있는 오브젝트를 디자인하려고 했다. 예를 들어 그림 3.22에서 터렛은 바위 괴물을 떨어뜨리는 연쇄 반응을 일으킬 수 있는데, 떨어지는 바위 괴물이 터렛을 파괴하고 수정이 모여 있는 곳으로 가는 길을 열어주는 건 시간문제다. 하지만 플레이어는 떨어지는 바위 괴물도 피해야 하고, 터렛이 쏘아대는 총알도 피해야 한다. 플레이어는 폭탄으로 연쇄 반응을 일으킬 수도 있다. 이 장면을 플레이하는 데는 보수적인 선택과 위험한 선택을 포함한 다양한 방법이 있다.

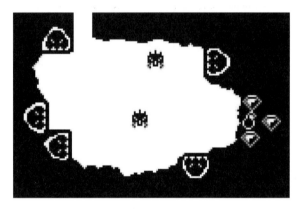

그림 3.22 터렛과 바위 괴물이 조합된 우주 광산 게임의 한 장면

이 장면은 터렛과 바위 괴물이 각각 개별적으로 소개된 후에야 등장한다(앞에 나온 장면에서 그렇게 했다). 플레이어는 바위 괴물과 터렛 같은 각각의 오브젝트가 어떻게 작동하는지를 먼저 이해하지 않고서는 보수적인 선택을 할지, 위험한 선택을 할지, 폭탄으로 연쇄 반응을 일으킬지, 총알로 연쇄 반응을 일으킬지, 아예 도망칠지 등을 선택할 수 없다. 앞에서 한 경험에 바탕을 둔 이러한 지식이 없다면 이 방은 함정일 뿐 플레이어가 선택을 할 수 있는 무대가 아니다.

역전의 순간

강한 적과의 대면, 게임의 초점에 생기는 갑작스러운 변화는 **역전의 순간**^{moment of inversion}이다. 후면에 숨어 있던 규칙이 갑자기 전면으로 나오는 순간, 가령 쫓는 자가 쫓기는 자가 된다거나 그 반대가 되는 순간은 게임의 전개 속도에서 절정을 이루는 순간이다. 장면의 형태에 대해 생각할 때 역전의 순간은 장면의 형태를 더욱 역동적으로 만든다.

〈레즈비언 스파이더 퀸즈 오브 마스〉에 영감을 준 〈위저드 오브 워^{Wizard of Wor}〉(1981)는 주기적인 역전의 순간으로 전개 속도를 조절한다. 〈위저드 오브 워〉는 두 명의 인간 캐릭터(워리어^{worrior})가 괴물들이 우글거리는 미로이자 동명의 악당이 활개를 치는 전투장에서 생존해야 하는 게임이다. 미로는 벽과 통로가 좌우 대칭을 이루는 미궁으로, 양 끝에는 플레이어가 미로의 반대편 문으로 랩어라운드할 수 있는 점선으로 된 문이 있다. 많은 괴물이 미로를 정찰하면서 플레이어를 뒤쫓는다. 괴물들은 워리어에게 총을 쏠 수 있는데, 같은 통로에 서 있지 않을 때는 투명해서 보이지 않는다. 화면 하단에 있는 레이더는 미로의 축소 지도로 모든 괴물의 위치를 보여준다. 플레이어는 보이지 않는 괴물을 추적하기 위해 이 레이더에 의존해야 한다. 괴물들은 처음에는 플레이어보다 훨씬 느리게 움직이지만, 점점 빨라지다가 이내 플레이어의 속도를 추월한다.

떼 지어 몰려오는 괴물들의 공격을 막아내는 일은 쉽지 않다. 워리어들은 수적으로 훨씬 불리하다. 괴물은 사방에서 몰려오는데 〈스페이스 인베이더〉에서처럼 화면에는 한 번에 단 한 발의 총알만 허용된다. 다시 말해 오발은 치명타가 될 수 있다는 뜻으로, 섣불리 행동하는 워리어는 쉽게 잡히고 만다. 두 워리어는 우연이든 일부러든 서로를 쏠 수도 있다(이 게임은 상대방을 쏘는 플레이어에게 후한 보너스 점수를 주는데, 플레이어 간의 역학 관계에 유혹적인 요소를 추가하기 위해서다). 두 명의 플레이어는 흩어져서 각기 다른 구역을 맡아 처리하고, 유리한 위치를 확보하며, 사방에서 몰려오는 적들로부터 스스로를 방어한다. 그림 3.23은 〈위저드 오브 워〉에 등장하는 전형적인 미로의 모습이다.

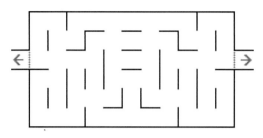

그림 3.23 〈위저드 오브 워〉에서 워리어는 미로 속에서 전투를 벌인다.

　　마지막 괴물이 죽으면 돌발적인 변화가 생긴다. 마법사의 애완동물인 워루크 worluk가 미로에 나타난다. 워루크는 워리어를 쏘지 않으며 항상 화면에 보인다. 녀석은 화면의 왼쪽이나 오른쪽에 있는 문을 통해 미로를 빠져나가려고 한다. 이제 플레이어들은 호전적인 괴물 군단을 물리친 끝에 쫓기는 자에서 쫓는 자가 될 기회가 생긴다. 워루크에 닿으면 워리어는 죽지만, 워루크가 일부러 워리어를 쫓아오지는 않는다. 녀석의 목표는 서둘러 출구로 이동하는 것뿐이다.

　　출구는 두 군데가 있다. 워루크는 워낙 빨리 이동하기 때문에 워리어 한 명이 추격하기에는 역부족이다. 워루크를 잡으려면 협동이 필요하다. 워루크를 잡았을 때의 보상은 실은 두 플레이어 모두에게 주어진다. 다음 미로에서 플레이어가 얻는 점수가 둘 다 두 배가 되기 때문이다. 플레이어들은 처음으로 적보다 수적으로 유리한 상황에 놓이고 협동심을 발휘할 동기를 부여받는다.

　　워루크를 쏘다 보면 어떨 때는 마법사가(주로 보이지 않는 곳에서 계속 목소리로 플레이어를 조롱하는) 워루크를 죽인 것에 대한 보복으로 워리어를 죽이려고 친히 미로에 나타난다. 마법사를 명중시키는 일은 상당히 어렵지만 이 게임에서 가장 위대한 역할 전환의 순간이라 부를 만하다.

　　〈위저드 오브 워〉의 전개 속도는 플레이어가 많은 적들로부터 자신을 방어하는 긴 장면과 플레이어가 반격하고 적을 조롱할 수 있는 권한을 받을 기회를 갖게 되는 짧은 장면 사이의 대조에 의해 결정된다. 이러한 역전이 없다면, 다시 말해 마법사나 워루크가 나오지 않고 끝없는 미로와 괴물만 계속 나온다면 게임의 전개 속도에는 아무 변화도 생기지 않으며, 가능성의 공간은 게임 내내 똑같은 상태로 남을 것이다. 본질적으로는 하나의 장면이 이어지는 게임이 될 것이다. 워루크가 등장하는 장면에서 발생하는 역전은 미로에 서사적인 형태를 부여할 뿐만 아니라(장면이 끝났음을 알리고 그 장면에서 쌓여온 긴장의 해소를 알리는) 게임에 더 역동적인 형태를 부여한다(그림 3.24 참조). 악당의 유희를 위해 천천히 쫓김을 당해주다가 짧고 정신없는 틈을 노려 악당에게 반격하는 것이다. 게임의 형태에 변화를 주고, 가능성의 공간에 변화를 주기 위해 '전개 속도의 변화'를 주는 이유에 대해서는 4장에서 좀 더 자세히 다루겠다.

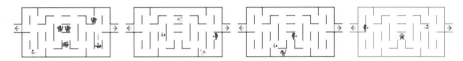

그림 3.24 〈위저드 오브 워〉에 나오는 한 미로를 시간대별로 캡처한 이미지. 맨 오른쪽에 있는 이미지가 워루크가 등장하는 장면이다.

운의 요소

지금은 컴퓨터로 작업을 하기 때문에 디자인의 다양한 영역에 **운의 요소**^{chance}를 구현하기가 쉬운 편이다. 컴퓨터는 완벽히 무작위인 숫자를 생성하기는 어렵지만, 대충 상황에 맞게 사실상 무작위에 가까운 숫자를 생성할 수는 있다. 게임 개발자는 이 난수를 다양한 결말에 활용할 수 있다.

장면을 디자인할 때 운의 요소가 유용한 이유는 플레이의 초점을 규칙이 등장하는 방식이 아닌 규칙 그 자체로 끌고 간다는 점에 있다. 플레이어가 복잡한 규칙 집합을 다뤄야 할 때 무작위성은 가장 효과가 크다. 무작위성을 이용하면 규칙과 오브젝트의 무궁무진한 조합을 만들 수 있다는 뜻이다. 무작위성이 디자인을 쉽게 완성할 수 있는 지름길은 아니다. 무작위성은 더 간결한 규칙 집합을 처리할 때는 오히려 효용이 떨어진다. 운의 요소는 조합적 결말을 만들 때 가장 유용하다.

〈위저드 오브 워〉의 계승작이자 엑스박스용 인디게임인 〈크로스타운^{Crosstown}〉(2009)의 예를 살펴보자. 플레이어는(최대 4명까지) 괴물이 우글거리는 미로를 탐

험하면서 네 개의 파워 아이템을 모아야 한다. 15가지 이상의 괴물이 이 게임의
배역이다. 놈들은 저마다 다른 방식으로 플레이어와 상호작용하고, 자기들끼리도
상호작용한다. 어떤 놈이 벽을 세우면, 어떤 놈은 벽을 부수고, 어떤 놈이 다른 괴
물들만 공격하면(플레이어를 제외하고), 어떤 놈은 플레이어가 찾고 있는 오브젝트
를 먼저 찾아서 길을 막는다.

　괴물들 간의 상호작용이야말로 플레이의 핵심이다. 각 미로의 구조는 괴물들
끼리 그리고 네 명의 플레이어끼리 상호작용을 하게 만든다는 점에서만 중요하
다. 그래서 모든 미로는 좌우 대칭에 샛길이 이리저리 뻗어 있는 단순한 무작위
패턴을 이룬다(그림 3.25 참조). 이 패턴은 많은 상호작용을 일으키는 동시에 개별
적인 상호작용을 해당 통로로 한정한다.

그림 3.25 전형적인 〈크로스타운〉의 미로 구조는 단순한 무작위 패턴이다.

　나는 미로의 크기가 훨씬 컸던 초기 버전의 〈크로스타운〉을 플레이해봤다. 그
때는 공간이 넓었던 탓에 괴물과 플레이어 사이에 그다지 활발한 상호작용이 일

어나지 않았다. 이 게임의 디자이너가 미로의 크기를 작게 줄였을 때 비로소 게임이 제대로 작동하기 시작했다. 캐릭터들 사이에 훨씬 더 활발한 상호작용이 일어났던 것이다.

〈크로스타운〉은 설계된 미로에서 얻을 것은 별로 없다. 〈위저드 오브 워〉는 등장하는 캐릭터 수가 적으며 캐릭터들이 자기들끼리는 상호작용하지 않고 플레이어와만 상호작용하므로 설계된 미로를 사용한다. 이 설계된 미로 중의 일부는 역전의 순간이다. 가운데 부분이 뻥 뚫린 아레나^{arena}라는 던전이 나오는 장면과, 아예 벽이 하나도 없는 핏^{pit}이라는 던전이 나오는 장면이 그것이다. 벽은 방어에 상당히 중요하기 때문에 두 장면에서 플레이어는 긴장의 끈을 바짝 조여야 한다.

하지만 운의 요소가 꼭 모 아니면 도여야 하는 것은 아니다. 〈위저드 오브 워〉의 워루크를 떠올려보자. 워루크는 장면의 끝 부분에서 미로에 등장할 때 무작위로 선택된 위치에 나타난다(그림 3.26 참조).

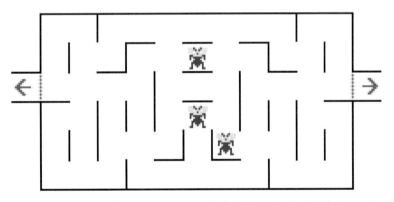

그림 3.26 〈위저드 오브 워〉에서 워루크는 위 그림에 나온 세 곳 중 무작위로 선택된 한 곳에 나타난다.

만약 워루크가 매번 같은 위치에 등장한다면 어떤 일이 생길까? 워루크의 등장을 매번 예측하고 준비할 수 있는 만큼 플레이어들이 서로 협동해야 하는 상황으로서의 효과가 반감된다.

따라서 운의 요소는 게임의 정체기를 깨뜨리는 역할을 한다. 〈위저드 오브 워〉의 괴물은 매번 다른 위치에서 등장하므로, 모든 장면을 그냥 외워봤자 아무 소용이 없다. 자연히 플레이의 초점은 장면을 외우는 것에서 괴물을 상대하는 것으로 바뀐다. 마법사 자신도 등장한 후에 무작위로 선택된 위치로 순간이동 한다. 이러한 능력이 있는 마법사는 언제 어디서 튀어나올지 알 수 없는 만큼, 무찌를 수 있는 악당이라기보다는 무방비로 견뎌야 하는 사나운 폭풍에 가깝다. 죽지 않고 살아남으면서 괴물과 상호작용해야 한다는 규칙은 훨씬 더 중요해진다. 개별적인 상호작용이 중요한 것이 아니다.

또한 운의 요소는 대칭성을 깨는 데도 유용하다. 마이클 브로우^{Michael Brough}가 개발한 아이패드용 게임인 〈글리치 탱크^{Glitch Tank}〉(2011)에서 두 명의 플레이어는 로봇 탱크에 전달할 명령어를 선택함으로써 상대방을 격퇴해야 한다. 명령어에는 '우향우', '전진', '레이저 발사' 등이 있다. 하지만 플레이어가 사용할 수 있는 명령어는 잘 섞인 카드 뭉치에서 뽑는 카드처럼 무작위로 한 번에 네 개씩 주어진다(그림 3.27 참조). 따라서 이상적인 전략이 늘 선택지에 있을 수는 없으므로 플레이어는 종종 차선책을 전략으로 골라야 한다.

그림 3.27 〈글리치 탱크〉의 플레이어에게는 한 번에 네 개씩 무작위로 선택된 명령어 집합이 주어진다.

이렇게 함으로써 두 명의 플레이어가 서로 똑같은 순서로 공격을 취하는 일은 불가능해진다. 만약 그럴 수 있다면 결과는 정체될 것이다. 가장 손이 빠른 플레이어가 유리하다는 뜻이다. 비록 민첩한 사고가 〈글리치 탱크〉에서 중요한 기술이긴 하지만, 이 게임은 누가 가장 손이 빠른가를 가르는 게임이 아니다. 이 게임의 초점은 주어진 자원을 가지고 전략적으로 상대방을 무찌르는 것이다. 이 경우 운의 요소는 두 명이 서로 대칭적으로 연기하지 못하게 함으로써 플레이어 사이의 역학 관계를 유지해준다.

실전 게임 개발 엿보기

내가 직접 디자인했던 한 장면이 구상 단계에서 최종 단계로 가면서 어떻게 바뀌었는지 함께 보자. 이 장면은 2010년에 내가 만든 게임인 〈레더〉의 한 장면이다. 〈레더〉의 주인공인 해나Hannah는 우주선의 연료 보석이 다 떨어져 화성에 불시착하게 된 우주비행사로, 이곳을 탈출하려면 반드시 버려진 문명의 폐허 곳곳에 흩어져 있는 연료 보충용 보석을 찾아야 한다. 이 문명에는 생명체의 흔적은 없지만 전자 방어 시스템은 여전히 작동 중인 탓에, 전기 충격 장치에서는 여전히 지지직 소리가 나고 로봇 경비병들은 여전히 순찰 임무를 수행 중이다.

그럼 핵심 동사들을 먼저 살펴보자. 우선 해나는 땅이나 공중에서 좌우로 '이동하기'를 할 수 있다. 또 자신의 키보다 4.5배 높은 곳까지 '점프하기'를 할 수 있다. 블록 네 개를 쌓은 높이까지는 '타고 넘기'를 할 수 있다는 뜻이다. 블록은 높이가 해나의 키만 하고 너비는 해나보다 약간 넓은 딱딱한 물체로, 모양은 매우 다양한 종류가 있다(그림 3.28 참조).

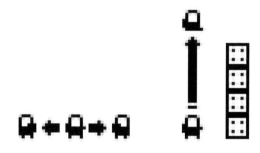

그림 3.28 〈레더〉의 핵심 동사들

이번에는 보조 동사들을 살펴보자. 해나는 진로를 열어주거나 막아버리는 스위치 '작동시키기'를 할 수 있다. 화성의 지하실과 연구실로 이어지는 통로는 자동문같이 생긴 출입구로 제어된다. 이 출입구에는 닫힌 상태와 열린 상태, 두 가지 상태가 있다. 닫힌 상태일 때는 딱딱한 블록처럼 기능하면서 벽이나 바닥, 천장의 일부가 되어 해나가 통과할 수 없는 물리적 장애물 역할을 한다. 열린 상태일 때는 공기처럼 만질 수 없는 무형이 되어 해나가 통과할 수 있는 통로가 된다.

자동문은 빨간색과 녹색, 두 가지 색깔이 있다. 한 색깔이 닫힌 상태이면 항상 다른 색깔은 열린 상태가 된다. 녹색 스위치를 건드리면 녹색 벽이 열린 상태가 되고 빨간색 벽이 닫힌 상태가 된다. 빨간색 스위치를 건드리면 그 반대가 된다. 스위치는 스캐너 방식으로 해나가 통과하는 순간 해나의 의지와 상관없이 자동으로 조작된다(그림 3.29 참조).

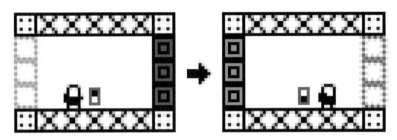

그림 3.29 스위치와 출입구 '작동시키기'는 보조 동사다.

스위치의 첫 번째 기능은 플레이어가 게임 세계를 탐험하도록 유도하는 것이다. 가령 어떤 화면에 있는 빨간색 벽은 몇 화면 떨어진 곳에 있는 빨간색 스위치를 눌러야만 열린다. 플레이어는 스위치를 찾아 돌아다녀야 하는데, 그 과정에서 각각의 장면들 사이에 이음새가 만들어진다. 또한 스위치와 벽을 한 번만 통과할 수 있는 문으로 만들 수도 있다. 스위치 앞을 통과하면 플레이어에게 이득이 되든 말든 자동으로 조작되는 문 말이다. 이 스위치를 건드리면 해나가 방금 지나온 길이 벽으로 막혀 왔던 길로 바로 되돌아가지 못하게 된다. 나아가 스위치는 함정으로 쓰일 수도 있다. 닫힌 상태가 된 벽은 딱딱한 물체처럼 기능하기 때문이다. 가령 벽으로만 이루어진 발판이 공중에 떠 있을 때 해나가 스위치를 건드리면 바닥이 사라진다. 그래서 발판을 건너는 동안에는 해나가 스위치를 건드리지 않도록 조심해야 한다(그림 3.30 참조).

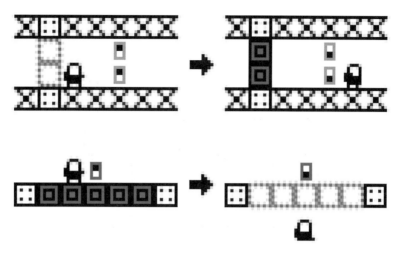

그림 3.30 〈레더〉에서 한 번만 통과할 수 있는 문과 빨간색 출입구로 이루어진 발판은 함정으로 쓰이기도 한다.

　〈레더〉의 화성은 플레이어가 탐험에 집중할 수 있도록 각각 뚜렷한 특징이 있는 몇 개의 구역으로 나누어져 있다. 각 구역은 시각적으로 뚜렷하게 구별될 뿐만 아니라(즉 해당 구역을 이루는 블록은 다른 구역에 있는 블록과 아예 다른 모양이다) 형태적으로도 다르다. 예를 들어 어떤 구역은 두 구역으로 나뉜 지하도시인데, 출입구를 기준으로 상부 도시와 하부 도시가 구분된다. 어떤 구역은 일종의 문제상자[3]로 빨간색 출입구와 녹색 출입구를 기준으로 각 화면이 구분된다. 이 구역을 통과하려면 스위치를 올바른 순서로 조작해야 한다.

　가장 깊숙한 안쪽에는 난간과 좁은 통로를 통해 드나들 수 있는 많은 방으로 구성된 거대 동굴이 있다. 방에서 방으로 이어지는 통로는 여기서도 역시 스위치와 출입구로 제어된다. 문제상자 구역이 미로처럼 복잡하다면, 이 구역은 상당히 직관적이다. 각 방에는 옆방으로 이어지는 문을 열 수 있는 스위치가 있는데, 대개 접근하기 까다로운 곳에 놓여 있다. 해나가 스위치를 건드리면 옆방으로 넘어갈 수 있다. 플레이어가 동굴을 탐험할 수 있는 길은 시계 방향과 반시계 방향, 두 가지인데, 두 길은 맨 아래층의 가운데 부분에서 서로 만난다. 그림 3.31에서 볼

3　고양이의 탈출 행동을 연구하기 위해 심리학자 에드워드 손다이크(Edward Thorndike)가 고안한 실험 장치로, 철사 고리를 당기거나 페달을 밟으면 문이 열리는 상자 – 옮긴이

수 있는 녹색 테두리로 표시된 방에서 두 길이 갈라지면서 플레이어에게 선택이 주어진다.

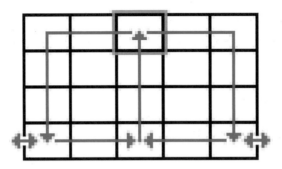

그림 3.31 여러 방으로 이어지는 두 길(시계 방향과 반시계 방향)의 구조

그림 3.32는 두 길이 갈라지는 녹색 테두리로 표시된 방의 모습이다. 이것이 초기 버전에서의 원래 모습이었다. 이 방이 좌우 대칭을 띠었던 이유는 이 장면의 역할이 좌우 대칭이었기 때문이다. 플레이어는 왼쪽 길과 오른쪽 길 중에서 하나를 선택할 수 있다. 플레이어는 아래쪽에서 이 방으로 넘어온다. 그리고 왼쪽이나 오른쪽에 있는 계단 한 칸을 오른 다음 전기 충격 장치 중에서 가까운 것을 뛰어넘어 그 위에 있는 스위치를 건드려야 한다(전기 충격 장치는 아주 위험한 물체로, 헤나가 이 위로 떨어지면 이전 장면으로 되돌아가 다시 시작해야 한다). 스위치를 건드리면 왼쪽과 오른쪽에 있는 녹색 출입구는 열린 상태가 되고 이 방으로 들어올 때 사용한 출입구는 닫힌 상태가 되면서 딱딱한 바닥으로 바뀐다.

한동안 이 방은 이런 모습이었다. 하지만 나는 이 구역(좁은 통로와 한 번만 통과할 수 있는 문이 있는 거대 동굴)을 바로 위에 있는 다른 구역, 즉 앞서 언급한 지하도시와 연결할 필요성이 있었다. 플레이어의 이동성을 위해서는 동굴에서 지하도시로, 지하도시에서 동굴로 이동할 방법이 있어야 했다. 이 장면(녹색 테두리로 표시된 방)은 두 길이 만나는 지점이었던 만큼 플레이어가 위쪽에서 들어오기에 가장 타당한 장소로 보였다. 이곳을 연결해야 플레이어에게 가장 많은 선택을 제공할 수 있을 것 같았다.

나는 이 방과 위에 붙어 있는 방을 수직으로 연결하기로 했다. 플레이어에게 완벽히 좌우 대칭을 이루는 선택권을 주었던 장면인 만큼 이 장면의 시각적 대칭성을 깨야 하는 상황은 아쉬웠다. 흐트러진 대칭성을 이 방에 있었던 사건을 나타내는 흔적으로 만들면 좋겠다는 생각이 들었다. 천장 쪽 좁은 통로에 구멍을 만들면 지하도시로 이어지는 수직 통로가 될 수 있었다. 구멍은 이 방의 표면상의 대칭성을 파괴하는 구조적 붕괴가 있었다는 흔적이었다.

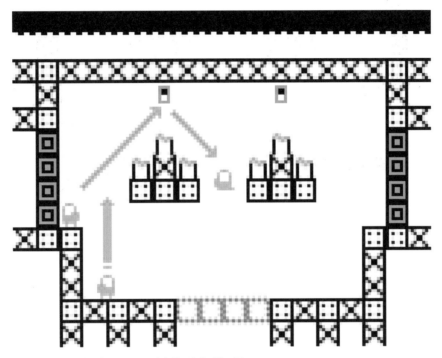

그림 3.32 길이 왼쪽과 오른쪽으로 갈라지는 방의 처음 버전

그림 3.33은 이 장면의 수정 버전이다. 천장에서 떼어낸 조각은 이제 그 수직 아래에 전기 충격 장치가 있는 발판과 대칭을 이루는 발판 위에 놓여 있다. 천장의 일부가 무너져내려 방의 구조가 바뀌고 위쪽으로 통하는 길이 생겼음을 암시한다. 이 발판 위에 포개진 발판의 높이는 해나가 구멍 사이로 점프하면 천장 쪽에 있는 좁은 통로에 올라서서 통로를 따라 이동하기에 충분하다. 오른쪽으로 두 번째 방으로 가면 지하도시 구역으로 올라갈 수 있는 통로가 나온다.

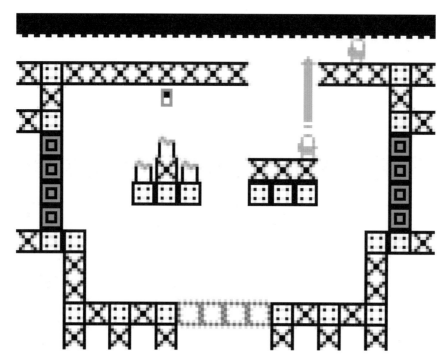

그림 3.33 천장에 구멍을 남기면서 떨어진 발판을 넣은 수정 버전

하지만 이렇게 바꾸니 새로운 문제가 생겼다. 플레이어는 여전히 왼쪽 계단을 딛고 전기 충격 장치 위로 점프함으로써 녹색 스위치를 건드릴 수 있다. 하지만 오른쪽 발판에서 스위치를 향해 점프하면 발판이 너무 높은 탓에 천장에 부딪혀 더 일찍 각도가 꺾이면서 전기 충격 장치 위로 떨어지게 되었다(그림 3.34 참조). 방의 대칭성을 유지하려면 있어서는 안 되는 오점이었다. 이 장면에는 오른쪽에서 점프하는 행위가 왼쪽에서 점프하는 행위보다 덜 타당하다거나 더 위험하다는 사실을 암시하는 시각적 장치가 전혀 없었다.

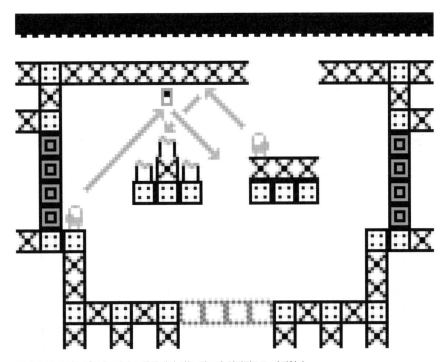

그림 3.34 대칭성을 깨뜨리자 오른쪽에서 하는 점프가 치명적으로 바뀌었다.

   그렇다면 어떻게 왼쪽과 오른쪽에서 모두 스위치에 접근할 수 있도록 만들 수 있었을까? 천장에서 떨어진 조각을 없애버려서 오른쪽 발판의 높이를 낮춘다면 해나는 스위치로 점프할 수는 있겠지만, 천장에 있는 구멍 위로는 올라갈 수 없게 된다. 어쨌거나 이것은 천장에서 떨어져 나온 조각이다. 이 조각이 발판의 폭에 딱 맞게 떨어져야 할 이유는 없었다. 부서진 건물 조각이 왜 그렇게 깔끔하게 떨어져야 한단 말인가?

   그림 3.35는 최종적으로 완성한 장면의 모습이다. 나는 천장에서 떨어진 조각을 한 블록 길이만큼 오른쪽으로 밀어서 발판 밖으로 튀어나가게 만들었다. 시각적으로 훨씬 더 비대칭적으로 바뀐 것은 덤이었다. 그림 3.31에 표시된 좌우 대칭 구역으로부터 빠져나갈 수 있는 출구를 상징하는 것이었다. 플레이어가 떨어진 조각을 밟고 점프하면 천장에 있는 구멍과 지하도시로 이어지는 통로에 접근할 수 있다. 떨어진 조각 옆에 노출된 발판을 밟고 점프하면 스위치를 건드리면

서 전기 충격 장치를 안전하게 넘을 수 있다. 이제 이 방에는 내가 원하는 모든 기능이 들어갔다. 나는 만들고, 플레이해보고, 문제를 확인하고, 뜯어고치고, 다시 플레이해보고, 새로운 문제를 찾아내고, 다시 뜯어고치고, 다시 플레이해보고, 문제를 해결했다. 이것이 바로 디자인이다.

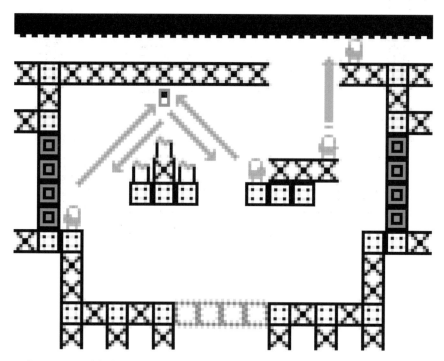

그림 3.35 모든 문제가 해결된 최종 버전

정리

- 장면은 모든 게임의 전개 속도를 결정하는 가장 기본적인 단위다. 장면을 구성하는 요소는 게임마다 천차만별이다.
- 장면의 역할은 게임의 규칙을 소개하고 발전시키는 것이다. 오브젝트는 장면의 구성요소로, 선택을 만드는 데 사용한다.

- 규칙을 명확하게 소개하는 일은 중요하다. 그래야 플레이어가 다음 장면에서 그 규칙을 마주쳤을 때 그 규칙의 의미와 상징을 이해할 수 있다.

- 플레이어를 위한 선택을 만들 때는 동사, 오브젝트, 서로 간의 관계 등 미리 정해진 규칙을 사용해야 한다. 그렇지 않으면 게임과 무관한 선택이 만들어질 수 있다.

- 장면은 보통 각 플레이어가 장면에서 하는 개별 행동과는 관계없는 작은 선택들의 집합으로 이루어진다. 이것이 바로 장면의 전체적인 형태의 관점에서 생각하고 디자인하는 것이 유용한 이유다.

- 각 장면은 특정한 규칙을 발전시키거나 특정한 생각을 표현하는 것 등 분명한 목적이 있어야 한다. 디자인이란 플레이어가 이미 이해한 규칙을 사용해서 그 생각을 전달하는 행위다.

- 조합을 이용하면, 즉 플레이어가 두 가지 움직임을 동시에 추적하게 하는 등 한 장면에서 조화롭게 작동하는 여러 개의 규칙을 넣으면 더 강력하고 효과적인 장면을 만들 수 있다.

- 반전의 순간이나 절정은 장면에 더 역동적인 형태를 부여하며, 플레이어가 운용하는 동사의 다른 측면에 관심을 기울이게 할 수 있다.

- 운의 요소는 규칙이 표현되는 방식보다는 규칙 간의 상호작용에 초점을 두게 하는 데 유용하다. 이를테면 장면의 구조에 무작위 패턴을 사용하는 방법은 규칙이 무대에 등장할 수 있는 만남이 아닌 여러 가지 중요한 규칙 간의 상호작용 때 특히 유용하다.

- 운의 요소는 게임을 예측하는 플레이어의 능력을 방해함으로써 정체기를 깨는 데 도움을 주며, 경쟁하는 플레이어들이 다르게 플레이하도록 강요함으로써 대칭성을 깨는 데 도움을 준다.

- 장면을 디자인하는 과정은 흔히 여러 차례의 초안 작업으로 이루어진다. 초안을 만들어나가면서 플레이하고, 문제를 확인하고, 그 문제를 해결하기 위해 수정을 가하자.

토의 활동

1. 게임을 하나 고르자. 가급적 2장의 토의 주제로 사용했던 게임으로 하자. 10분간 이 게임을 플레이해보자. 그룹으로 진행할 경우에는 한 번에 한 명씩만 플레이해야 한다. 10분이 지나면 플레이어가 현재 위치한 장면을 끝내자. 그룹은 무엇이 장면의 마지막을 구성하고 있을지 결정한다. 이 마지막 장면에 대해 이야기해보자.

2. 해당 장면에서 소개된 모든 규칙과 그 장면에서 오브젝트가 상호작용하는 모든 방식을 확인해보자. 특히 그 장면에서 처음으로 등장하는 방식은 무엇인가? 장면의 초점은 무엇인가? 그 장면에서 소개하는 규칙은 무엇인가? 발전시키는 규칙은 무엇인가? 그 장면의 목적은 무엇인가?

3. 모눈종이를 이용해 3장에서 설명한 순간이동/레이저 게임을 위한 장면을 디자인해보자. 가로로 여섯 칸, 세로로 여덟 칸이 플레이어가 움직일 수 있는 공간이라고 가정해보자. 여러분이 디자인하고 있는 장면은 화면에서 여러분이 정한 방향에서 여러분이 정한 속도로 스크롤될 것이다.

   눈금을 따라 그린 선은 레이저 장애물로 접촉할 수 없다. 색칠한 눈금은 레이저 방사선에 노출된 구역으로 순간이동 할 수 없다. 눈금 안에 그린 점은 맛있는 음식 캡슐이다(그림 3.36 참조).

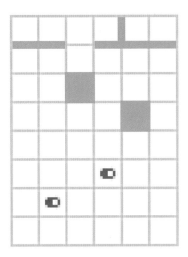

그림 3.36 순간이동/레이저 게임에서 장면을 디자인하는 데 필요한 범례

4. 플레이어가 내릴 수 있는 의미 있는 선택을 중심으로 장면을 디자인해보자. 장면에서 플레이어가 내릴 수 있는 선택은 두 개 이상이 되어도 좋지만, 적어도 하나 이상의 중요한 선택이 있어야 한다. 이것은 플레이어가 선택에 결과가 따른다고 인식할 수 있는 선택이어야 한다.

새로운 오브젝트를 등장시킬 수도 있지만, 반드시 중요한 선택보다 앞 장면에서 해당 오브젝트의 규칙과 영향력을 전달해야 한다.

5. 다음 각본 중 하나를 고르자.

- 주인공의 생일을 축하하는 가면무도회. 주인공은 이제 제위를 물려받을 나이가 되었다. 손님 중 한 명은 암살자로 그날 밤이 새기 전에 공격을 시도할 것이다.

- 배가 난파당했다! 주인공이 탔던 배가 지독한 폭풍으로 산산조각 나고 주인공은 마른 땅으로 가는 길을 찾아야 한다. 땅에 도착하면 어떻게든 피난처를 찾아야 한다.

- 오래된 집은 매우 깨끗하게 정리되어 있어 아무도 귀신 들린 집임을 눈치채지 못할 것이다. 주인공은 이 집을 매물로 내놓기 전에 몇 가지만 더 손보면 된다. 하지만 그때 예상치 못한 일들이 벌어진다!

이제 여러분이 선택한 각본에서 가능성의 공간을 디자인한다고 상상해보자. 플레이어가 내릴 수 있는 선택의 집합을 만들어야 한다는 뜻이다. 몇 가지 가능한 형태는 아래와 같다. 이 형태들은 시간에 따라 바뀐다. 가능성의 공간이 더 열린 형태일 때 플레이어는 무엇을 해야 할지 결정할 수 있는 공간이 더 넓어진다. 가면무도회라면 손님들이 누구와도 말을 걸면서 자유롭게 어울릴 수 있는 비공식적인 장소일 수 있다. 형태가 더 좁고 폐쇄적일 때 가능한 선택은 훨씬 줄어든다. 긴장감이나 위험 때문에 더 적은 선택사항만 열려 있는 것이다. 가면무도회에서 암살자가 공격하는 순간, 플레이어가 즉시 반응해야 하는 순간을 포함해야 한다.

여러분의 각본에 사용할 수 있는 몇 가지 형태를 소개한다. 과연 어떤 플레이가 나올까? 형태를 변화시킬 때마다 어떤 일이 일어날까?

- 시작부터 중간까지는 넓게 열린 공간이다가 중간 이후부터 공간이 좁아진다.
- 넓게 열린 공간에서 점점 더 작은 공간으로 이어지지만 아주 크게 열린 가능성의 공간으로 끝난다.
- 좁은 공간으로 시작해서 주기적으로 넓어지다가 끝에서는 다시 줄어든다.

게임의 규칙을 결정하는 것은(그리고 원한다면, 그 장면에 어울리는 더 풍부한 이야기를 결정하는 것은) 여러분의 몫이다.

그룹 활동

니클라스 뉘그렌Nicklas Nygren이 2007년에 개발한 〈크뉘트 스토리즈Knytt Stories〉는 주니Juni라는 이름의 주인공에 대한 플레이 가능한 '스토리들'을 만들기 위한 플랫폼 게임이다. 주니의 핵심 동사는 '달리기', '점프하기', '기어오르기'다. 이 게임은 http://nifflas.ni2.se/?page=Knytt+Stories에서 무료로 받을 수 있다. 단, 윈도우에서만 구동된다.

그룹에서 한 명을 뽑아 '튜토리얼Tutorial' 스토리와 '기계들의 나라The Machine' 스토리를 10분쯤 플레이하게 하자. 그런 다음, 그룹 전체가 공동으로 작업하거나 더 작은 소집단으로 나눈 후에 레벨 에디터를 함께 들여다보자. 레벨 에디터를 이해하려면 크뉘트 스토리즈 지원 포럼에 있는 다음 게시물을 꼭 확인하기 바란다.

- Level Editor FAQ: http://nifflas.lpchip.nl/index.php?topic=28.0
- Level Editor Manual: http://nifflas.lpchip.nl/index.php?action=dlattach;topic=18.0;attach=5

그림 3.37은 레벨 에디터의 모습이다. 오른쪽에 있는 0~7까지 숫자는 게임의 레이어를 나타낸다. 레이어 3은 단단한 오브젝트가 놓이는 곳이다. 즉 여기에 놓인 모든 것은 주니가 점프해서 디디고 기어오를 수 있다. 레이어 0, 1, 2는 배경이

다. 즉 여기에 놓인 모든 것은 주니가 무시하고 지나칠 수 있다. 레이어 하나를 골라 클릭하고 창 아래쪽에 있는 타일 하나를 클릭해보자. 그러면 마우스를 사용해 타일을 장면에 배치할 수 있다.

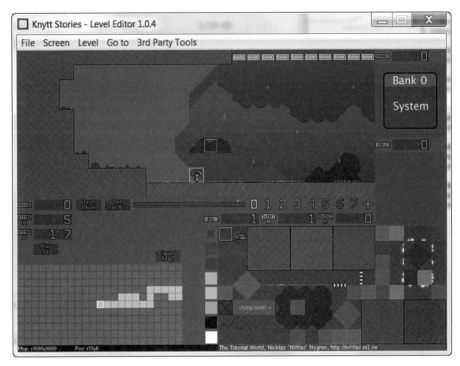

그림 3.37 〈크뉘트 스토리즈〉 레벨 에디터. 색깔이 입혀진 숫자를 클릭하면 작업 중인 게임 세계의 레이어를 바꿀 수 있다.

레이어 4~7은 '오브젝트'용이다. 〈크뉘트 스토리즈〉에서 오브젝트는 벽이나 바닥 타일보다 좀 더 복잡한 모든 오브젝트를 가리킨다. 화면의 맨 오른쪽에서 〈크뉘트 스토리즈〉에 있는 여러 가지 오브젝트를 선택할 수 있다. 오브젝트의 범주를 변경하려면 'BANK' 오른쪽 숫자를 클릭하고, 특정 오브젝트를 변경하려면 'OBJ' 오른쪽 숫자를 클릭하자. 좌클릭 대신 우클릭을 하면 숫자가 줄어든다(또 배경과 타일셋을 변경하려면 각각 'BG'와 'TILESET'의 오른쪽 숫자에 대고 좌클릭과 우클릭을 사용하면 된다).

〈크뉘트 스토리즈〉에는 다양한 오브젝트가 있다. 그룹별로 상의하고 실험을 한 다음 오브젝트 중 세 개를 고른다. 플레이어가 가까이 있을 때만 보이는 벽돌도 좋고, 지면을 왔다 갔다 기어 다니는 뿔 달린 동물도 좋고, 출입문을 열기 위해 한동안 누르고 있어야 하는 버튼도 좋다.

(또한 bank 0, object 1에 있는 체크포인트를 배치하는 것을 잊지 말기 바란다! 주니는 뿔 달린 동물 같은 위험한 물체에 닿으면 체크포인트에서 다시 시작한다. 또한 플레이어가 가지고 시작했으면 하는 능력을 활성화하는 것도 잊지 말자. 이 작업은 스토리의 시작 상태를 설정할 수 있는 'Set Start Pos'를 클릭하면 할 수 있다. 나는 최소한 달리기와 기어오르기 능력은 주고 시작하기를 권한다.)

이제 여러분이 선택한 세 가지 오브젝트에 대한 스토리를 만들어보자. 우선 첫 번째 오브젝트를 소개하자. 이 오브젝트를 다른 장면에서 약간 더 발전시켜보자. 두 번째 오브젝트를 단독으로 등장시킨 다음 첫 번째 오브젝트와 두 번째 오브젝트가 함께 나오는 장면을 만들어보자. 세 번째 오브젝트를 단독으로 등장시키자. 첫 번째 오브젝트와 세 번째 오브젝트가 함께 나오는 장면을 만든 다음, 두 번째 오브젝트와 세 번째 오브젝트가 함께 나오는 장면을 만들어보자. 마지막에는 세 오브젝트가 전부 다 나오는 장면을 만들어보자.

오브젝트를 조합할 때는 각기 다른 오브젝트를 단순히 넣지만 말고 반드시 상호작용을 하게 만들자. 각 오브젝트의 쓰임새와 효용을 최대한 많이 찾아보자.

4장

상황정보

게임은 규칙으로 이루어져 있고, 이 규칙을 이용하면 플레이어를 위한 선택을 만들어낼 수 있다. 하지만 이러한 선택은 플레이어가 규칙을 이해할 때만 의미가 있다. 상황정보는 게임을 이루고 있는 규칙, 상황정보가 없었다면 추상적이었을 규칙을 플레이어가 내면화하는 데 도움을 준다. 디지털 게임은 상황정보를 디자인하고 플레이어와 소통하는 데 비주얼 아트, 애니메이션, 음악, 소리를 이용할 수 있다. 이러한 수단을 통해 전달할 수 있는 의미는 많다.

첫인상

나는 〈슈퍼 크레이트 박스Super Crate Box〉(2010)가 온라인으로 배포되기 전의 초기 버전을 플레이해봤다. 이 게임은 화면 곳곳에서 무작위로 상자가 나타나며, 플레이어가 상자를 먹은 개수만큼 점수가 올라가는 게임이다. 다양한 종류의 괴물들은 천장에 있는 구멍에서 내려와 바닥에 있는 구멍으로 이동한다. 작고 빠른 녀석도 있고, 크고 느린 녀석도 있고, 제 갈 길만 가는 녀석도 있으며, 적극적으로 플레이어를 쫓아오는 녀석도 있다. 녀석들이 총에 맞거나, 칼에 썰리거나, 폭탄에 터지거나, 그 외 어떤 식으로든 플레이어의 손에 박살 나지 않고 바닥까지 도달하면 바닥에 있는 구멍으로 뛰어든 후 천장에 있는 구멍에서 다시 등장한다. 이때 속도는 훨씬 빨라지고, 몸 색깔은 녹색에서 빨간색으로 변한다(그림 4.1 참조).

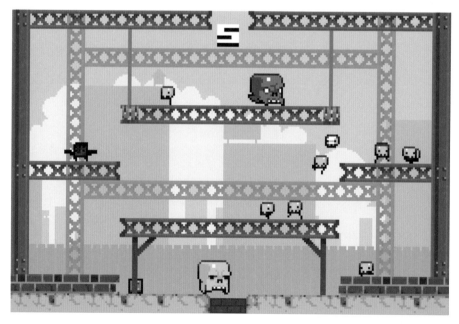

그림 4.1 화면을 랩어라운드하면 빨간색으로 변하는 녹색 괴물

따라서 이 게임에서의 전략은 상자를 모으는 일과 플레이어에게 가용한 무기를 이용해 괴물들이 너무 많이 불어나지 않도록 견제하는 일 사이에서 균형을 찾는 것이다. 플레이어가 먹는 상자에는 무작위로 선택된 무기가 들어 있는데, 이

무기는 무조건 사용해야 하다 보니 그에 따라 전략을 바꿀 수밖에 없다. 이것이 바로 이 게임의 역학이다.

하지만 이 게임에는 나를 헷갈리게 만든 부분이 있었다. 내가 플레이했던 초기 버전에서 바닥에 있는 구멍으로 뛰어든 괴물들은 천장에 있는 구멍에서 더 위력적인 모습으로(그리고 빨간색으로) 다시 나오는 반면, 같은 구멍에 뛰어든 내 캐릭터는 죽어버렸다. 나에게는 이 점이 일관성의 부족으로 느껴졌다.

같은 게임 디자이너로서 나는 이 게임의 개발자들이 왜 플레이어를 수직 이동 못지않게 수평 이동이 활발할 수밖에 없는 막힌 구역에 플레이어를 가두어 놓았는지, 왜 괴물들을 소개한 후에 훨씬 더 사나운 모습으로 등장하게 했는지 이해한다. 하지만 플레이어로서 경험한 이 게임은 괴물들과는 달리 나는 구멍으로 뛰어들 수 없다는 중요한 규칙을 전달해주지 못했다. 게다가 이 규칙을 기억할 만한 어떤 도움도 주지 않았다. 처음 시도했을 때 죽어버렸음에도 정신없이 돌아가는 이 게임을 하는 동안 나는 그 치명적인 구멍에 몇 번이고 다시 뛰어들었다.

〈슈퍼 크레이트 박스〉 개발자들이 궁리해낸 해결책은 아주 간단한 시각적 효과였다. 그들은 구멍에 불을 놓았다(그림 4.2 참조). 바닥에 있는 구멍에는 이제 빨간 불꽃이 춤을 춘다. 여기에 플레이어가 뛰어들면 불에 타버린다. 여기에 괴물이 뛰어들면 빨갛게 달궈지기만 할 뿐 다시 살아나는데, 천장에서 다시 떨어질 때는 분노의 질주를 한다. 나는 이 규칙을 이해할 수 있다. 단지 시각적으로 아주 작은 변화를 주었을 뿐이지만 그 구멍이 왜 나는 죽이면서 괴물은 그냥 변신만 시키는지 그 이유를 설명해주기 때문이다. 빨간 불꽃은 상황정보를 제공한다.

그림 4.2 〈슈퍼 크레이트 박스〉의 하단에 있는 구멍은 두 버전에서 모두 치명적이지만, 오른쪽 버전은 시각적으로 명료하게 이를 표현한다.

공학적 차원에서 말하자면, 게임이란 결국 규칙과 상호작용이다. 게임 디자이너는 충돌이 벌어지도록 플레이어에게 위협을 가하는 물체들을 등장시키며, 그렇게 해서 플레이어의 동사를 발전시킬 수 있다. 플레이어는 돌진해오는 위험물을 피하는 일에 노련해야 한다. 괴물을 명중시키기 위해 무기를 어떻게 겨냥해야 하는지도 터득해야 한다. 하지만 추상적 차원에서 규칙은 추상화일 뿐이다. 총을 쏘고, 뛰어다니고, 위험물을 피하는 행위는 복잡하고 미묘한 활동이다. 우리는 달리기 시뮬레이션을 만들려는 것이 아니다(경고: 어쩌면 만들고 싶을 때도 있겠다). 이야기를 전달하려는 것이다. 따라서 게임 디자이너는 추상화한다.

괴물이 위험하다는 사실을 플레이어는 어떻게 알 수 있을까? 만지면 안 된다는 사실을 어떻게 알 수 있을까? 날카로운 송곳니와 발톱을 드러낸 위험한 괴물처럼 보이게 하는 방법이 있다. 만일 이 괴물이 정처 없이 돌아다니는 것이 아니라 플레이어를 향해 공격적으로 돌진해온다면? 육중한 발걸음을 느릿느릿 옮길 때마다 화면을 흔드는 방법이 있다. 이 괴물을 쏘는 것이 유리한지 플레이어는 어떻게 알 수 있을까? 괴물이 총에 맞았을 때 위험에서 벗어났음을 알리는 멜로디가 흘러나오게 하는 방법이 있다.

모니터를 통해 구현되고 스피커를 통해 숨을 쉬는 디지털 게임은 플레이어에게 이미지, 애니메이션, 소리, 음악 등의 시각정보와 청각정보를 전달할 수 있다. 이 수단들은 게임 규칙을 전달하는 데, 그리고 중요한 상호작용을 강조하는 데 사용될 수 있다.

〈식물 대 좀비^{Plants vs. Zombies}〉(2009)라는 게임의 예를 살펴보자. 이 전략 게임에서 플레이어는 여러 가지 방어물을 세움으로써 화면의 왼편을 사수해야 하는데, 이 방어물은 제각기 기능이 다르고 한 번 설치하면 다른 데로 옮길 수 없다는 특징이 있다. 플레이어는 어떤 방어물을 어디에 세울지 선택해야 한다. 여러 종류의 방어물들을 섞어서 배치해야만 다른 방어물의 약점을 보완할 수 있다. 적군 좀비가 오른편에서 나타나 느릿느릿 왼쪽으로 이동하는 동안 플레이어는 전략을 가다듬고 의사결정을 내릴 수 있다.

전투장은 잔디밭이다. 화면 맨 왼쪽에는 설정상 플레이어의 집으로 보이는 집이 한 채 있다. 방어물은 땅에 뿌리를 뻗는 식물이고, 적군은 좀비 군단이다. 이러한 이미지는 이 게임 오브젝트들의 특성, 즉 이들을 지배하는 규칙에 대한 정보를 암시한다. 식물을 땅속에 심으면 다른 데로 옮길 수 없다는 규칙은 플레이어를 쉽게 납득시킬 수 있다. 물론 좀비는 좀비니까 느리게 움직인다. 게임 요소들이 만들어내는 맥락에 따라 플레이어는 이들이 어떻게 작동할지 예측할 수 있다.

〈슈퍼 마리오브라더스〉는 플레이어에게 어떤 적이 나오든 머리를 밟는 간단한 반사 작용을 제일 먼저 가르치는 게임이다. 마리오가 다른 녀석들처럼 간단히 머리를 밟는 대신 조심스럽게 처리해야 하는 녀석이 있다면 게임이 더 재미있어질 것이다. 하지만 플레이어가 머리를 밟음으로써 모든 전투를 해결하는 데 이미 적응된 상태라면, 이번만큼은 머리를 밟으면 위험하다는 사실을 어떻게 전달할 수 있을까? 〈슈퍼 마리오브라더스〉에 나오는 가시 돋친 딱정벌레, 일명 '가시돌이'를 살펴보자(그림 4.3 참조).

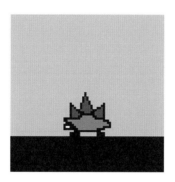

그림 4.3 〈슈퍼 마리오브라더스〉에서 가시돌이가 다른 적들보다 좀 더 위험하게 생긴 데는 다 그만한 이유가 있다.

이 게임에 나오는 다른 괴물들은 모두 미끈한 반구형이나 둥근 머리통, 거북이 등딱지로 되어 있다. 가시돌이는 길고 뾰족뾰족한 가시가 돋아 있으며 색깔이 밝고 위험하다. 이 조그만 녀석은 밟으면 큰일 난다.

이제 이 녀석을 이 게임에서 밟으면 안 되는 또 다른 생물인 하수구를 들락날락하는 식인꽃, 일명 '뻐끔플라워'와 비교해보자. 이 괴상하게 생긴 식물의 용도는 일시적으로 안전했다가 일시적으로 위험해졌다가를 반복하는 발판을 만드는 것이다. 날카로운 이빨이 촘촘히 박힌 식인꽃의 주둥아리는 하늘을 향해 벌어져 있다(그림 4.4 참조). 마리오는 이 녀석을 위쪽에서 밟지 말아야 한다.

그림 4.4 주둥아리를 쩍 벌린 식인꽃이라는 시각적 상황 정보는 마리오가 그 꽃을 밟지 말아야 하는 이유를 설명해 준다.

흥미롭게도 〈슈퍼 마리오브라더스 3〉(1988)에서 플레이어가 거의 게임 초반에 만나는 괴물 중 하나는 마리오가 있는 곳을 향해 불덩어리를 날리는 식인꽃이다. 뻐끔플라워와는 달리 이 식물은 머리를 옆으로 돌린 채 마리오를 향하고 있다(그림 4.5 참조). 주둥아리가 옆을 향하고 있다 보니 머리 부분은 미끈한 공 모양이다. 이 게임을 할 때 나는 이 녀석을 보자마자 바로 달려가 머리부터 밟았다. 뚜렷한 이유도 없이 마리오가 죽어버렸다. 이것은 시각적 전달의 오류를 보여주는 단적인 사례다.

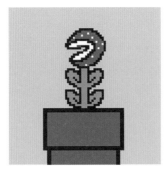

그림 4.5 전작들의 시각적 관습을 깬 〈슈퍼 마리오브라더스 3〉의 불덩어리를 날리는 식인꽃은 왠지 머리를 밟아도 안전할 것 같은 기분이 들지만, 절대로 그렇지 않다!

반복되는 모티브

〈슈퍼 마리오브라더스〉에 나오는 가시돌이와 뻐끔플라워의 속성은 비슷하다. 즉 머리를 밟을 수 없다. 이들은 시각적 속성도 비슷한데, 둘 다 머리 부분에 뾰족한 것이 달려 있다. 이러한 기호는 게임 전체에 통용되는 시각적 어휘가 될 수 있다. 플레이어가 같은 게임 규칙을 따르면서 뚜렷한 특징이 눈에 보이는 오브젝트를 마주친다면 나중에도 비슷하게 생긴 오브젝트가 같은 규칙을 따르리라 기대할 것이다. 게임에서의 시각 디자인이란 결국 플레이어의 기대를 디자인하는 작업이다.

새끼 용이 주인공인 〈스파이로 더 드래곤Spyro the Dragon〉(1998)의 핵심 동사 중 하나는 너무나 당연하게도 '불 뿜기'다. 플레이어는 이 불을 사용해 적을 처치하고 보석이 든 나무 상자를 부순다. 하지만 게임에 나오는 모든 물체가 불로 처리되는 것은 아니다. 이 게임은 적이 착용한 방어구나 특정한 종류의 상자처럼 불에 끄떡없는 물체를 표시하는 데 일관성 있게 쇠붙이를 사용한다. 쇠붙이는 광택이 나는 은색으로 시각적으로 뚜렷한 특징을 지닌다. 플레이어가 쇠붙이에 대고 불을 뿜으면 불과 물체 사이에 상호작용이 있었음을 보여주기 위해 잠깐 빨갛게 달아오르지만, 곧 식으면서 원래 색깔로 돌아온다. 이것은 플레이어가 적 캐릭터나 상자에 또 다른 동사인 '박치기'를 시도해야 한다는 신호다.

하지만 쇠가 빨갛게 달아오르는 시각적 모티브가 방어구를 착용한 적 캐릭터와 쇠로 된 상자에만 사용되는 것은 아니다. 나중에 가면 불에 반응하는 다른 오브젝트들도 등장한다. 스파이로의 뜨거운 입김이 닿으면 뜨거운 공기를 토해내며 보석을 공중 부양시키는 상자도 등장하고, 뜨거워지면 회전하면서 입구가 열리는 환풍기 모양 스위치도 등장한다. 이 물체들 역시 쇠붙이로 되어 있다. 불에 의해 '파괴'되지는 않지만 '영향'은 받을 수 있음을 보여주기 위해서다. 이 물체들은 플레이어가 앞서 마주친 쇠로 된 상자처럼 달아오르지만, 쇠가 빨갛게 달아오르는 시각적 모티브는 한 걸음 더 발전했다. 쇠로 된 상자와는 달리 보석을 공중 부양시키는 상자와 환풍기 모양의 스위치는 의미 있는 방식으로 변하기 때문이다.

　　마이클 브로우가 개발한 〈자가 33$^{Zaga-33}$〉(2012)은 플레이할 때마다 우연히 생성되는 외계 행성을 탐험하는 전략 게임이다. 벽의 위치, 지형, 괴물이 나오는 곳, 플레이어가 사용할 수 있는 아이템도 모두 무작위다. 심지어 유용한 아이템의 형태 역시 무작위다. 십자가 모양의 아이템은 어떤 판에서는 레이저 무기지만 다음 판에서는 치료 아이템이 되거나 벽을 재배치하는 장치로 바뀐다. 아이템을 사용하는 즉시 그 판에 한해서 통용되는 용도는 드러난다. 플레이어는 이번 판에서는 막대사탕 모양의 아이템이 괴물을 그 자리에 얼려버린다는 사실을 알 수 있다. 하지만 부득이하게도 아이템의 이미지를 보고 용도를 추측할 수는 없다. 아이템은 하나같이 불규칙하고 기이한 형태다.

　　하지만 이들 사이에 어느 정도의 시각적 일관성은 있어야 하겠다. 비록 그 용도는 아직 모를지라도 플레이어는 구석에 있는 어떤 물체가 주워서 사용할 수 있는 아이템임은 알아야 한다. 추상적인 모양의 아이템과 위험한 괴물을 구별할 수는 있어야 한다.

　　마이클 브로우는 각 오브젝트 집합에 서로 겹치지 않는 일관성 있는 배색을 부여함으로써 이 문제를 해결했다(그림 4.6 참조). 아이템은 형태와 관계없이 언제나 주황색과 황토색이다. 괴물은 언제나 작은 주황색 포인트가 있는 연두색이다. 벽은 녹색과 회색이고, 바닥은 검은색과 보라색이다. 게임 세계의 각 요소는 색깔을 통해 구별할 수 있다. 플레이어는 아직 막대사탕 모양의 아이템이 어떤 용도인지는 모르더라도, 이것이 사용할 수 있는 아이템이라는 것쯤은 알 수 있다. 이 게임도 시각적 모티브를 사용한 것이다. 〈자가 33〉의 추상화된 게임 세계에서 이 모티브는 주황색 대 연두색만큼이나 단순화될 수 있다.

그림 4.6 〈자가 33〉에 나오는 아이템과 괴물 비교

캐릭터 디자인

게임에서 오브젝트가 보이는 방식은 해당 오브젝트가 어떤 역할을 하는지, 그 오브젝트와 다른 오브젝트는 어떤 관계가 있고 그 오브젝트와 플레이어는 어떤 관계가 있는지 플레이어에게 말해주어야 한다. 또한 이 방식은 오브젝트마다 달라야 한다. 다른 규칙을 따르는 오브젝트는 그렇지 않은 오브젝트와 시각적으로 뚜렷하게 구별되어야 한다는 말이다. 이렇게 하는 가장 쉬운 방법은 오브젝트의 실루엣, 즉 오브젝트의 형태에 신경 쓰는 것이다.

내 친구인 리언 아노트는 연습 삼아 〈슈퍼 마리오브라더스〉 해킹 버전을 개발하고는 이름을 〈실루엣 마리오브라더스^{Silhouette Mario Bros.}〉라고 붙였다. 그는 게임에 등장하는 모든 캐릭터를, 마리오든 괴물이든 구분 없이 전부 검정 단색으로 보이도록 칠했다. 그러고는 당연하게도 게임 내의 모든 요소가 여전히 완벽하게 구별 가능하다는 사실을 깨달았다. 마리오가 등을 밟으면 발사체로 변하는 거북이 모양의 적은 그렇지 않은 버섯 모양의 적과는 다르게 생겼다. 밟아도 안전한 딱정벌레는 닿으면 위험한 딱정벌레와는 다르게 생겼다. 그림 4.7을 보면서 캐릭터들을 직접 구별해보기 바란다.

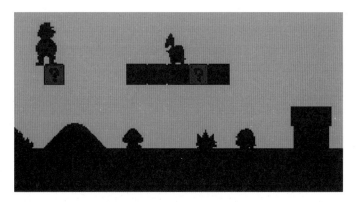

그림 4.7 실루엣으로 표현된 〈슈퍼 마리오브라더스〉의 캐릭터들

실루엣으로 바꿀 때 플레이어가 잃어버리는 유일한 정보는 거북이가 길 끝에서 멈출지, 아니면 왔던 길로 되돌아갈지 여부뿐이다. 게임에서 이 정보를 차별화

하는 데 녹색과 빨간색이라는 색깔을 사용하기 때문이다.

3장 '장면'에서 언급한 〈레즈비언 스파이더 퀸즈 오브 마스〉는 여왕의 손아귀에서 탈출한 노예들이 일제히 여왕을 공격하는 속도전 게임이다. 이 게임에서 플레이어가 상대하고 있는 적이 옆이나 뒤에서만 접근할 수 있는 방패를 든 노예인지, 여왕을 쫓아올 검투사인지, 불덩어리를 뚝뚝 흘리며 이동할 연금술사인지, 아니면 도주하기 전에 잡을 수만 있다면 높은 점수를 획득할 수 있는 공주인지 한눈에 구별하게 하는 일은 매우 중요하다.

이 게임은 다양한 노예들의 실루엣을 차별화하는 데 몇 가지 기호를 사용한다. 우선 머리 모양이 제각기 다르다. 맨 처음에 등장하며 무작위로 이동하는 노예는 모호크 머리를 하고 있으며, 방패를 든 노예는 단발머리, 검투사는 스파이크 머리, 연금술사는 어깨까지 내려오는 생머리, 공주는 움직일 때마다 찰랑거리는 양 갈래로 묶은 머리 모양을 하고 있다(그림 4.8 참조). 따라서 여왕의 거미줄에 칭칭 감겼을 때조차 노예들의 실루엣은 다르게 보인다. 거미줄에 감긴 노예가 도망칠 경우 여왕에게 어떤 위험이 닥쳐올지 아는 것은 플레이어의 전략에 대단히 중요하다.

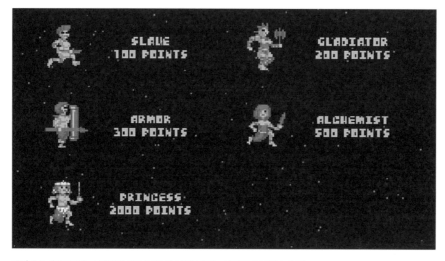

그림 4.8 〈레즈비언 스파이더 퀸즈 오브 마스〉에 나오는 다양한 종류의 노예들

또한 노예들은 들고 다니는 무기도 제각기 다르다. 무기의 위력 차이가 그리 중요하지는 않다. 노예가 여왕에게 접근하는 데 성공하기만 한다면 다 똑같이 여왕을 죽일 수 있기 때문이다. 각기 다른 무기는 노예들의 행동을 구별하는 데만 유용할 뿐이다.

각기 다른 무기는 캐릭터의 실루엣도 바꾸지만 캐릭터의 특징도 나타낸다. 모호크 머리를 한 노예의 단검은 이 게임에서 가장 작은 무기로 가장 덜 위협적이다. 검투사는 좀 더 큰 무기인 도끼를 들고 다니는데, 이는 검투사가 싸움에 더 노련하며 더 공격적으로 행동하리라는 점을 암시한다. 연금술사는 단검보다는 길지만 도끼보다는 덜 치명적인 검을 들고 다닌다. 연금술사는 정면 대결을 그다지 좋아하지 않으며 실질적인 무기는 불덩어리다. 공주의 펜싱 검은 상류층 신분을 드러내는 상징이다. 펜싱은 결국 무력보다는 우아함과 균형을 상징하기 때문이다. 공주는 충분히 상대를 죽일 수 있지만 대결 자체를 아예 피하는 경향이 있다.

방패를 든 노예는 긴 창과 커다란 방패를 들고 다닌다. 방패는 왜 옆이나 뒤에서만 이 노예를 공격할 수 있는지에 대한 상황정보를 제공해준다. 하지만 방패는 공격용 무기가 아닌 만큼 방패를 든 노예에 닿으면 왜 죽는지는 설명하지 못한다. 플레이어로서 나는 방패를 든 노예가 여왕을 죽이기보다는 밀칠 거라고 예상한다. 긴 창을 방패보다 앞으로 튀어나오게 만든 이유가 바로 그 때문이다. 나는 이 노예의 실루엣 앞부분을 미끈한 면이 아닌 날카로운 점으로 보이게 했다.

또한 캐릭터 디자인은 노예와 여왕도 차별화한다. 이 점은 생각보다 훨씬 더 중요한데, 여왕의 위치가 화면상에서 가장 중요한 위치이기 때문이다. 플레이어는 여왕의 위치를 즉시 파악할 수 있어야 한다. 여왕이 화면상에서 돌아다니는, 보통 떼로 몰려다니는 다른 움직이는 캐릭터들 사이에서 쉽게 눈에 띄지 않는다면 여왕의 위치를 즉시 파악하기는 매우 어려울 것이다.

여왕은 옆에서 볼 때 다리가 네 개인데, 그래서 다리가 두 개인 노예와 비교할 때 실루엣이 다르다(그림 4.9 참조). 그에 못지않게 중요한 건 색깔이다. 〈자가 33〉의 괴물과 아이템처럼 여왕은 노예와는 다른 배색으로 표현된다. 노예는 노란색, 자홍색, 빨간색으로 표현되며, 일부 흰색이 쓰인다(공주가 착용한 장신구와 노예를 칭칭 감는 거미줄이 흰색이다). 여왕은 빨간색과 파란색으로 표현된다. 파란색은 노예에 사용한 그 어떤 색보다 차가운 색깔이다. 파란색과 빨간색이 반반씩 섞인 여왕은 화면상에서 가장 큰 보색 대비를 이루는 만큼, 자연히 시선이 쏠릴 수밖에 없다.

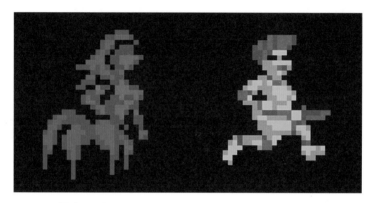

그림 4.9 여왕과 노예의 실루엣 비교

좀 더 미묘한 차이는 노예들은 모두 눈과 입이 있지만 여왕의 얼굴에는 없다는 점이다. 여왕에게 뺨으로 보이는 그늘진 부분과 코는 있지만 눈이나 입은 없다. 이 차이로 게임 내 관계에 깔린 권력의 역학 관계를 반영하는 이분법이 설정된다. 이 게임에서 노예의 입은 여왕의 거미줄에 칭칭 감겼을 때 비명을 지르는 용도로 쓰인다. 이와는 대조적으로 감정이 드러나지 않는 여왕의 얼굴은 지배력, 침착함, 통치자의 흉상 얼굴이나 기타 상징들을 암시한다. 이 캐릭터가 여타 캐릭터들과 매우 다른 방식으로 행동한다는 또 다른 시각적 암시이기도 하다.

게임업계가 아닌 다른 분야에서 일하는 애니메이터들은 오래전부터 이 기법, 즉 캐릭터를 차별화하고 기억할 수 있게 만들기 위해 실루엣과 함께 색깔 등 다른 시각적 단서를 변형하는 기법을 알고 있었다. 이러한 기법을 게임에 적용해야 하는 이유는 또 있다. 게임 디자이너는 게임 내 오브젝트들이 각기 다른 규칙을 따른다는 사실을 플레이어에게 전달하고 강화할 필요가 있기 때문이다.

애니메이션

움직임은 행위자와 오브젝트와 규칙의 특징을 나타내는 데 사용된다. 〈레즈비언 스파이더 퀸즈 오브 마스〉에서 방패를 든 노예는 다른 노예들보다 훨씬 느리게 움직인다. 이들이 뒤나 옆에서만 공격할 수 있다는 점을 상쇄하기 위해서다. 이 노예를 잡으려면 플레이어는 좀 더 계획적으로 접근해야 한다. 따라서 이 노예는 다른 노예들과는 다르게 움직인다. 대부분의 노예들이 앞에 든 무기를 위협적으로 흔들면서 뛰는 반면, 방패를 든 노예는 아주 느릿느릿 기계적으로 전진한다(그림 4.10 참조). 이 노예는 정면에서는 공격이 불가능하다는 점을 플레이어에게 숙지시키기 위해 항상 정면을 향해 방패를 치켜들고 있다.

그림 4.10 방패를 든 노예의 걷는 모습

　플레이어는 〈레즈비언 스파이더 퀸즈 오브 마스〉에서 무엇이 중요한지 한눈에 파악할 수 있다(그림 4.11 참조). 중요한 것들, 즉 살아 있는 생명체들은 움직이지만, 덜 중요한 것들, 즉 벽과 배경은 정지 상태이기 때문이다. 가령 플레이어가 조작하고 있지 않을 때조차도 캐릭터를 발뒤꿈치에 체중을 싣고 몸을 움직이게 하거나 발로 박자를 맞춰 바닥을 치게 하거나 기대에 찬 눈빛으로 플레이어를 쳐다보게 할 수 있다. 플레이어가 한눈에 캐릭터를 찾을 수 있게 해야 한다. 캐릭터의 위치가 화면상에서 가장 중요한 정보이기 때문이다.

　내 게임인 〈툼드〉에서 플레이어 캐릭터인 제인은 실제로 이동하고 있지 않을 때도 애니메이션이 적용된다. 제인이 벽을 미는 동작을 할 때 단순한 2프레임짜리 애니메이션이 적용되는데(그림 4.12 참조), 이렇게 하는 데는 중요한 목적이 있다. 앞서 3장에서 보았듯이, 스파이크월이 벽과 장애물을 파괴하는 성질을 활용하는 일은 〈툼드〉에서 매우 중요하다. 이 게임에는 장애물이 스파이크월에 의해 제거될 때까지 기다려야 하는 상황이 자주 연출된다.

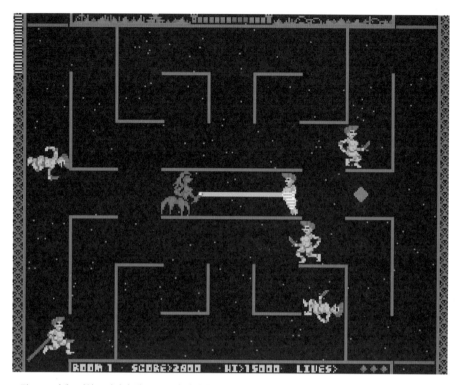

그림 4.11 〈레즈비언 스파이더 퀸즈 오브 마스〉의 한 장면. 모든 캐릭터에는 애니메이션이 적용되지만, 배경과 미로를 이루는 구조물에는 적용되지 않는다.

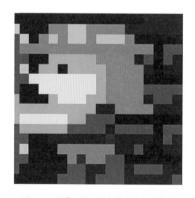

그림 4.12 벽을 미는 애니메이션이 적용된 제인

　나는 〈툼드〉를 디자인할 때 제인이 아슬아슬하게 스파이크월을 피할 수 있는 상황이 많이 만들어지도록 했다. 그래서 스파이크월을 간신히 피하기 위해서는 장애물이 없어지자마자 즉시 이동해야 하는 상황을 많이 넣었다. 제인을 최대한 효율적으로 이동시키고 싶다면 플레이어는 장애물이 부서지기 전에 이동 버튼을 미리 누르고 있어야 한다.

제인이 벽 옆에 서 있고, 플레이어가 제인을 벽 쪽으로 이동시키는 버튼을 누르고 있는데 아무 반응이 없다면, 플레이어는 무엇을 전달받을 수 있을까? 아무 애니메이션이 없다면 플레이어는 입력이 처리되지 않았다거나 이동 버튼을 누르고 있어 봤자 여기서는 먹히지 않는다고 생각할 수밖에 없다. 실제로는 미리 버튼을 누르고 있음으로써 벌 수 있는 시간이 굉장히 중요한데도 말이다.

벽을 미는 애니메이션은 플레이어의 입력이 처리됐고 효과가 있다는 사실을 플레이어에게 말해준다. 애니메이션은 정보를 전달해준다.

움직임은 공격적일 수도 있고, 신중할 수도 있으며, 공포에 질린 듯 보일 수도 있고, 침착해 보일 수도 있다. 아무 만화나 펼쳐서 캐릭터가 겁에 질렸을 때, 다른 인물에게 몰래 접근할 때, 기뻐서 날뛸 때 어떤 식으로 움직이는지 한번 주의 깊게 살펴보기 바란다. 움직임은 오브젝트와 오브젝트의 관계를 표현할 수 있다. 〈버저크Berzerk〉(1980)라는 게임에서 플레이어는 전류가 흐르는 벽으로 이루어진 미로 속에서 어깨가 떡 벌어진 건장한 로봇들과 총격전을 벌인다(그림 4.13 참조). 벽에 닿으면 플레이어든 로봇이든 무조건 죽는다.

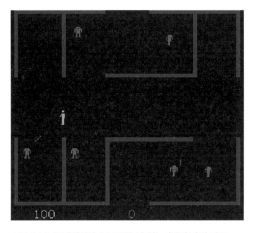

그림 4.13 플레이어와 로봇들이 서 있는 〈버저크〉의 미로

플레이어가 미로를 이동하게 하는 메커니즘은 절대 죽지 않으며 주인공을 쫓아다니는 이블 오토Evil Otto라는 로봇이다. 플레이어가 한 장면에서 너무 오래 시간을 끌면 플레이어가 들어온 문과 똑같은 문에서 이블 오토가 나타나 플레이어를 추격하기 시작한다(그림 4.14 참조). 이 게임에서 이블 오토는 단순한 웃는 얼굴로 표현된다. 하지만 이블 오토가 움직이는 방식, 즉 플레이어를 향해 접근할 때 고무공처럼 빠르고 높게 튀기는 방식은 이블 오토와 플레이어와의 관계, 그리고 이블 오토와 미로와의 관계에 대한 많은 정보를 전달해준다.

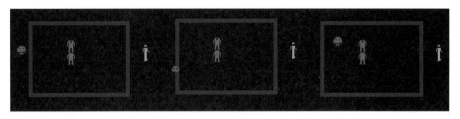

그림 4.14 플레이어 캐릭터를 추격하는 이블 오토를 프레임 단위로 본 모습

바운스 동작은 이블 오토가 미로보다 높은 곳에, 로봇과 플레이어보다 더 높은 곳에 있으며 어떤 방식으로든 미로와 연결되어 있다는 점을 암시한다. 바운스 동작은 다른 모든 캐릭터에게는 치명적인 전류가 흐르는 벽이 왜 이블 오토에게는 영향을 주지 않는지, 그 이유를 설명해준다. 말 그대로 미로보다 높은 곳에 있기 때문이다. 이블 오토의 느리지만(게임이 진행됨에 따라 점점 빨라지긴 하지만) 끈질긴 추격 행위는 웃는 얼굴을 하고 있음에도 위협적인 존재임을 드러낸다.

간단한 애니메이션만으로도 중요한 상태 변화를 표현하는 데 충분한 경우는 많이 찾아볼 수 있다. 캐릭터가 부활할 때처럼 일시적으로 무적이 되었음을 표현하는 데 흔히 쓰이는 기호는 깜빡임(캐릭터를 프레임을 하나씩 걸러가며 안 보이게 만드는 것)이다. 강력한 상대는 공격이 명중했을 때 빨간색으로 깜박인다. 플레이어의 공격이 성공은 했지만 상대가 완전히 죽지는 않았음을 보여주기 위해서다. 상대에게 해를 끼치지 못하고 튕겨 나온 무기는 플레이어의 공격이 유효하지 않았음을 말해준다. 정처 없이 돌아다니는 캐릭터는 위협적인 존재가 아님을 암시한다. 이처럼 우리가 게임에 활용할 수 있는 애니메이션 어휘는 아주 풍부하다.

장면의 구성

커다란 이미지는 작은 이미지 못지않게 많은 의미를 전달할 수 있다. 한 장면의 구성은 그 장면에서 가장 중요한 부분으로 시선을 유도한다. 그림 4.15는 알렉시스 얀센^{Alexis Jansen}이 개발한 〈라비린스 오브 제우스^{Labyrinth of Zeux}〉(1993)라는 게임의 마지막 장면이다. 이 장면에는 퀘스트 오브젝트로 '제우스의 은지팡이'가 등장하는데, 이것으로 플레이어를 유도하기 위해 장면 전체가 시각적으로 어떻게 디자인됐는지 살펴보자.

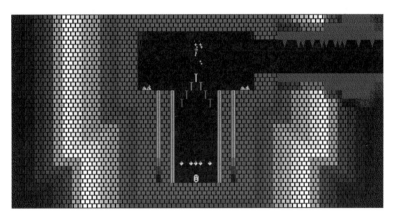

그림 4.15 '제우스의 은지팡이'로 플레이어의 시선을 끄는 장면

은지팡이 아래쪽에 놓인 작은 T자 모양의 오브젝트들은 플레이어가 밟을 수 있는 기둥이다. 기둥은 지팡이를 가리키는 화살표 모양으로 늘어서 있으며, 지팡이에 가까울수록 더 밝은색을 띤다. 지팡이는 직사각형에 둘러싸인 텅 빈 공간의 한복판에 놓여 있다. 무지개 색깔과 겹겹이 포개진 T자 모양의 모서리는 모두 지팡이를 가리킨다. 화면상에 있는 모든 요소가 플레이어로 하여금 게임의 궁극적인 목표물을 향해 위로 올라가도록 유도하고 있는 것이다.

그림 4.16에 나와 있는 〈죽음의 수도원^{L'Abbey des Mortes}〉(2010)이라는 게임의 시각적으로 인상적인 한 장면은 거의 초상화에 가깝다. 이 장면에서 주인공이 할 일이라고는 창가에 서서 밖을 바라보는 일뿐이다. 나무 꼭대기와 점점이 박힌 별을 제외하면 여백의 미가 한껏 빛나는 이 평온한 장면은 고된 모험 한가운데에서

잠시 찾아온 평화의 순간을 나타낸다. 주인공은 카타르파 신도로 십자군의 추격을 받으며 버려진 교회로 도망치는 중이다. 목숨은 경각에 달려 있다. 플레이어에게도 주인공에게도 이 장면은 잠시 숨을 고를 수 있는 시간이다. 이 장면의 구성은 아름다운 전망이라는 시각적 보상만을 표현한다.

그림 4.16 〈죽음의 수도원〉에서 잠시 안도의 숨을 고를 수 있는 장면

장면의 구성은 장면의 특징에 대해 많은 것을 말해줄 수 있다. 그림 4.17은 토드 리플로글Todd Replogle이 개발한 〈모뉴먼트 오브 마스Monuments of Mars〉(1991)라는 게임의 처음 네 장면이다. 이 장면들은 화성의 황무지를 가로질러 오른쪽 그림에 보이는 기이한 구조물 입구까지의 여정을 표현한다. 무엇이 험준한 바위산에서 인공 구조물로의 전환을 암시하는가?

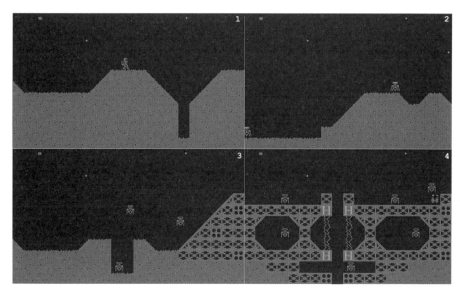

그림 4.17 〈모뉴먼트 오브 마스〉의 처음 네 장면은 풍경의 변화를 보여준다.

황무지가 끝나고 구조물이 시작되는 지점에서 우둘투둘한 표면 질감은 매끄러운 표면에 좌우가 대칭인 철제 구조물로 형태가 변화한다. 하지만 네 번째 장면만 따로 놓고 보아도 대칭성이 있다. 앞 장면들의 불규칙한 표면과는 완전한 대비를 이룬다. 대칭성은 구조물이 인공물임을 시사한다. 인위적인 설계가 개입됐다는 뜻이다.

로봇들은 좌우로 왔다 갔다 움직인다. 플레이어는 로봇에 닿으면 죽는다. 황무지 장면에서 로봇들은 허공을 날아다니고 수로와 구덩이로 이동한다. 그다지 위협적으로 느껴지지는 않는다. 구조물에서 로봇들은 요새의 외벽을 순찰하는 보초병들처럼 구조물 꼭대기를 왔다 갔다 이동한다. 로봇은 시계의 부품처럼 팔각형 안을 움직이며 좌우 대칭을 이룬다. 여기가 바로 로봇들의 본진이다.

처음 세 장면의 수평적 대칭성은 화성의 지하 기지로 통하는 입구인 네 번째 장면의 중앙에 있는 구멍을 가리킨다. 녹색으로 빛나는 전기 충격 장치 두 개를 포함해 네 번째 장면의 수직적 구조는 플레이어를 땅속 깊이 자리한 지하 기지로 유도한다. 평탄한 사막 장면은 수평 이동을 암시하고, 대칭성이 있는 인공물 장면은 수직 이동을 강조한다.

또한 장면 구성의 변형도 장면에 대해 말해줄 수 있다. 로렌 슈미트와 미키 알렉산더 마우스^{Mickey Alexander Mouse}가 공동 개발한 〈머더 시뮬레이터^{Murder Simulator}〉라는 게임에는 표면이 매끄럽고 직선으로 뻗은 대칭적인 통로와 바위가 많은 울퉁불퉁한 땅이 번갈아가면서 나온다. 이것은 땅에 세운 인공 구조물이 미완성임을 암시하는 것으로, 장면의 기하학적 구조가 불규칙한 이유가 설명된다.

시각적 형태

고^故 미츠지 후키오의 〈보글보글^{Bubble Bobble}〉(1986)은 플레이어가 거품 방울을 뱉는 아기공룡을 조종하는 게임이다(그림 4.18 참조). 이 게임의 목표는 매 장면에 등장하는 위험한 괴물을 거품 방울 속에 가둔 다음 빵 터뜨려서 괴물을 죽이는 것이다. 공룡은 거품 방울 위에 올라탈 수도 있다. 거품 방울이 화면 곳곳을 둥둥 떠다니는 동안 위를 밟고 깡총깡총 뛰면 된다. 거품 방울은 한 개씩 터뜨려도 되고, 더 많은 점수를 노려 한꺼번에 모아서 터뜨려도 된다.

그림 4.18 〈보글보글〉에서 아기공룡이 거품 방울을 사용하는 모습

나중에 가면 괴물을 처치하는 새로운 방법이 등장하는데, 바로 불꽃 방울이다. 이 방울은 공룡이 뱉는 거품 방울과 생김새는 똑같지만 안에 불꽃에 들어 있다. 플레이어가 이 방울을 터뜨리면 불꽃이 딱딱한 면에 닿을 때까지 수직으로 떨어진 다음 수평으로 번지면서 표면을 불꽃으로 뒤덮는데, 불꽃이 타오르는 동안 여기에 닿는 괴물은 전부 불에 타 죽는다(그림 4.19 참조).

그림 4.19 표면을 화염으로 뒤덮는 불꽃 방울

〈보글보글〉만의 특별한 불꽃에 대한 규칙을 가장 효과적으로 전달하는 방법
은 무엇일까? 〈보글보글〉은 장면 전체를 하나의 시각적 은유로 사용하는 방법을
택했다. 그림 4.20은 특대형 프라이팬처럼 보이는 〈보글보글〉의 한 장면이다. 플
레이어가 불꽃 방울을 터뜨리면 불꽃이 아래로 떨어지면서 갑자기 가스레인지라
도 켜진 양 프라이팬의 납작한 안쪽 면이 화염으로 뒤덮인다.

그림 4.20 이 장면은 불꽃 방울이 어떻게 작동하는지 설명하기 위한 시각적
은유 역할을 한다.

이 장면에 등장하는 괴물들은 대각선 방향으로 날아다니다가 벽에 부딪히면
방향을 바꾼다. 녀석들은 통통 튀어 다니다가 마침내 달궈진 프라이팬에 닿는다.
그 순간 녀석들은 다른 괴물들이 죽을 때처럼 공중으로 날아간다. 이것이 이 장
면에 'POPCORN'이라는 글씨를 새겨놓은 이유다. 게임의 다른 장면과 동일한
벽돌 오브젝트로 구성된 이 장면의 시각적 형태는 플레이어에게 앞으로 펼쳐질
상호작용에 대한 많은 정보를 말해준다.

우리는 앞서 게임의 형태에 대해 생각하는 한 가지 방법을 살펴봤다. 3장에서
게임을 플레이하는 경험이 시간에 따라 어떻게 달라지는지, 각 장면이 어떻게 플
레이어에게 다양한 선택 범위를 제공하며 선택의 폭을 때로는 넓혔다가 때로는
좁혔다가 하는지에 대해 이야기했다. 물론 그에 못지않게 장면의 시각적 형태에

대해 생각하는 것, 즉 장면에 있는 오브젝트의 배치가 플레이어에게 어떤 정보를 전달하는가에 대해 생각하는 것도 중요하다. 이 두 가지 의미의 '형태'는 여러 가지 면에서 서로 조화를 이루고 영향을 주고받을 수 있다.

게임 오브젝트가 배치된 형태는 플레이어가 오브젝트에 대해 생각하는 방식을 말해줄 수 있다. 〈칩스 챌린지Chip's Challenge〉(1989)에서 칩Chip이라는 이름의 주인공은 매 장면에서 컴퓨터 칩을 먹은 다음 출구를 찾아야 한다. 그러기 위해서는 상자를 밀면서 오브젝트와 다른 물체들을 이동시키면서 스위치를 조작해야 한다.

〈칩스 챌린지〉의 '캐슬 모트Castle Moat'라는 장면에서는 컴퓨터 칩은 나오지 않는 대신 주인공이 출구로 가려면 반드시 건너야 하는 강이 나온다. 강을 건너려면 미로 왼쪽에 놓여 있는 상자를 신중하게 밀어서 옮겨야 한다. 상자는 물에 띄우면 주인공이 디딜 수 있는 발판이 된다. 혹은 우측 상단에 숨겨진 오리발을 찾아도 된다. 오리발이 있으면 강을 헤엄칠 수 있다. 그렇다면 이 장면은 어떻게 플레이어가 그런 행동들을 하도록 유도하고 있을까?

이 장면의 중요한 구역은 배치된 방식에 의해 표현된다. 이 장면에서 출구가 있는 구역은 성문과 창문, 총안이 있는 성벽을 완전히 갖춘 성채를 연상시킨다. 단지 벽과 성문, 출구용 타일, 이렇게 세 가지 오브젝트만 배치했을 뿐인데도 말이다. 하지만 이 단순한 디자인은 출구 주변을 에워싼 물줄기를 해자[1], 즉 극복해야 할 장애물로 바꾸어놓는다.

주인공은 실제로 맵의 가장자리에서 이 장면을 시작한다. 해자와 미로에 도달하려면 성곽을 에워싼 길을 따라 걸어야 한다. 이 길을 걷는 동안 플레이어는 확실히 출구를 보게 된다. 게임을 플레이하는 동안 플레이어에게는 항상 주인공 주위를 둘러싼 9×9 구역만 보인다. 플레이어가 어디로 가야 할지 확실히 알 수 있도록 주인공이 성곽을 에워싼 길을 지나게 하는 일은 매우 중요하다. 이것은 다음 절에서 다룰 카메라의 개념과 관련이 깊다.

---

1 성 주위에 둘러 판 못 – 옮긴이

카메라

여기서 말하는 **카메라**^{camera}는 플레이어가 주어진 시점에 볼 수 있는 화면을 말한다. 플레이어가 게임 세계의 일부만 볼 수 있는가? 전체 세계를 볼 수 있는가? 카메라는 이동식인가, 고정식인가? 카메라는 주기적으로 전환될 수도 있고, 게임 세계를 자유롭게 미끄러질 수도 있으며, 주인공 뒤를 졸졸 따라다닐 수도 있다. 텍스트 위주로 구성된 게임이라면 아마도 카메라는 없고 성우의 목소리만 있을 것이다.

플레이어가 게임을 바라보는 방식은 게임 세계의 특징을 표현하고, 게임 세계와 플레이어의 관계를 표현한다. 플레이어가 하늘에서 게임을 내려다본다면, 게임 장면들은 지도처럼 보일 것이다. 이 지도는 〈데스크톱 던전^{Desktop Dungeons}〉(그림 4.21 참조)에서처럼 천천히 베일을 벗을 수도 있다. 이러한 카메라는 전략이 중요함을 암시한다. 카메라가 주인공과 함께 움직인다면, 플레이어와 주인공 사이에는 더 밀접한 관계가 형성될 것이다. 카메라가 주인공과 함께 움직이지 않는다면, 플레이어는 주인공보다는 게임 세계와 더 밀접한 관계를 맺게 될 것이다. 플레이어가 원거리나 전망대에서 게임 전체를 조망하게 하는 카메라는 플레이어가 신과 같은 존재임을 암시할 수 있다. 게임 세계에 있는 오브젝트를 하나도 빠짐없이 관장할 수 있다는 뜻이다. 이 경우 심지어 주인공 캐릭터조차도 플레이어가 제어할 수 있는 작은 말 중의 하나가 된다.

카메라가 '1인칭' 시점에서 주인공이 보는 것만 보여준다면 주인공이 곧 카메라다. 이런 류의 게임에서 플레이어는 게임 세계와 매우 남다른 관계를 맺는다. 이제 모든 물체의 가치가 동등하지 않다. 플레이어가 바라보는 것이 중요한 것이다. 아울러 플레이어는 주인공을 쳐다볼 수 없다. 주인공은 더 이상 게임 세계의 일부가 아니다. 플레이어가 게임 세계를 인지할 수 있는 수단이자 게임 세계를 들여다보는 데 꼭 필요한 렌즈 역할을 한다.

산타라지오네^{Santa Ragione} 사가 개발한 〈포토니카^{Fotonica}〉(2011)는 1인칭 시점이지만 고정식 카메라를 사용한 게임이다(그림 4.22 참조). 이 게임은 달리고 멀리 뛰는 게임으로, 산과 언덕을 비롯한 기타 형상들이 플레이어의 주변부 시야로 지나갈 때도 카메라는 항상 지평선을 향해 고정되어 있다. 이 게임은 아름다운 볼거리가 가득하지만 플레이어가 고개를 돌려 이 광경을 정면으로 바라볼 수는 없다. 이 게임의 목적은 전방을 향해 플레이어의 초점을 계속 화면 중앙으로 잡아두는 트랙을 따라 달리고 멀리 뛰는 것이다.

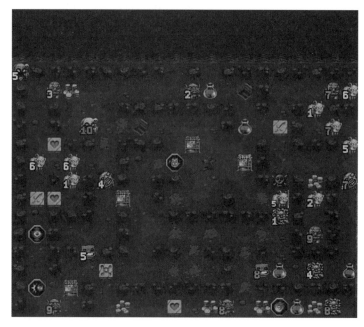

그림 4.21 〈데스크톱 던전〉은 플레이어가 게임 장면을 하늘에서 내려다보게 해준다.

그림 4.22 〈포토니카〉의 고정식 카메라는 플레이어를 앞으로 나아가게 한다.

특히 3D 게임 세계에서 이동식 카메라를 사용할 때 게임 디자이너들이 하는 가장 흔한 실수는 카메라를 플레이어한테서 빼앗는 것이다. 대신 게임 디자이너가 중요하다고 여기는 물체, 가령 출구나 중요 아이템을 보여주기 위해 플라이스루^{fly-through} 방식으로 방을 비춘다. 이것은 디자인이 아니다. 디자인에 대한 반역이다. 강제로 무언가를 보게끔 끼어드는 행위는 플레이어와 카메라와 게임 세계 사이의 관계를 무너뜨린다.

디자인을 통해 플레이어가 무언가를 보게 할 수 있는 다른 방법은 얼마든지 있다. 공간은 중요한 구역으로 플레이어의 주의를 끌어야 한다. 플레이어가 그 장면으로 진입할 때 플레이어 눈에 비칠 구성에 대해 생각해보자. 중요한 물체가 그 시야에 포함되어 있는가? 그것이 중요해 보이는가?

〈하프라이프 2: 에피소드 1^{Half-Life 2: Episode 1}〉(2006)의 '개발자 해설 모드'에는 카메라 조작권을 빼앗지 않고도 플레이어의 주의를 끄는 천재적인 해법에 관한 이야기가 있다. 문제의 장면에서 주인공과 그의 친구는 붕괴되고 있는 건물에서 탈출을 시도한다. 이들이 황급히 다리를 건너는 동안 적군 병력을 실은 수송기 한 대가 다리 아래에서 줌인된다.

당연히 이 게임의 개발자들은 플레이어가 수송기를 보게 하고 싶어했다. 이 수송기는 게임 세계를 발전시킨다. 적군의 옛 본부가 초토화된 탓에 적군 병력이 철수하는 중이기 때문이다. 하지만 수송기는 특이한 방향에서, 그러니까 플레이어 이동 방향의 측면에서 등장한다. 이 게임의 디자이너들은 어떻게 플레이어가 수송기를 쳐다보게 했을까?

플레이어의 주의를 끌기 위해 이들은 철수 지점 앞에 적군 병사를 배치했다. 이 게임에는 플레이어가 어느 방향에서 총을 맞고 있는지 보여주는 신호가 있다. 스쳐 가는 총알의 궤적을 기다랗게 보여주기도 하고, 공격받는 방향에서 붉은빛이 번쩍이기도 한다. 총격전이 난무하는 게임에서 어느 방향에서 총을 맞고 있는지 아는 것은 대단히 중요하다. 보복 공격을 감행할 때 플레이어는 수송기가 이륙해서 멀어져 가는 모습을 아주 잘 볼 수 있다.

게임에서 어떤 카메라를 사용하든, 플레이어가 어떤 창을 통해 게임을 들여다

보든 반드시 디자인을 통해 플레이어가 보는 화면을 결정해야 한다. 이것은 디자인 측면에서 포기할 수 있는 영역이 아니다.

소리

지금까지는 시각적 요소에 대해서만 이야기했다. 하지만 디지털 게임에는 소리라는 표현 수단도 있다. 소리는 아주 효과적인 도구다. 소리는 게임 내에서 중요한 상호작용을 전달하고 강조하는 데 사용될 수 있다. 금속성의 '팅' 하는 효과음은 플레이어의 무기가 적에게 해를 입히지 못하고 튕겨 나왔음을 알려준다. 멜로디는 플레이어가 방금 먹은 동전이 값어치 있는 물건임을 알려준다. 소리는 영상과는 매우 다른 수단으로 시각 정보를 보완할 수도 있고, 방해할 수도 있으며, 명료하게 할 수도 있고, 헷갈리게 할 수도 있다.

강조를 위해 사용하는 소리

제프 민터^{Jeff Minter}의 〈스페이스 지라프^{Space Giraffe}〉(2007)는 일그러진 빛과 휘어진 선이 난무하는 화면으로 플레이어에게 엄청난 양의 시각정보를 계속 퍼붓는 게임이다. 플레이어는 현란한 빛의 향연에 과포화 상태가 되기 때문에 소리에 의존해야 한다. 모든 적은 총에 맞을 때 각기 다른 소리를 내는데, 이 소리를 통해 플레이어는 그 장면의 맵을 파악하고 일종의 음파 탐지기로 사용하면서 어떤 종류의 적 행동을 대비해야 하는지 판단할 수 있다.

　〈레즈비언 스파이더 퀸즈 오브 마스〉는 속도전 게임이다. 이 게임에서는 새로운 노예가 입장할 때마다 각기 다른 소리가 흘러나온다. 예를 들어 뒤에서만 제압할 수 있는 방패를 든 느린 노예는 낮은 웃음소리를 낸다. 이 소리는 현재 집중하고 있는 위험 상황에서 시선을 떼지 않고도 위협적인 존재의 등장을 알 수 있게 해준다. 〈둠〉이라는 게임도 비슷하다. 하지만 이 게임은 1인칭 시점이기 때문에 괴물이 플레이어의 존재를 알아차리고 공격하려고 다가오기 시작하는 순간에는 괴물이 보이지 않을 수도 있다. 따라서 모든 괴물은 저마다 주인공을 처음 발견하고 공격 태세를 갖추면서 내는 특유의 '포효 소리'를 갖고 있다.

소리는 플레이어의 선택에 영향을 미칠 수 있다. 〈슈퍼 마리오브라더스〉에서 마리오가 적의 머리를 연속 콤보로 밟을 때 나는 효과음은 보상(보너스 목숨)을 획득할 때까지 도레미파솔라시도의 음계로 한 음씩 높아진다. 점점 높아지는 소리는 기대를 유발하며, 플레이어가 연속 콤보를 완성하도록 유도한다.

마이크 마이어Mike Meyer가 개발한 〈흑마 대 비행기Horse vs Planes〉(2012)라는 게임도 비슷한 장치를 사용한다. 연속 콤보로 과일을 먹을 때마다 보너스 점수를 준다. 첫 번째 과일은 100점, 두 번째는 200점, 세 번째는 500점, 이런 식으로 높아지는데 최고점은 10,000점이다(그림 4.23 참조). 물론 여기에는 시간의 압박이 있다. 과일을 먹고 나서 다음 과일을 먹을 때까지 시간이 너무 오래 걸리면, 즉 2초가 넘으면 보너스가 없어진다. 과일을 빠르게 먹어서 연속 콤보를 유지해야 한다는 압박감은 주인공(흑마)과 플레이 구역을 위협적으로 누비는 적(비행기)의 관계를 복잡하게 만든다. 〈슈퍼 마리오브라더스〉에서처럼 과일을 획득할 때 나는 효과음은 보너스 점수가 높아질 때마다 도레미파솔라시도의 음계로 한 음씩 높아지며, 최고음에 도달하면 타이머가(그에 따라 음높이가) 초기화될 때까지 같은 음높이를(그리고 보너스를) 유지한다.

이러한 효과음의 음높이는 세 가지 정보를 전달한다. 무엇보다 가장 중요한 역할은 플레이어의 행위가 누적적으로 긍정적인 효과가 있으며 지금 하는 행위를 계속해야 한다고 알려주는 것이다. 더불어 언제 그 효과가 안정 상태에 접어들었는지도 알려준다. 마지막으로, 보너스가 끝나고 초기화가 될 때 효과음도 초기화되므로 음높이가 낮아지면 플레이어는 연속 콤보가 끊어졌음을 알게 된다. 모든 과일에 수반되는 효과음은 플레이어가 현재 보상 구조의 어디쯤에 있는지를 정확히 알려준다. 더불어 효과음 초기화에 대한 실망과 결합된 연속 콤보 효과음에 대한 기대는 임무를 잘 수행해서 연속 콤보를 깨뜨리지 않으려는 강한 동기를 불러일으킨다.

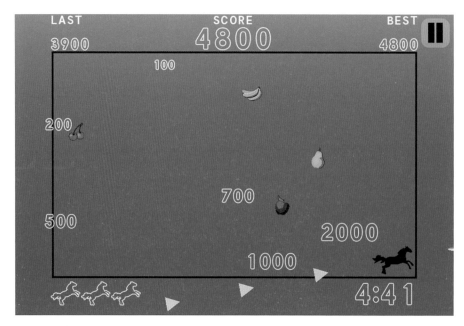

그림 4.23 〈흑마 대 비행기〉에서 과일을 획득할 때마다 올라가는 점수 체계

질감을 위해 사용하는 소리

소리는 질감을 위해 사용될 수도 있다. 〈딕덕[Dig-Dug]〉(1982)에서는 플레이어가 이동하면서 땅굴을 팔 때마다 음악이 흘러나온다. 이 음악은 플레이어가 움직임을 멈추는 순간 끊기고 아주 고요한 정적 속에서 괴물이 돌아다니는 소리만 들린다. 〈딕덕〉에서 플레이어는 괴물을 사냥하고 괴물을 무기의 사정거리 안으로 몰기 위해 땅굴을 판다. 플레이어가 움직임을 멈추는 이유는 괴물을 공격하기 위해 괴물이 사정거리 안으로 들어오기를 기다리고 있기 때문이다. 하지만 괴물의 접근을 허용하면 플레이어가 잡힐 위험도 있다. 땅굴을 팔 때 나오던 음악이 끊기면서 갑자기 흐르는 정적은 긴장감을 고조시킨다. 〈레즈비언 스파이더 퀸즈 오브 마스〉에서도 이와 비슷한 장치가 있다. 이 게임은 플레이어가 적을 추격하는 일과 적이 다가오기를 기다리는 일을 반복해야 하는 게임이다. 거미 여왕이 움직일 때는 희미하게 멜로디가 흘러나오고, 그렇지 않을 때는 아무 소리도 나지 않는다.

다음 절에서 언급할 〈크뉘트 스토리즈〉의 전작인 〈크뉘트[Knytt]〉(2006)에서는 주인공이 움직일 때마다, 외계 행성의 신비스런 동굴과 갈라진 틈을 달리고, 점프하고, 기어오를 때마다 부드러운 뜀박질 소리가 따라다닌다. 바람 소리 외에는 적막하기만 했을 장면에 부드러운 소리를 더해주는 이 나직한 소리는 게임 세계의 광활함과 그 속에 서 있는 주인공의 왜소함을 효과적으로 강조해준다. 플레이어가 움직임을 멈추면 소리는 없어지고 행성에 흐르는 정적의 엄숙함이 되살아난다. 이 소리는 플레이어와 게임 세계의 관계를 표현하는 데 유용하다.

〈포토니카〉 역시 소리의 질감에 갑작스러운 변화를 주는 기법을 아주 효과적으로 사용한다. 이 게임은 소리를 이용해 주인공에 대한 플레이어의 감정이입을 강화하고 게임 규칙을 더 잘 이해시킨다. 플레이어가 충분히 잘해나가면서 충분히 빠른 속도로 달리고 있을 때는 금빛 안개가 화면에 드리워지면서 배경음악이 멀리서 들리는 것처럼 희미해진다. 플레이어의 움직임에 수반되는 달리기와 점프 효과음은 보통 때는 항상 조용했었지만 이제 전면에 나선다. 그 효과는 달리는 자의 극치감에 견줄 만하다. 이러한 감정 상태를 '몰입'이라고도 부르는데, 이 개념은 6장 '저항'에서 다시 살펴보기로 하자. 이 상태에 접어들면 플레이어의 속도는 매우 빨라지며, 속도를 유지하는 데 중요하지 않은 게임의 청각적 요소들은 모두 사라진다. 이러한 변화는 무언가를 전달한다. 플레이어는 가능한 한 오래 이 상태에 머물고, 속도를 유지하며, 이러한 극치감을 맛보고 싶어한다.

숀 맥그래스[Shaun McGrath]와 데이비드 카나가[David Kanaga]가 공동 개발한 〈다이애드[Dyad]〉(2012)의 특정 장면 역시 게임 규칙을 전달하는 데 소리를 이용한다. 희미하게 시작되는 사이렌 소리는 플레이어의 에너지가 고갈됨에 따라 점점 커지다가 이내 그 장면에 삽입된 원래 배경음악을 완전히 덮어버린다. 목표는 플레이어가 '죽음'에 얼마나 임박했는가를 알리는 것뿐만 아니라 공포를 유발하기 위해 죽음에 점점 가까이 가는 듯한 기분을 느끼게 하는 것이다. 예를 들어, 특별한 공격 기술로 목표물을 랜싱[lancing]하는 등 플레이어가 액션을 제대로 수행하면 사이렌 소리는 희미해진다.

실전 게임 개발 엿보기

3장 끝 부분의 '그룹 활동'에서 언급한 니클라스 뉘그렌의 〈크뉘트 스토리즈〉 (2008)는 바로 앞에서 언급한 〈크뉘트〉의 레벨 에디터이자 정신적 계승작이다. 나는 〈크뉘트 스토리즈〉를 작가로서도 경험하고 플레이어로서도 경험했다. 몇 년 간 〈크뉘트 스토리즈〉를 매개로 형성된 소규모 커뮤니티를 관찰하면서, 아마추어 작가들이 비슷한 실수를 자주 저지르고 있음을 알게 되었다. 실수의 대부분은 지나치게 어려운 장면이나 예측 불가능한 오브젝트로 만들어진 장면 같은 디자인 관련 문제이거나, 표면이 지나치게 울퉁불퉁해서 주인공 주니가 기어오르는 데 문제가 생기는 장면 같은 기술적인 문제들이다. 하지만 전달 측면에서의 실수도 찾아볼 수 있다. 즉 장면 전체나 일부의 모양이 플레이어에게 게임에 대한 불분명한 기대를 심어주는 것이다.

〈크뉘트 스토리즈〉의 표면은 어떤 것이라도 될 수 있다. 얼마든지 원하는 이미지를 에디터로 불러와서 벽도 만들고, 바닥도 만들고, 천장과 표면도 만들 수 있다. 하지만 에디터에만도 256가지의 타일셋이 들어 있어 많은 아마추어 작가는 타일셋에 있는 이미지를 사용해 자신만의 게임 세계를 창조한다(편리하게도 다양한 타일셋에는 일관된 톤이 있어서, 같은 행성에 속한 것처럼 보이는 여러 가지 지형으로 이루어진 게임 세계를 쉽게 창조할 수 있다).

에디터 개발자가 의도하지 않았던 방식으로 작가가 타일을 사용할 때 전달의 오류가 생길 수 있다. 보통 타일셋에는 플레이어가 만지거나 상호작용할 수 있는 벽이나 바닥, 표면에 사용하는 전경용 타일이 있고, 플레이어가 머무는 방의 벽이나 먼 산의 텍스처로 사용하는 배경용 타일이 있다. 에디터 개발자는 전경용 이미지와 배경용 이미지를 구별할 수 있는 방식으로 타일을 그렸다. 전경용 타일은 검정 실선으로 윤곽선이 굵은 반면, 배경용 타일은 색깔이 좀 더 연하거나 부분적으로 투명하거나 윤곽선이 더 연하다(그림 4.24 참조).

그림 4.24 〈크뉘트 스토리즈〉에 쓰이는 전경용 타일과 배경용 타일 비교

〈크뉘트 스토리즈〉로 만든 게임에서 가장 흔히 발견되는 문제는 배경용 타일을 전경용 타일로, 즉 주니가 기어올라 타고 넘어야 하는 물체로 바꿔 사용하는 것이다. 배경용 타일은 타일 색깔 자체도 연하고 윤곽선도 연해서 배경에 묻혀버리므로, 어떤 플레이어는 이 타일을 기어오를 수 있는 딱딱한 오브젝트라고 인식하지 못한다. 나 역시 한번은 어떤 크뉘트 스토리를 하다가 중간에 게임을 더 이상 진행할 수가 없었는데 그 장면에서 내가 배경의 일부라고 오인한 물체를 기어올라야 한다는 사실을 몰랐기 때문이었다. 나는 나중에 다시 한 번 게임 세계를 샅샅이 훑고 나서 그 화면이 일방통행로의 뒷문이 확실하다고 생각했다. 절벽 끝에서 뛰어내릴 수 있는 것은 분명했지만 다시 올라갈 방법은 없어 보였다.

많은 작가가 각기 다른 해법을 생각해내는 전달 문제는 또 있다. 주니는 기어오르기 능력만 주어진 상태라면 어떤 표면이든 기어오를 수 있다(작가는 주니에게 이 능력을 줄 수도 있고, 빼앗을 수도 있다). 플레이어가 어떤 표면을 정상까지 올라가도록 허용하면 어색한 경우도 있다. 플레이어가 거기로 올라가는 길을 선택하도록 현재의 장면 위쪽으로 더 많은 장면을 추가하는 작업은 상당한 노력이 들며, 플레이어가 아무 벽이나 기어올라 타고 넘을 수 있다면 플레이어의 움직임을 제약하고 적절한 동선을 만들어주는 일은 더 까다로워진다.

명백한 해법은 모든 벽 위에 천장을 얹는 것이다. 하지만 이렇게 모든 구역이 인위적인 천장으로 막혀 있는 풍경은 지루하며, 많은 장면의 경우 불편을 감수해야 한다. 어떤 구역을 플레이어가 자연처럼 경험하게 하고 싶다면, 천장이 있을 때 어떻게 할 수 있을까?

〈크뉘트 스토리즈〉 에디터의 오브젝트 뱅크에는 또 다른 해법이 있는데, 바로 어떤 기존 블록 위에든 덮어씌울 수 있는 'NO CLIMB' 블록이다. 이것은 주니가 기어오를 수 없는 블록으로, 에디터에서는 보이지만 플레이어에게는 보이지 않는다(그림 4.25 참조). 작가가 원하는 어떤 형태의 블록 위에든 덮어씌울 수 있다는 뜻이다. 예를 들어, 옆에 있는 나머지 벽과 같은 모양을 택할 수도 있다.

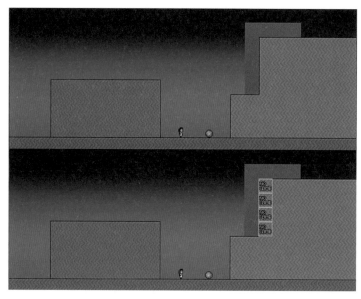

그림 4.25 'NO CLIMB' 블록은 주니가 벽을 기어오를 수 없게 만든다. 이 블록은 플레이어에게는 보이지 않지만(위), 〈크뉘트 스토리즈〉 에디터에서는 보인다(아래).

하지만 날렵한 몸짓으로 벽을 기어 올라간 플레이어가 느닷없이 미끄러지는 벽을 만나게 하는 일은 부자연스럽다. 갑자기 등장하는 천장만큼이나 작위적일 뿐더러 오를 수 없는 벽인지는 실제로 기어올라 봐야만 알 수 있다. 플레이어가 오를 수 있는 벽인지, 겉보기로는 알 수 없지만 오를 수 없는 벽인지 알려면 모든 벽을 기어올라 봐야 하는 만큼, 플레이어의 시간이 낭비되는 셈이다.

명석한 작가들은 오를 수 있는 벽과 오를 수 없는 벽을 시각적으로 구별하는 방법을 쓴다. 가장 단순한 방법은 오브젝트 뱅크에서 선택할 수 있는 또 다른 오

브젝트인 폭포를 사용하는 것이다. 폭포는 다른 블록과 크기가 같으며, 겉보기로
바로 알 수 있다. 게임 규칙에는 영향을 주지 않지만 작가들은 폭포를 사용해 규
칙을 전달해왔다. 폭포가 없었다면 아마도 플레이어가 기어오르려고 했겠지만,
폭포를 그려 넣음으로써 그 벽이 오를 수 없는 벽임이 분명해진다. 물에 젖어 너
무 미끄럽기 때문이다(그림 4.26 참조). 일단 플레이어가 이 논리를 이해하고 나면
그때부터는 주니가 어떤 벽을 오를 수 있고, 어떤 벽을 오를 수 없는지 인지할 수
있게 된다.

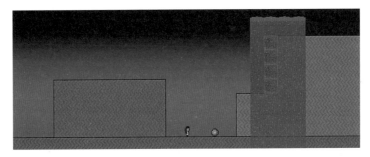

그림 4.26 오를 수 없는 벽임을 나타내기 위해 폭포를 사용할 수 있다.

한편, 오를 수 있는 벽과 오를 수 없는 벽을 아예 다른 벽으로 그리는 방법도
있다. 가령 오를 수 있는 벽을 핸드홀드가 표시된 벽으로 그리고, 나머지 벽은 다
표면을 매끄럽게 그리는 것이다. 플레이어는 핸드홀드가 보이면 그 벽이 오를 수
있는 벽임을 안다. 핸드홀드가 없으면 그 벽이 오를 수 없는 벽일 거라고 짐작한
다(그림 4.27 참조).

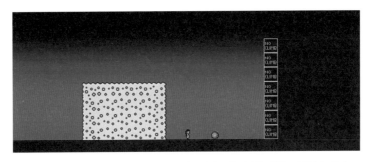

그림 4.27 핸드홀드의 유무를 통해 오를 수 있는 벽과 오를 수 없는 벽을 구분할 수 있다.

〈크뉘트 스토리즈〉의 오브젝트 뱅크에 있는 끈끈이 블록도 이와 비슷한 기능을 한다. 주니가 끈끈이 블록 위를 달리려고 하면 발이 달라붙어 나아가지 못한다. 다시 움직이는 방법은 점프뿐이다. 'NO CLIMB' 블록처럼 이 블록 역시 플레이어에게는 보이지 않는다. 따라서 작가는 어떤 블록이 걸어서 통과할 수 있는 블록이고, 어떤 블록이 끈끈이 블록인지 플레이어에게 전달하는 데 자신만의 방법을 사용해야 한다. 일부 작가들은 이러한 발판에 끈끈해 보이는 분홍색 액체를 칠한다(그림 4.28 참조). 이 방법은 아마도 끈끈이 블록의 규칙을 표현하는 가장 훌륭한 방법일 듯싶다.

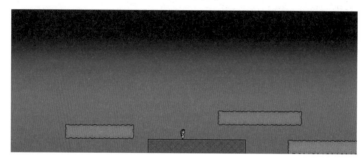

그림 4.28 블록이 끈끈하다는 사실을 보여주는 분홍색 액체

정리

- 게임 오브젝트의 생김새는 플레이어에게 그 오브젝트의 기능, 목적, 플레이어와의 관계를 말해줄 수 있다. 예를 들면, 스파이크가 달린 물체는 만지기에 위험하다.

- 반복되는 시각적 모티브를 통해, 플레이어가 이해하는 게임 규칙의 어휘를 발전시킬 수 있다. 가령 플레이어가 스파이크가 달린 물체는 위험하다는 사실을 배운다면, 스파이크가 달린 또 다른 물체도 위험할 거라는 사실을 예상할 수 있다.

- 캐릭터 디자인은 오브젝트를 지배하는 규칙을 전달하는 데뿐만 아니라 오브젝트를 시각적으로 뚜렷하게 구별되게 만드는 데도 유용하다. 캐릭터의

실루엣을 독특하게 만들면 각 캐릭터를 시각적으로 구별하는 데 도움이
된다.

- 물체가 움직이는 방식은 게임에서 중요한 오브젝트와 덜 중요한 오브젝트를 차별화하는 데 사용될 수 있다. 애니메이션은 오브젝트를 공격적인 대상이나 겁 많은 대상, 우호적인 대상, 위험한 대상으로 표현할 수 있다.

- 장면의 시각적 구성은 그 장면에서 중요한 것으로 플레이어의 주의를 유도할 수 있다. 대칭성이 중요성이나 인공물을 암시한다면, 불규칙성은 자연 풍경을 암시할 수 있다.

- 장면은 공간뿐만 아니라 이미지일 수도 있다. 아름다운 전망도 될 수 있고 불길한 얼굴도 될 수도 있다.

- 공간이 디자인된 방식은 플레이어가 거기서 하고 있는 행위에 대한 상황 정보를 제공할 수 있다. 예를 들면 총안이 있는 성벽은 성채를, 주위를 빙 둘러 흐르는 물줄기는 해자를 의미한다. 해자의 건너편에 있는 성채는 플레이어에게 해자를 건너야 할 동기를 부여해줄 수 있다.

- 플레이어가 게임 세계를 바라보는 방식, 즉 카메라는 플레이어가 게임 세계와 맺고 있는 관계를 특징짓고 게임 세계를 구성하고 있는 요소를 특징짓는 데 큰 역할을 한다. 하늘에서 내려다보면 게임은 플레이어가 전략을 세울 때 사용하는 지도처럼 보일 수 있다. 측면에서 바라보면 게임은 캐릭터가 누비고 다녀야 할 축소 모형처럼 보일 것이다.

- 흔히 하는 실수는 플레이어한테서 카메라를 빼앗아 게임 디자이너가 중요하다고 여기는 물체를 억지로 보게 하는 것이다. 훌륭한 디자인은 플레이어와 카메라를 중요한 물체로 자연스럽게 유도한다.

- 소리는 게임 상태의 변화(주로 캐릭터나 괴물의 등장) 같은 정보를 전달해줄 수 있다. 소리는 성공했는지, 실패했는지, 혹은 길을 제대로 가고 있는지 알려줄 수 있다.

- 소리는 질감, 즉 플레이어와 세계의 직접적인 관계를 변화시키기 위해 추가되거나 없앨 수 있는 레이어다.

토의 활동

1. 여러분이 최근에 플레이해본 게임들을 떠올리고 시각적 모티브의 사례를 찾아보자. 시각적 모티브란 게임을 작동하게 하는 방식과 관계가 있는 형태나 색깔, 재현적 이미지를 반복적으로 사용하는 것이다. 이 모티브는 무엇을 나타냈고, 반복적으로 등장하는 모습을 통해 무엇을 배웠는가? 이 모티브, 혹은 모티브라 할 만한 시각적 이미지가 혼동을 주거나 잘못 사용된 경우가 있었는가?

2. 이 게임이든 다른 게임이든, 시각적 모티브로 확립된 관례를 깬 것이 유용하거나 플레이어에게 도전을 제공하는 장면을 떠올릴 수 있는가? 몇 가지 시나리오를 떠올려보고 게임플레이에 어떤 영향을 주는지에 대해 이야기해보자. 게임 개발자 입장에서 왜 일부러 플레이어를 헷갈리게 하고 싶을까?

3. 여러분이 플레이해본 게임 중에서 가장 좋아하는 캐릭터나, 특히 기억에 남는 캐릭터를 하나 골라보자. 반드시 게임의 주인공일 필요는 없다. 적군도 좋고, 플레이어가 제어하지 않는 캐릭터도 좋다. 이 캐릭터의 디자인 중에서 특별히 마음을 끄는 시각적 요소, 이를테면 캐릭터의 실루엣이라든가, 색깔의 사용, 시각 디자인의 다양한 측면이 나타낼 수 있는 것 등을 설명해보자. 이 요소들은 이 캐릭터가 수행하는 역할, 즉 캐릭터의 행동과 게임플레이에 영향을 미치는 방식에 어떻게 연관되어 있는가?

4. 특별히 기억에 남는 게임의 사운드트랙이나 효과음을 설명해보자. 이 효과음은 어떤 정서를 나타내는가? 그 효과음을 들으면 무엇이 떠오르는가? 이러한 연상은 게임이 작동하는 방식이나 게임에서 일어나는 사건과 어떻게 연관되어 있는가?

5. 앞에서 이야기했던 게임 중에서 하나를 골라보자. 2장이나 3장에서 연습으로 사용한 게임도 좋고, 이 책에서 다룬 게임도 좋다. 카메라는 어떤 역할을 하는가? 고정식인가, 이동식인가? 카메라는 어떤 시점에서 액션을 볼

수 있게 하는가? 이 시점은 플레이어 입장에서 게임에서 일어나는 사건을 인식하는 데 어떻게 영향을 미치는가?

만약 같은 게임에서 다른 시점의 카메라를 사용한다면 게임은 어떻게 변할까? 그 카메라가 〈팩맨Pac-Man〉의 카메라처럼 하늘에서 내려다보는 시점에서 장면을 보여준다면, 어떤 게임이 될지 설명해보자. 만약 플레이어가 팩맨의 시점에서 주위를 본다면 게임은 어떻게 변할까?

그룹 활동

몇 명이 모여서 모두에게 친숙한 기존 게임을 하나 골라보자. 디지털 게임도 좋고, 보드 게임도 좋지만, 반드시 눈에 띄는 시각적 테마가 있는 게임이어야 한다. 예를 들면, 〈모노폴리Monopoly〉는 철도회사가 십자 모양으로 배치된 한 도시의 블록들을 암시한다.

이 게임의 시각적 테마를 확 바꾸어보자. 게임의 작동 방식은 그대로 두되, 게임의 모든 요소를 위한 새로운 시각적 표현을 고민해보자. 이 새로운 요소들의 생김새를 스케치해보자. 〈모노폴리〉의 무대가 공동묘지나 태양계라면 어떨까? 게임에 등장하는 요소와 캐릭터들의 이름도 바꾸는 편이 좋겠다. 작업이 끝나면 게임의 경험이 어떻게 변했는지에 대해 이야기해보자. 새로운 시각적 모티브가 나왔는가? 이것이 원래 게임에서와 같은 내용을 플레이어에게 전달하는가?

이번에는 게임 체계와 게임의 작동 방식에 어떤 종류의 변화를 줄 것인지에 대해 이야기해보자. 새로 만든 시각적 테마가 논리에 맞게 하려면 새로운 규칙이 필요한가? 예를 들어 〈모노폴리〉의 무대를 우주로 설정하고 철도역을 '우주정거장'으로 수정했다면, 플레이어가 우주정거장에서 다른 장소로 날아갈 수 있게 하는 것은 논리에 맞는가? 규칙 수정이 게임이 플레이되는 방식에 어떻게 영향을 미칠 거라고 생각하는가?

2부

대화

– 나오미 클라크

5장

대화 만들기

어떤 대화든 대화가 성립하려면 이야기를 나눌 상대가 필요하다. 플레이어가 없다면 게임은 그저 명령어의 집합에 불과하다. 그 명령어가 컴퓨터에 의해 실행되든, 턴이 돌아오면 어떤 카드를 교환할지 학습한 인간에 의해 실행되든 관계없이 말이다. 플레이되지 않은 게임은 한 장의 악보와도 같다. 잠재력을 볼 수 있고 생명을 불어넣으면 어떤 것이 될지 상상할 수 있기 때문이다. 우리는 기보법이나 규칙을 통해 복잡함을 이해할 수 있고 어쩌면 본질을 파악할 수도 있다. 명령어는 아직 터트려지지 않은 잠재력으로부터 살아 숨 쉬는 경험으로 도약시켜줄 행위자가 필요하다. 플레이될 게임을 만드는 일을 더 깊이 이해하기 위해서는 무슨 일이 일어날지 디자인하는 우리의 역할에 대해 고민하고, 나아가 게임 디자이너의 역할이 플레이어의 선택과 어떻게 교차하고 어떻게 충돌하는지 이해해야 한다.

플레이어

내가 만든 게임의 첫 번째 플레이어는 내 여동생이었다. 나는 열두 살 무렵에 누구나 직접 레벨을 디자인해서 플레이할 수 있는 디지털 게임인 〈로드 러너^{Lode Runner}〉(1984) 매킨토시 버전을 처음 접했다. 이 게임은 사다리를 오르고, 발판 위를 달리며, 황금 자루를 모으고, 정체불명의 악당들로부터 도망치며, 악당을 빠뜨릴 구덩이를 파는, 매우 단순하지만 심오한 체계를 자랑하는 게임이었다(그림 5.1 참조).

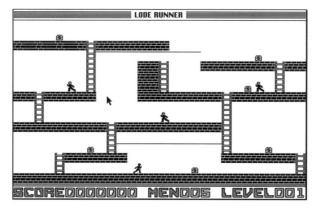

그림 5.1 〈로드 러너〉의 전형적인 레벨. 맨 아래층에 플레이어가 있고, 악당은 세 명, 모아야 하는 황금 자루는 여섯 개다.

나는 레벨 에디팅 모드야말로 〈로드 러너〉의 진정한 매력이라고 생각했다. 이 모드를 이용하면 십여 가지의 오브젝트를 마음대로 집어넣을 수 있었다. 어느샌가 나는 주인공이 절대 죽지 않는 악당들한테 둘러싸여 즉시 제압돼버리는 장면이라든가, 사다리를 기어올라 동전으로 그득 찬 보물 창고로 떨어질 수 있는 장면을 만들면서 실험을 하고 있었다. 나는 원래 게임에 기본으로 있던 시나리오와는 전혀 다른 새로운 시나리오를 만들 수 있었으며, 길 찾기가 까다로운 통로를 무대로 펼쳐지는 짧은 이야기들을 말할 수 있었다.

〈로드 러너〉의 한 레벨에서 플레이어가 황금 자루를 전부 다 먹으면 보통 새로운 오브젝트가 등장한다. 바로 화면 상단으로 올라갈 수 있는 사다리다. 사다리를 타고 올라가면 다음 레벨로 넘어갈 수 있다. 내가 직접 만든 레벨에는 갑자기 등장하는 사다리를 이용하는 새로운 방법을 넣었다. 공간 배치가 갑자기 바뀌고, 해당 레벨을 깨려면 악당들에게 쫓기는 채로 위험한 레벨을 되짚어가 그전에는 없던 새로 생긴 길에 도달해야 했다. 어느샌가 나는 전환점이 있는 플롯을 만들고 있었다!

이 레벨들이 어떻게 전개되는지 직접 플레이해볼 수도 있었지만, 무언가 빠져있다고 느껴졌다. 내가 만들어낸 위험과 놀라움을 경험할 수 있는 다른 누군가, 즉 플레이어였다. 나는 이 게임을 통해 다른 사람에게 무언가를 표현하고 싶었다. 다른 플레이어가 어떻게 반응하는지, 내가 표현한 바가 명료한지 궁금했다. 그래서 열 살짜리 여동생을 실험용 쥐로 삼기 시작했다.

동생은 〈로드 러너〉를 할 줄 알았다. 나는 레벨 에디팅을 끝내자마자 내 엉덩이로 따끈따끈 데워진 의자에 동생을 끌어다 앉혔다. "자 해봐, 어디 깰 수 있나 보자고!" 동생은 상대적으로 쉽게 만든 레벨들은 별 무리 없이 깰 수 있었다. 동생은 얼굴에 활짝 웃음꽃을 피웠지만 나는 왠지 모를 실망감이 들었다. 동생이 웃는 한 가지 이유는 어쨌거나 나를 눌렀기 때문이었다. 마치 내가 수수께끼를 냈는데, 동생이 나보다 한 수 위라 아무 도움도 없이 해답을 찾아낸 것 같은 기분이었다.

그때부터 나는 동생한테 잔인할 정도로 어려운 레벨을 만들기 시작했다. 이 레벨을 깨기 위해서는 정확한 타이밍은 물론 악당들의 움직임을 이용하는 법을 정확히 알고 있어야 했다. 이 시나리오에는 평범한 바닥처럼 보이지만 플레이어가 빠지면 죽음을 면치 못하는 함정이 곳곳에 숨어 있었다. 악당의 행동도 내가 원하는 딱 그 순간에 플레이어를 추격하도록 세심히 조정했다.

동생은 이 레벨들은 절대 깰 수 없다고 우겼고, 나는 우쭐거리며 그렇지 않음을 증명해 보였다. 올바른 기술과 정확한 전략을 구사할 줄 알고, 올바른 탈출로를 알고 있는 한은 가능하다고 말이다. 이 게임의 디자이너로서 나는 물론 앞서 말한 모든 것을 갖고 있었다. 하지만 나는 동생을 위해 게임을 만들어준다고 생각하기보다는 동생과 경쟁하는 플레이어처럼 생각하고 있었다. 동생을 이기고 싶었고, 동생이 패배를 인정하는 모습을 보고 싶었다. 그러한 감정은 그 후로도 아이들이 서로 내주는 게임과 레벨에서 여러 번 목격해온 자연스러운 충동이다. 하지만 게임을 만든 사람 외에는 사실상 불가능한 체계를 만드는 것은 우리가 게임을 만들어서 다른 사람에게 해보라고 권할 때 할 수 있는 일의 극히 일부분일 뿐이다.

　나는 동생에게 끔찍한 경험을 만들어주려고 했다. 그 경험에는 좁은 탈출로, 예상치 못한 함정, 왼쪽으로 달릴 것이냐 오른쪽으로 달릴 것이냐 하는 선택이 즉시 생사를 가르는 순간이 담겨 있었다. 이 모든 것을 집어넣었지만 이렇게 잔인할 정도로 어려운 레벨로는 동생의 마음을 사로잡고 내가 꼭 알려주고 싶었던 이 게임의 매력을 보여줄 수 없었다. 결국 미리 이해하기에는 불가능한 온갖 속임수로 가득 찬 레벨을 마주한 동생은 못마땅하다는 듯이 눈을 흘기더니 플레이를 거부했다.

대화 만들기

지금까지 1부에서는 어휘를 이루는 요소들에 대해, 즉 동사와 오브젝트, 이 요소들을 이해하는 데 도움을 주는 상황정보, 이 요소들을 동사를 발전시키고 전개 속도를 조절하는 장면에 접목하는 방식에 대해 두루 살펴봤다면, 2부에서는 좀 더 광의의 질문을 파헤쳐본다. 왜 특정한 동사의 발전 속도를 조절해야 하는가? 상황적 요소, 오브젝트, 동사들이 함께 기능할 때 혹은 서로 반감시킬 때 어떤 종류의 이야기가 전달되는가? 그 모든 어휘를 동원해 말하고자 하는 것은 무엇인가? 어떻게 플레이어가 그에 대한 반응으로 무언가 말하게 유도할 것인가? 플레이어가 게임을 자기 스타일로 변형하게 하고 싶은가, 아니면 게임이 무슨 말을 하려는지 귀를 기울여 경청할 때 가장 잘 이해할 수 있는 어떤 것을 전달하려고 하는가?

　우리는 말과 글의 어휘를 통해 타인과 소통한다. 게임의 어휘는 엄청나게 강력한 방법으로 우리 자신을 표현하게 해준다. 체계를 통해 언어로는 할 수 없는 방법으로 의미를 전달해준다. 각기 다른 다양한 종류의 대화를 창조하게 해준다. 지금처럼 개발자와 플레이어들이 표현 체계(게임을 바라보는 또 다른 관점)를 온갖 새로운 방법으로 탐색하는 시대에 살고 있다는 것, 우리의 모든 생각을 이야기하고 음미할 수 있다는 것은 행운이다.

게임을 대화로 보는 관점은 상당히 설득력이 있다. 플레이어는 체계 안에서 선택을 내리고 동사를 사용한다. 멀티 플레이어 게임에서는 이러한 선택들이 다른 플레이어에게 의미를 전달할 수 있다. 버튼을 한 번 누르거나 체스 말을 옮기는 동작은 공격성이나 불확실성, 혹은 특정 게임에 한정된 불분명한 개념을 전달할 수 있다. 체계의 어휘에 정통한 플레이어는 인간이 제어하든 컴퓨터가 제어하든 상대의 움직임을 읽을 수 있고, 언어를 통하지 않고도 무엇을 말하고 있는지 이해할 수 있다.

게임을 만든 개발자 역시 이 대화에 참여한다. 다만, 일반적이지 않은 특별한 방법을 통한다. 내가 여동생의 어깨너머로 〈로드 러너〉를 플레이하는 모습을 관찰하던 시절과는 달리, 요즘은 개발자가 플레이어를 직접 관찰하는 경우가 거의 없다. 그 대신 대화가 작동할 방식에 대한 여러 가지 측면을 미리 결정해둠으로써 대화를 촉발한다. 게임 개발자는 이 대화를 이루는 특정한 어휘를 만들어내고, 동사를 어떻게 발전시킬지 결정하고, 대화가 이루어질 가능성의 공간을 디자인한다. 게임 개발자는 자신과 플레이어, 또는 플레이어들 사이에서 훌륭한 대화가 탄생할 수 있는 공간을 디자인하려고 노력하며, 플레이어들이 좌절감이나 지루함을 느껴 가버리지 않기를 바란다.

이 책에서 주로 다루는 싱글 플레이어 게임의 경우, 게임이 플레이되는 동안 모든 대화는 게임을 만든 개발자와 플레이어 사이에서 탄생한다. 이것은 꽤 까다로운 종류의 대화다. 개발자는 규칙과 경험의 디자인을 통해서뿐만 아니라 언어, 이미지, 소리를 통해 대화에서 말하고자 하는 것이 어딘가에 존재하는, 선택과 생각은 물론 어쩌면 흥미로운 전략과 정서적 몰입으로까지 반응할 플레이어에게 제대로 전달되기를 바랄 수밖에 없다.

이 도전은 도박처럼 느껴질 수도 있다. 유리병에 편지를 넣고 봉한 다음 누군가 병을 여는 법을 알아내 편지에 뭐라고 썼는지를 이해하리라 기대하는 것처럼 말이다. 게임을 만드는 일에 흥미가 있다면(여동생을 위한 〈로드 러너〉 레벨을 처음 만들었을 때 내가 느꼈던 것과 같은 짜릿한 흥분을 경험한 적이 있다면), 아마도 여러분은 말로는 표현할 수 없지만 게임이라는 체계 안에서는 멋진 형태로 표현할 수 있는 이야기를 갖고 있을 것이다. 도박을 해보자! 한 가지 다행스러운 점은 최근 몇십 년 사이 그 길을 먼저 간 많은 이들이 있다는 사실이다. 우리는 도전하고, 실패하고, 성공하고, 또다시 도전해왔다. 아직도 어떻게 하면 정확히 게임에 대해 논할 수 있을지 배우는 과정에 있고 적절한 용어와 사고의 틀이 되어줄 모델을 찾는 중이기는 하지만, 이미 게임 개발자들은 '병 속에 든 편지'를 읽게 하는 많은 기술과 요령을 찾아냈다.

재미와 그 이상을 위해 반복 수정하기

난생처음 〈로드 러너〉의 레벨을 만들기 시작했을 때 나는 게임을 개량하고 게임에서 탄생할 수 있는 대화들을 미세 조정하는 데 가장 널리 사용되는 기법의 하나를 직관적으로 발견했다. 바로 다른 사람에게 플레이해보게 하고, 다시 수정하고, 다시 플레이해보게 하는 기법이었다. 게임에는 플레이어가 필요하다. 게임 개발자는 게임이 플레이되는 순간에 그곳에 존재하지 않는 대화 참여자로서 사람들이 플레이하는 모습을 관찰하고 그들의 경험에 대해 들어야 한다. 플레이테스트와 반복 개발은 플레이하는 동안 플레이어로부터 보고 들은 것에 따라 게임을 수정해나가는 과정으로, 많은 개발자에게 빼놓을 수 없는 중요한 작업이다. 어쨌거나 곡을 한 번도 들어보지 않고 위대한 음악을 창조할 수 있는 작곡가는 세상에 없다. 청력을 잃었던 베토벤만이 놀라운 예외일 뿐이다.

　플레이테스트를 하는 이유는 플레이어의 반응을 관찰하면 기대하는 종류의 반응을 끌어내는 데 성공했는지 판단할 수 있기 때문이다. 일반적으로 게임 개발자가 보고 싶어하는 반응은 웃는 표정, 무섭도록 집중하는 표정, 승리감에 취해 번쩍 들어 올린 손과 커진 눈이다. 모두 눈앞에 벌어지는 일에 깊이 몰입하고 재미를 느끼는 사람이 보이는 전형적인 특징이다. 플레이테스트는 그 목표 지점에 도달하는 데 걸림돌이 되는 장애물을 발견하고, 그 장애물을 피해갈 방법을 고민하게 해준다. 동사를 사용하는 법에 대한 혼동이나 목표로 삼은 플레이어들이 하기에는 너무 어려운 전개 속도 등이 장애물이 될 수 있다.

하지만 '재미'는 게임 디자이너들이 도달하고자 하는 목표 중에서 가장 흔하고 전통적인 목표일 뿐이다. 대화라는 은유에 대해 다시 생각해보자면, 다른 사람과 이야기를 나누는 일, 특히 친구들이나 마음이 잘 통하는 사람들과 이야기를 나누는 일은 우리 삶에서 한결같이 매력적이고 즐거운 경험의 하나로 꼽히곤 한다. 그렇다고 해서 모든 대화가 재미있다는 뜻은 아니다. 집중하기가 상당히 버거울지라도 더없이 진지한 대화도 있고, 중요한 생각을 전달하기 위해 꼭 필요한 대화도 있다. 게임의 사회적 역할 중에서 재미는 이미 전통적 역할에 불과하다고 생각하는 게임 디자이너는 점점 많아지고 있다. 여전히 재미가 플레이어들이 게임에서 기대하는 요소라는 사실을 잊어서는 안 되지만, 아직 개척되지 않은 채 남아 있는 체계가 만들어낼 수 있는 대화의 종류는 무궁무진하다.

루카스 포프Lucas Pope의 〈여권 주세요Papers, Please〉(2013)는 단순히 재미를 주는 게임을 표방하지 않는다. 이 게임은 플레이어에게 노동을 해야 한다고 말한다. 플레이어는 입국 심사관이 되어 길게 줄을 서 있는 국경 통과 희망자들의 서류를 검토하고 도장을 찍어야 한다(그림 5.2 참조). 가족을 먹여 살리기 위해 쥐꼬리만 한 급료를 대가로, 인권을 짓밟으면서 근면하고 꼼꼼한 하수인 노릇을 요구하는 가혹한 전체주의 정권을 위해 일한다. 이 시나리오는 암울한 데다 이루 말할 수 없이 지루하다. 게임플레이 역시 마찬가지다. 말 그대로 서류를 검사하며 불일치, 만료, 위조 내용이 없는지 심사하고 '승인'이나 '거부' 도장을 찍는 일을 수없이 반복해야 한다. 실수할 때마다 경고장이 날아오는데, 이 경고장에는 부양가족들의 생사가 달려 있다.

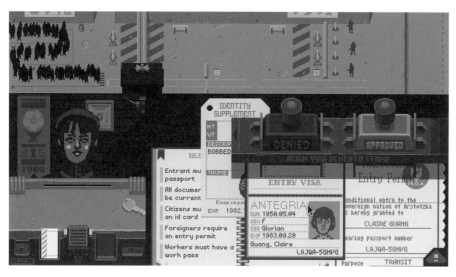

그림 5.2 〈여권 주세요〉에서 끝도 없이 밀려드는 입국 서류에 도장을 찍는 장면

얼핏 듣기에는 전혀 재미가 없어 보인다. 하지만 〈여권 주세요〉는 플레이하는 동안 플레이어 스스로 빠질 수 있는 부조리한 체계의 작동 원리를 치밀하게 표현해낸다. 플레이어는 학대받고 위험에 처한 국경 통과자를 돕는 일을 우선시할 건지, 아니면 내 가족의 건강과 재산을 보호할 건지 결정해야 한다. 게임의 형태, 즉 비용과 소득에 대한 난이도와 밸런스는 맡은 업무를 잘 처리하기만 한다면 사람들을 돕기 위해 일부 의도적인 '실수'를 하더라도 위기를 넘길 수 있는 가능성은 늘 열어둔다. 물론 플레이어는 한낱 기계의 부속품에 불과하므로 권한은 제한적이다.

루카스 포프는 〈여권 주세요〉를 대대적으로 플레이테스트했다. 이 게임이 만들어낸 부조리의 작동 원리를 세심하게 다듬기 위해서였다. 그가 이 게임의 초기 버전을 올렸던 웹 포럼에 참여한 일인으로서 나는 플레이테스트 과정에 발을 담그고 그가 의도한 느낌과 경험을 끌어내도록 게임을 다듬는 모습을 지켜봤다. 그렇다면 모든 게임에 플레이테스트가 효과적일까? 여기에는 논란의 여지가 있다. 어떤 게임의 목표는 플레이어가 반응하게 하거나 특정한 감정을 느끼게 하거나 특정한 종류의 선택을 하게 하는 것이 아니라, 플레이어가 듣고 싶어하는지와 관계없이 개발자가 말하고 싶어하는 어떤 것을 표현하는 데 초점이 있기 때문이다.

게임을 플레이테스트하고 반복 수정할 때 우리는 게임의 형태와 그 형태에서 나올 수 있는 가능성의 공간을 플레이어의 심리와 행동에 맞추기 위해 수정을 가한다. 어린이를 대상으로 한 게임을 만드는 경우를 예로 들자면, 반사 신경과 운동 능력이 덜 발달한 어린이들에게 더 쉽도록 조작법을 바꾼다거나 노련한 플레이어를 대상으로 게임을 만들 때와는 전혀 다른 난이도로 조절할 수 있다. 우리의 표현을 주입만 하는 데서 벗어나 수용자에게 맞추는 것이다. 물론 수용자에게 맞추는 것이 반드시 나쁘다는 얘기는 아니다. 단지 플레이어를 유인하거나 붙들어두거나 이야기를 듣고 반응하도록 설득하기 위해서는, 게임 체계를 통해 우리가 말하는 내용이나 말하는 방식을 바꿔야 한다.

어떤 대화를 만들 것인가

게임 개발자가 표현 체계에 자신의 생각을 집어넣기만 하고 타협도 조정도 할 수 없게 한 채로 플레이어에게 듣기를 요구하면 어떻게 될까? 어떤 게임이 개발자의 실제 인생 경험을 표현하려 한다면 어떻게 될까? 1장 '용어'에서 언급했듯이 애나의 게임인 〈디스포이아〉(2012)는 수십 개의 작은 체계를 통해 호르몬 요법을 받았던 애나의 경험을 표현한다. 이 게임은 플레이어에게 그 이야기를 조금씩 전개하는 일을 보조하도록 요구하는 게임이다. 〈디스포이아〉는 플레이어가 무슨 일이 일어날지 선택하거나 플레이어 자신을 표현하는 게임이 아니라, 대부분의 플레이어는 경험해보지 못한 어떤 인생 경험을 따라가 보기 위해 일종의 상호작용을 통한 듣기를 요구하는 게임이다.

말하기와 듣기는 대화를 이루는 요소이기도 하다. 때로는 활발한 호응을 자제하고, 화자가 무슨 말을 하려고 하는지 단지 듣기만 하면서 그 말이 그들이 말하는 이야기(즉 그들이 설계한 체계) 속에서 갖는 의미를 이해할 필요도 있다. 게임은 명시적인 선택을 보여주고 우리의 생각을 요구할 수 있다. 또 어떤 상황과 체계 내에서는 선택이 제한된다거나 선택이 반드시 결과를 바꾸지는 못한다는 사실을 보여줄 수도 있다. 이를테면 〈여권 주세요〉의 일개 입국 심사관으로서 플레이어는 국경을 넘는 한 사람 한 사람을 전부 도와줄 수는 없다. 〈디스포이아〉를 플레이할 때 플레이어는 애나의 인생 진로를 바꿀 수도 없고, 호르몬 요법을 중단하거나 마음에 상처를 주는 환경에 다르게 반응했다면 어떤 일이 일어날지 궁금하다는 이유로 체계를 실험할 수도 없다. 이 게임은 애나가 살아온 인생의 일부이며, 이미 일어난 일을 체계를 통해 이야기할 뿐이다.

대화에 참여할 때 우리는 대화가 어떻게 발전되고 어떤 결말이 나는지 형성하는 데 영향을 준다. 대화는 정중하고 공식적일 수도 있고, 요란하고 자유분방할 수도 있다. 게임도 마찬가지다. 게임을 만드는 개발자는 비록 게임이 플레이되는 순간에는 그곳에 존재하지 않을지라도 플레이 과정이라는 대화에서 무슨 일이 일어날지 결정하고 제약하는 수많은 선택을 설계할 수 있다. 게임은 명시적인 선택을 보여주고 우리의 생각을 요구할 수 있다. 답변을 요구하는 수사관이나 내면을 이해하는 데 도움을 줄 질문을 던지는 친구와도 같다. 어려운 상황이 닥치면 어떻게 할지, 자원이 한정된 상황일 때 어떤 선택을 내릴지에 대한 우리의 생각을 요구한다. 게임 개발자는 플레이어들이 그들만의 전략과 반응, 그리고 게임의 어휘를 만든 장본인조차도 전혀 예상치 못한 영역으로의 탐험을 생각해낼 수 있도록 이끄는 넓은 공간을 창조할 수도 있다. 혹은 이 공간을 제약하고 플레이어한테 듣기를 요구할 수도 있다. 모든 체계가 플레이어를 통해 수정될 수 있는 것은 아니며, 모든 이야기가 행복한 결말로 바뀔 수 있는 것도 아니며, 모든 어려운 도전을 마스터하고 정복할 수 있는 것도 아니라는 사실을 이해하도록 요구할 수 있다는 뜻이다.

지금까지 게임을 통해 대화를 주고받는 여러 가지 방법을 살펴봤다. 온갖 종류의 의문이 꼬리에 꼬리를 문다. 어떤 종류의 공간을 디자인하고 싶은가? 말하고 싶은 무언가가 있다면 어떻게 플레이어에게 솔직하고 진정성이 느껴지는 방법으로 이해시킬 수 있을까? 언제 플레이어의 기대와 심리에 맞춰 재미나 설득의 감정을 끌어내도록 노력할 것인지, 언제 그러한 노력을 멈추고 자신의 표현을 고수하면서 플레이어에게 듣기를 요구할 것인지를 어떻게 결정할 것인가? 플레이어에게 대화에 참여할 더 많은 기회를 열어주려 한다면, 대화를 듣고 그에 대한 반응으로 무언가 흥미로운 것을 말할 만큼 우리의 어휘에 정통해지도록 어떻게 도울 것인가? 우리는 플레이어가 게임 공간에서 그들만의 이야기를 말하고 자기 표현을 하게 하는 동시에 우리가 말해야 하는 내용도 전달하는 공간을 창조할 수 있는가?

세상에서 가장 명석하고 열정적인 게임 디자이너들이 이러한 질문을 붙들고 끊임없이 고민하는 이유는, 아직 개척되지 않은 가능성이 무궁무진한 공간을 탐험하는 일이 아주 흥미롭기 때문이다. 명쾌한 정답이란 없겠지만, 남은 6장과 7장에서는 이러한 질문을 둘러싼 다양한 생각들을 공유해보고자 한다. 이 글을 읽으면서 각자의 답을 구해보기 바란다.

〈로드 러너〉를 처음 만지작거렸던 때로부터 20년이라는 세월이 흐른 지금, 나에게는 게임 디자이너라는 직업도 생겼고, 열 살짜리 여동생도 한 명 더 생겼다. 언젠가 휴일을 보내러 집에 들렀을 때 막내 여동생에게 당시 작업 중이던 게임을 준 적이 있었다. 동생은 뛸 듯이 기뻐했고, 몇 주 동안 플레이한 끝에 체계의 복잡함을 마스터했다. 동생은 게임에 대한 의견을 말해주었고, 나에게 도움을 청했으며, 자신의 전략을 자랑했다. 게임 속에서, 게임을 둘러싸고, 게임을 넘어서 우리는 대화를 했다.

6장

저항

난이도는 아마도 플레이어가 게임을 경험해가는 여정을 바라보는 가장 오래된 관점일 것이다. 초보 플레이어는 보통 장애물을 점프로 넘는 법을 배우고, 조이스틱을 오른쪽으로 밀면 캐릭터가 오른쪽으로 움직인다는 사실을 깨우치는 등 간단한 도전으로 시작한다. 체스나 골프 같은 멀티 플레이어 게임에서도 초보자는 주로 다른 초보자, 또는 핸디캡을 적용하거나 일부러 수준을 낮춰서 플레이함으로써 초보자를 '봐주는' 숙련자 등 쉬운 상대와 겨루게 된다. 몇몇 기본 동사를 마스터할수록 플레이어는 점점 더 어려운 도전에 직면한다.

밀고 당기기

〈로드 러너〉 레벨을 만들던 초보 디자이너 시절, 나는 난이도에 관해 '더 어려울 수록 좋은 게임'이며, 모든 게임을 플레이하는 궁극적인 목적은 '가장 어려운 도전을 마스터하는 것'이라는 순진한 생각을 하고 있었다. 전진과 갈등의 증폭이라는 상승적 서사구조, 즉 문학 작품이나 영화에 자주 등장하는 영웅 서사에서 찾아볼 수 있는 종류의 이야기로 본 것이다. 난이도의 정점에는 총력전이 있다. 한쪽 진영에는 모든 기술을 연마한 플레이어가 있고, 반대쪽 진영에는 그 게임의 디자이너가 제시할 수 있는 어려운 도전이란 도전은 모조리 욱여넣은 절정의 장면을 앞세운 최고 난도의 게임 체계가 있다.

난이도는 상당히 매력적이고 극적일 수 있다. 플레이어는 쉽게 시작해서 게임의 가능성에 대한 이해도를 차차 높이며 체계를 마스터하기 위해 점점 더 어려워지는 도전을 헤쳐나간다. 고난을 극복하는 일이 우리 인간에게 더없이 매력적으로 다가오는 이유는 우리 인생에 닥쳐올 고난을 배우고 마스터할 수 있다는 자신감을 얻을 수 있기 때문이다.

앞서 우리는 동사가 오브젝트 및 여타 동사들과의 관계 속에서 어떻게 발전할 수 있는지 살펴봤다. 어휘를 이루는 요소인 동사와 오브젝트는 플레이어와 우리가 만든 게임이 나누는 대화, 즉 게임의 어휘를 발전시킴으로써 우리가 촉발하고 디자인하는 대화를 구성하는 기본 요소다. 6장에서는 전개와 발전이라는 개념이 어떻게 게임의 시작, 중반, 결말을(그 게임에 결말도 있다면!) 아우르는 전체 경험에 적용될 수 있는지 살펴보고자 한다.

게임을 대화로 간주할 때 우리는 게임을 바라보는 새로운 관점들을 발견할 수 있다. 어쨌거나 모든 대화가 참여자에게 어렵게 다가가는 대화일 필요는 없다. 많은 중요한 대화가 실제로 어렵긴 하지만 말이다. 대화에서 어려운 대목 사이사이에 성찰을 위한 휴식, 조용히 들어주는 시간, 지지와 격려를 표현하는 말을 섞어넣을 수 있다. 대화는 **밀고 당기는 것**^{push and pull}이다. 한 사람은 말하고, 한 사람은 듣고 반응한다. 서로 의견이 충돌할 때도 있고, 다른 사람의 생각을 검토하고 발전시킬 때도 있다. 꼭 둘 중 어느 한 명이 주도해야 좋은 대화가 만들어진다는 법은 없다. 일부 또는 모든 참여자가 대화의 전개 속도와 목표에 대해 각자의 목소리를 반영하는 방법도 있다.

우리는 게임으로도 이렇게 할 수 있다. 체계를 통한 대화에서 가능한 고유한 방식으로 말이다. 게임 개발자는 플레이어가 게임 체계를 통해 밀고 당기는 방법을 디자인할 수 있다. 동사야말로 플레이어가 어떻게 행위를 취하며 게임을 밀고 나갈 수 있는지 보여주는 아주 훌륭한 예다. 게임 개발자는 체계를 통한 대화의 밀고 당기기가 어떻게 발전할지에 대해 플레이어와 함께 결정할 수 있으며, 나아가 대화의 목적까지도 함께 결정할 수 있다.

저항resistance은 게임의 밀고 당기기를 바라보는 또 다른 관점이다. 동사를 자유롭게 사용할 때 플레이어는 어떤 일이 일어나는지 보고자 게임을 밀고 나가고, 게임은 그에 대해 반응한다. 3장 '장면'에서 언급했듯이 〈툼드〉의 플레이어가 바닥의 금속 부분에 대고 '삽질하기' 동사를 사용하면 데인저 제인은 삽으로 바닥을 내리친다. 이때 게임은 삽질 동작을 하는 애니메이션과 금속성의 '팅' 소리로만 반응할 뿐 다른 일은 일어나지 않는다. 금속 블록은 부서지지 않고 동사에 저항한다. 이 한 순간에서만큼은 플레이어의 작용에 대해 게임이 반작용과 저항을 가함으로써 반응한 것이다.

더 긴 시간의 관점에서 보면 플레이어는 게임 체계를 밀고 나가기 위해 다양한 방법을 시도한다. 다른 상황에서 '삽질하기' 동사를 사용하기도 하고, 제인을 〈툼드〉의 무대인 수직 통로의 더 깊숙한 곳으로 떨어뜨리기 위해 '삽질하기'와 '좌우 이동하기'를 조합하기도 한다. 플레이어는 뒤에 이어지는 각기 다른 장면들에 대처하는 전략을 발전시키고, 동사를(천장이 내려와 금속 오브젝트를 부수기를 단지 기다리는 행위인 '동사를 사용하지 않는 것'을 포함해서) 언제 어떻게 사용해야 하는지에 대한 이해도를 높여야 한다. 그래야 플레이를 계속해 바닥에 도달할 수 있다.

〈툼드〉의 플레이어는 게임에서 제시된 목표와 더불어 자신만의 플레이 목표, 즉 추구하기 때문에 앞으로 나아가게 하는 게임의 측면들도 생각할 것이다. 제인이 점점 내려오는 스파이크월에 찔려 죽으면 화면 아래쪽으로 떨어지고 시간상으로 좀 더 앞으로 초기화되어 다시 플레이해야 한다는 사실을 알게 된 후에는 목표를 달성하는 방법을 다시 고민해야 한다. 이것은 게임이 제공하는 또 다른 종류의 반작용으로, 스파이크월이 제인의 모자에 닿을 경우 플레이어가 더는 앞으로 나아갈 수 없다는 사실을 말해준다. 플레이어는 어떻게 반응할지, 계속 밀고 나갈지 말지 결정을 내려야 한다. 이때 승리하고 싶다면 플레이어는 체계가 밀어내는 순간에 밀고 나갈 방법들을 찾아야 한다.

각 턴에서 플레이어는 조금씩 다른 방식으로, 점점 더 복잡해지는 방식으로 밀고 나가고, 〈툼드〉는 플레이어를 밀어낸다. 멈추게 할 방법이 없는 스파이크월의 하강으로 압박감을 줄 뿐만 아니라 각 장면을 구성하는 오브젝트를 변화시킴으로써 플레이어가 동사를 사용하는 새로운 방법을 찾아내 하강을 계속하도록 밀어낸다. 마침내 플레이어가 수직 통로의 바닥에 도달하면 〈툼드〉는 밀어내기를 멈춘다. 위협적인 천장이 사라지고 플레이어가 '삽질하기' 동사를 마지막으로 한 번 더 사용하면 게임은 종료된다.

〈툼드〉는 어느 모로 보나 대단히 단순한 게임이다. 동사는 몇 개밖에 없으며, 처음부터 끝까지 플레이하는 데 3분이 채 걸리지 않는다. 그렇더라도 플레이어가 이 동사들을 사용해 끝까지 밀고 나가기 위해서는 여러 가지 방법을 찾아내야 한다. 〈툼드〉 역시 여러 가지 방법으로 플레이어를 밀어낼 수 있도록 디자인됐다. 어떤 때는 플레이어에게 결정을 고민할 시간을 길게 주고, 어떤 때는 즉각적인 행동을 요구한다. 어떤 때는 많은 선택권을 주는가 하면, 어떤 때는 거의 주지 않는다.

몰입

앞서 1장 '용어'에서는 '몰입'이라는 단어로 말장난을 해봤다. 몰입은 게임 디자이너들 사이에서 게임의 난이도, 전개 속도, 도전에 대해 말할 때 흔히 쓰이는 말이지만, 어떨 때는 너무 자유분방하게 쓰이는 나머지 '재미'나 '완성도'라는 말을 대신하기도 한다. 마치 몰입이 플레이어를 게임에 붙들어두는 데 필요한 신비의 명약이라도 되는 것처럼 말이다.

몰입^{flow}은 미하이 칙센트미하이^{Mihály Csíkszentmihályi}가 제창한 심리학 이론의 핵심 개념으로, 지금 하고 있는 행위에 매우 집중되고 고양된 나머지 완전히 열중해서 그 행위에 흠뻑 빠져 있는 동기부여 상태를 말한다. 소위 '무아지경'에 빠진 상태와 비슷하다. 아주 탐나는 개념이다. 당연히 많은 게임 개발자는 자신이 만든 게임에서 가능한 한 많은 몰입을 원한다. 하지만 몰입이 그저 갑자기 튀어나온 개념만은 아니다. 몰입에 대해 논하는 글은 상당히 많이 나와 있지만, 게임을 만드는 데 참고할 만한 내용은 미하이 칙센트미하이가 몰입이 발생하는 데 필요하다고 말한 세 가지 조건에 잘 집약되어 있다.

몰입의 첫 번째 조건은 목표가 있는 상황과 그 목표를 향해 나아가기 위해 행위를 취할 수 있는 참여자다. 다행스럽게도 이 두 가지는 게임에서는 상당히 기본적인 요소다. 몰입의 두 번째 조건은 피드백이다. 몰입을 경험하는 사람이 목표를 향해 나아가는 과정에서 무슨 일이 일어나는지 볼 수 있어야 하며, 변화하는 요구에 따라 행위를 제어할 수 있어야 한다는 뜻이다. 이 말이 낯설지 않게 들린다면, 피드백이 우리가 지금까지 저항이라고 언급한 개념과 정확히 일치하기 때문이다. 몰입은 게임에서 오브젝트, 동사, 저항이 발전하는 속도가 플레이어를 대화에 더 오래 붙들어두기에 적절한 속도일 때 무슨 일이 일어나는지 설명하는 하나의 관점일 뿐이다.

단순히 플레이어의 행위에 따라 피드백을 주는 것만으로는 충분치 않다. 몰입의 세 번째 요소는 플레이어의 선택과 행위에 대한 요구가 반드시 시간이 지남에 따라 변화하고 발전해야 한다는 조건이다. 처음에는 벽을 점프해서 넘기 위해 동사를 사용하는 법을 알아내는 일이 피드백이 있는 흥미로운 목표일 수 있다. 플레이어는 언제 점프해야 하는지 알게 되고, 게임은 플레이어가 벽을 넘는 데 성공했음을 보여준다. 이제 그 행위를 반복하는 상황을 상상해보자. 가령 어떤 〈슈퍼 마리오브라더스〉 모드 버전에서 일정한 간격으로 놓여 있는 똑같은 벽을 10분 동안 계속 점프해서 넘어야 한다면 아주 따분하기 짝이 없는 게임이 될 것이다. 게임은 인내심 테스트로 전락하고, 아마도 시간 낭비라는 느낌이 들 것이다 (그림 6.1 참조).

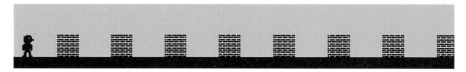

그림 6.1 길게 늘어서 있는 벽을 점프해서 넘고 넘는 따분한 일을 반복해야 한다면 어떻게 될까?

　　반복적이고 이미 숙련된 과제의 단순성과 발전의 부재는 몰입을 방해하는 두 가지 함정 중의 하나인 **지루함**^{boredom}을 낳는다. 한편 동사에 대한 플레이어의 이해도와 숙련도가 도전을 극복할 수준이 되기 전에 지나치게 어려운 도전이 주어질 때도 몰입은 방해될 수 있다. 쉬운 벽을 점프해서 넘은 후에 바로 정교한 타이밍을 요구하는 고도로 숙련된 동사의 사용이 필요한 도전이 이어진다면 플레이어는 실패를 반복할 것이다. 어쩌면 시도 자체가 무의미하다는 결론을 내릴지도 모른다. 이러한 과제는 **좌절감**^{frustration}을 낳는다. 지루함과 마찬가지로 좌절감 역시 시간 낭비로 느껴질 수 있다. 플레이어는 몰입을 유도하기 위해 점점 발전하도록 설계된 선택과 행위와 도전으로 계속 나아가기보다는 '아무것도 하지 않는 상태'에 머무른다.

　　저항의 관점에서 볼 때, 지루함이란 플레이어가 어떻게 처리하는지 이미 알고 있는 행위를 반복하는 것 외에 게임 체계로부터 아무런 작용을 받고 있지 못할 때 발생한다. 좌절감도 지루함과 비슷하게 반복적일 수 있는데, 플레이어가 게임의 대화를 밀고 나가는데 계속해서 "아니, 그게 아니야, 다시 해봐."라는 말을 듣는 상황과도 같다. 저항이 발생하고 있지만 답보 상태인 것이다.

　　몰입과 게임에 대해 흔히 사람들은 위험한 바위 사이를 절묘하게 헤엄치는 상어에 비유해 게임 디자이너가 지루함과 좌절감 사이의 영역을 고수해야 한다고 주장한다. 또한 게임의 도전 수준을 끊임없이 변화시켜 플레이어가 마스터하기 시작한 행위를 반복해 지루함을 유발하지 않도록 해야 한다고 말한다. 난이도를 정확히 조절한다면 플레이어는 계속 게임에 머무르면서 점점 더 많은 기술을 발전시킬 것이다. 다시 게임은 새로운 방법으로 반응하면서 훨씬 더 어려운 도전을 제공해 플레이어를 밀어내야 한다. 이러한 상승은 가능한 최대 수준의 도전을 향해 뻗은 대각선 모양으로 표현된다(그림 6.2 참조). 앞서 언급한, 어려운 전투에서 훨씬 더 어려운 전투까지 이어지는 난이도의 서사구조와도 비슷하다. 하지만 '가장 어려운 것이 가장 좋은 것'이라는 단순한 생각과는 달리, 몰입의 관점은 여정을 이루는 과정에 더 집중하게 해준다. 여정 내내 게임은 체계를 끊임없이 발전시켜 점점 더 어려운 도전을 제공함으로써 플레이어가 정점에 도달할 때까지 계속 몰입하게 만들어야 한다.

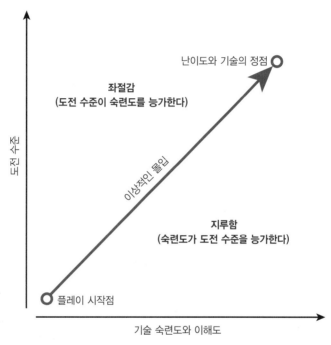

그림 6.2 일부 게임 개발자들에게 이상적인 경험이란 플레이어의 기술이 향상되는 동안 지루함과 좌절감 사이의 영역에 계속 머물게 하는 것이다.

지루함과 좌절감 사이의 영역은 아주 이상적인 경로로 많은 게임이 추구하는 완벽한 모델과도 같다. 완벽한 몰입이 가능한 게임에서 플레이어는 작용을 가하고 반작용을 받지만, 지금 하고 있는 일에 심취한 나머지 모든 것이 흠 잡을 데 없이 자연스럽다고 느낄 것이다. 게임 중에는 이 영역을 찾아내는 데 특히 뛰어난 게임들이 있다. 플레이어 경험의 초반부터 거기에서 시작하지는 못할지라도 말이다!

테리 카바나^{Terry Cavanagh}가 개발한 〈슈퍼 헥사곤^{Super Hexagon}〉(2012)은 아주 흥미로운 사례다. 플레이어는 '시계 방향으로 돌리기'와 '반시계 방향으로 돌리기'라는 동사만을 사용해 자신이 제어하는 작은 삼각형이 화면 테두리에서부터 포위망을 좁히며 연속적으로 다가오는 벽에 부딪히지 않게 해야 한다(그림 6.3 참조). 틈새로 빠져나가 살아남으려면 삼각형을 회전시켜야 한다. 처음에는 워낙 터무니없을 정도로 어려운 과제이다 보니 대부분은 거의 시작하자마자 벽에 부딪혀 10초도 못 버티고 죽어버린다. 얼핏 보기에는 〈슈퍼 헥사곤〉이 몰입의 '완벽한 모델'에 명백히 위배된 듯 보이지만, 이 게임은 쉽게 느리게 시작할 필요가 없을 만큼 지극히 단순한 체계를 사용한다. 플레이어는 벽에 계속 부딪힘으로써 무엇을 해야 할지 배운다. 처음 몇 판이 눈 깜짝할 새에 끝나버리다 보니 플레이어는 아무 부담 없이 다시 도전해 포위망을 좁혀 오는 벽의 패턴을 분석하며 반사 신경을 기를 수 있다.

그림 6.3 〈슈퍼 헥사곤〉은 과감하게도 처음부터 지독히 어렵게 시작한다.

곧 플레이어들은 실력이 향상되며 실력이 향상됐음을 자각할 수 있다. 게임 지속 시간이(그리고 가장 오래 버틴 시간 기록이) 점점 길어지기 때문이다. 이런 류의 동기부여적인 피드백은 몰입에 필수적인 요소지만, 〈슈퍼 헥사곤〉의 경우 몰입 곡선의 좌측 하단에서 시작하지 않는다는 점에 주목할 필요가 있다. 기술을 요하지 않는 아주 쉬운 경험, 주로 친절한 튜토리얼이나 매우 쉬운 연습 레벨이 포함된 경험에서부터 시작하지 않는다는 뜻이다. 그 대신 이 게임은 마치 스키 선수가 가파른 슬로프를 활강하듯 플레이어를 좌절감 속에 떨어뜨린다(그림 6.4 참조). 그런 다음 짧고 강렬한 플레이를 경험하게 해서 일단 요령을 터득하기 시작하면 훨씬 해볼 만한 도전이 된다는 사실을 깨닫게 한다. 가파른 슬로프는 이 게임을 더 잘하게 됐을 때 느끼게 되는 짜릿한 만족감의 원천이기도 하다. 〈슈퍼 헥사곤〉은 모든 게임이 획일적인 몰입 모델을 고수하거나 추구할 필요는 없음을 보여준다. 좌측 하단부터 우측 상단으로 이어지는 '이상적인' 채널을 따르는 기법은 이미 많은 게임 개발자에게는 구시대적인 발상이 되었다.

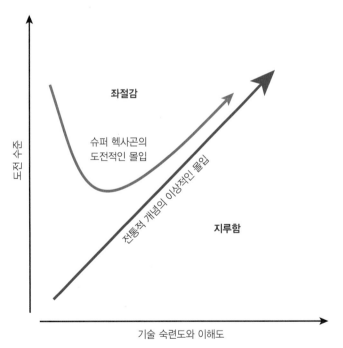

그림 6.4 플레이어가 어려운 시작 부분에서 흥미를 잃지만 않는다면, 〈슈퍼 헥사곤〉에서 경험하는 몰입은 황홀한 질주가 될 수 있다.

몰입 곡선의 우상향 직선 대신 많은 게임이 선사하는 경험은 지그재그 경로를 따른다. 게임은 더 어려운 종류의 점프, 다른 방식으로(이를테면 빗맞지 않도록 타이밍을 잘 맞춰야 하는 식으로) 사용해야 하는 '쏘기' 같은 새로운 동사, '점프하기'와 '쏘기'를 동시에 수행해야 하는 동사의 조합 등 새로운 도전을 제시할 수 있다.

플레이어는 이 새로운 도전을 마스터하는 법을 알아내야 한다. 이 과정에서 새로운 도전에 대처하는 법을 배우는 동안에는 우선 좌절감을 느낀다. 특히 첫 번째 시도에 제대로 하지 못할 때 좌절감을 느낀다. 새로운 도전을 마스터할수록 좌절감의 작용은 줄어든다. 한편 같은 행위를 계속 반복하는 동안에는 지루함 쪽으로 치우친 지그재그를 형성한다. 물론 모든 플레이어가 같은 반응을 보이는 건 아니다. 하나의 동사 혹은 동사의 조합을 남들보다 빨리 마스터하는 사람도 있다. 특히 다른 게임을 해본 경험이 풍부한 경우에 그렇다. 그런가 하면 좌절감을 느끼는 시간이 남들보다 긴 사람도 있다. 그림 6.5의 보라색 선은 전통적 개념의 이상적인 몰입을 나타낸다. 좌절감을 느끼는 플레이어는 빨간색 선을 따르고, 도전을 쉽게 마스터하는 플레이어는 파란색 선을 따른다.

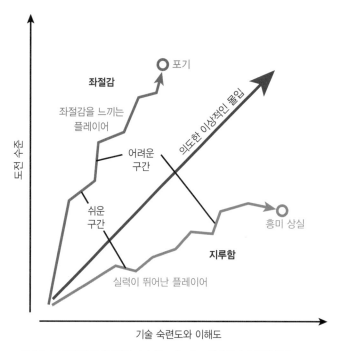

그림 6.5 두 유형의 플레이어를 나타내는 지그재그 선이 추가된 몰입 곡선

게임의 대화를 디자인하는 과정에서 게임 디자이너들은 이 지그재그 패턴을, 플레이를 통해 전달되는 이야기의 일부로 만드는 법을 알아냈다. 플레이어에게 앞에서 연습해온 동사들을 사용하도록 요구하는 강도 높은 도전의 순간에는, 예를 들면 보스 전투를 배치할 수 있다. 이 장면에 수반되는 시각적, 청각적 단서에는 위험한 장애물을 표현해줄 웅장한 그래픽과 함께 불길한 기운이나 절정의 느낌을 전달하는 음악이나 효과음이 들어갈 수 있다. 이 장면의 앞뒤에 있는 상황 정보는 상대적으로 이 장면보다 강도가 낮으며, 도전 수준 역시 마찬가지다. 플레이어는 긴장을 풀고 다음에 찾아올 중요한 도전을 준비하면서 다음 전투까지 이어진 아치 모양의 곡선을 따를 수 있다(그림 6.6 참조). 지금부터는 이러한 종류의 휴식기와 **정체기**^{plateaus}(몰입 곡선이 수평에 가까운 부분)를 디자인하는 방법에 대해 좀 더 이야기해보자.

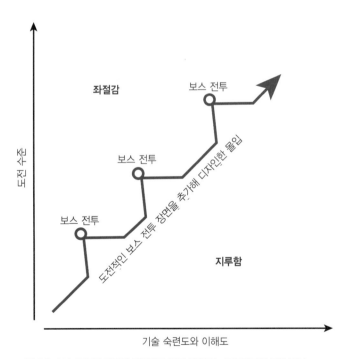

그림 6.6 보스 전투로 좌절감 영역으로 꺾여 들어가는 지그재그형 몰입 곡선

난이도 조절

〈슈퍼 헥사곤〉 같은 게임은 플레이어에게 좌절감과 실패를 딛고 어려운 도전을 극복하는 데 매달리게 한다. 경쟁적인 멀티 플레이어 게임은 대대로 이러한 난이도 조절의 책임을 플레이어들의 손에 맡겨왔다. 한 명의 플레이어만이 아니라 서로 경쟁하는 두 사람, 또는 같은 게임을 즐기는 플레이어 집단의 손이었다. 〈호크라Hokra〉(2011), 〈바라바리볼BaraBariBall〉(2012) 같은 스포츠형 디지털 게임을 즐기는 플레이어는 초보자에게 게임의 도전을 마스터하는 법을 가르쳐야 한다. 플레이어 집단의 머릿수를 늘려야 더 많은 상대와 게임을 즐길 수 있기 때문이다. 이러한 게임의 경우 난이도는 상대의 실력에 크게 좌우된다. 플레이어는 초보자를 봐주면서 플레이할 수도 있고, 초보자들이 게임을 배울 수 있도록 고의적인 제약(즉 핸디캡)을 적용하고 플레이할 수도 있다.

싱글 플레이어 게임이라면 다른 문제에 봉착한다. 게임 디자이너가 허용한 범위만큼만 말할 수 있는 체계와 대화하는 주체가 플레이어 혼자이기 때문이다. 그렇더라도 게임 개발자가 체계 안에서 일어나는 일을 일부 공개하고, 좌절감 혹은 지루함을 유발할 위험을 더 많이 제공할지에 대한 제어권을 플레이어에게 쥐어주는 것은 가능하다.

제어권을 쥐어주는 가장 흔한 방법은 게임을 시작할 때 플레이어에게 **난이도 모드**difficulty mode를 선택하게 하는 것이다. 어렵게 시작해서 훨씬 더 어려워지는 경험을 원하는지, 아니면 상대적으로 쉬워서 지루함을 느낄 수도 있는 경험을 원하는지를 플레이어가 직접 선택한다. 하지만 동일한 게임 체계에 대해 하나 이상의 모드를 개발하는 일은 여간 힘든 일이 아니다. 결과적으로 한 가지 모드만이 보통 플레이어들 사이에서 '게임다운 게임'으로 인정받는다. 특히 기술과 숙련도를 중시하는 플레이어들이라면 보통 가장 어려운 모드를 게임다운 게임으로 손꼽는다. 더욱이 게임을 시작할 때 그 게임이 어떤 종류의 저항을 제공하는지 알기도 전에 플레이어에게 이 선택을 하라는 것은 어느 난이도가 가장 큰 만족을 제공할지 대충 찍으라는 소리밖에 되지 않는다. 만약 플레이어가 게임의 한 가지 측면에는 뛰어나지만 나머지에는 그렇지 않다면? 난이도의 다양한 측면을 조절할 수 있는 세부 항목별 제어권을 제공하는 게임도 있긴 하지만, 여전히 역설은 존재한다. 이러한 제어권들이 플레이어의 경험에 어떤 영향을 미칠지 이해하려면 선택에 앞서 플레이어가 주어진 선택사항을 이해하기에 충분할 만큼 게임플레이 방법을 알고 있어야 한다는 점이다.

디지털 게임이 등장한 초창기에는 플레이어의 저변이 상당히 협소했다. 자칭 게이머들의 대부분은 백인 남성에 컴퓨터 기술에 꾸준히 접근할 만큼 부유한(혹은 적어도 오락실 기계에 쏟아부을 동전이 많았던) 사람들이었을 뿐 아니라, 게이머 문화와 이 문화가 생산한 체계들 역시 난이도와 도전, 숙련도에 초점이 맞춰져 있었다. 21세기에 접어들면서 상황은 많이 달라졌다. 게임 산업은 '캐주얼' 게임이라는 새로운 물결을 맞았다. 캐주얼 게임은 기존의 게이머라는 테두리 밖에 있던 플레이어를 겨냥했다. 이들은 대부분 게임 열풍이 일어났던 초창기에는 게임을 전혀 하지 않았던 여성과 여학생, 중장년층이었다. 캐주얼 게임은 초창기 게임들보다 훨씬 덜 고통스럽고 덜 어려운 게임으로 알려졌고, 훨씬 많은 인구 집단을 게임으로 끌어들였다. 특정한 종류의 체계에 대한 경험과 사전 지식이 부족한 게이머들은 '어려운 모드'를 플레이하고 싶은지, '쉬운 모드'를 플레이하고 싶은지 직관적으로 파악하기가 상당히 어렵다. '캐주얼 게임 혁명' 이후 게임 개발자들은 '누구를 위한 게임인가?'라는 질문과 더불어 '어떻게 하면 더 많은 사람에게 더 많은 재미를 주는 게임으로 만들 수 있을까?'라는 질문을 더 많이 하기 시작했다.

게임 개발자들은 일부에게는 효과적이나 다른 플레이어들에게는 좌절감이나 지루함을 안겨줄 몰입 경험을 개발하기보다는 플레이어 각자의 실력에 맞게 게임의 저항을 흠 잡을 데 없이 흘러가도록 디자인하는 방법을 찾고자 오랫동안 노력해왔다. 이러한 노력들의 결정체가 바로 **동적 난이도 조절**DDA, dynamic difficulty adjustment이라는 개념이다. 동적 난이도 조절이란 게임의 저항에 힘겨워하는 플레이어를 돕기 위해서는 게임의 규칙과 자원을 조절하고, 노련하게 진행 중인 플레이어를 위해서는 도전 수준을 높이는 기법을 말한다. 1인칭 슈팅 게임FPS인 〈하프라이프 2Half-Life 2〉(2004)를 플레이하다 보면 간혹 체력이나 탄약을 보충해주는 유용한 아이템이 든 나무 상자를 우연히 발견하게 된다(그림 6.7 참조). 이러한 자원들이 충분하다면 나무 상자 안에 아무 아이템도 없지만, 게임을 잘하지 못하고 있어서 탄약이나 체력이 떨어져 가고 있다면 똑같은 나무 상자에 탄약이나 체력을 보충해줄 아이템이 들어 있을 확률이 높아진다. 〈하프라이프 2〉를 하는 대부분의 플레이어는 체력이 떨어져 가고 있을 때 더 강력한 회복 아이템을 받게 됐다는 사실을 절대 눈치채지 못한다. 힘겨워하는 플레이어는 돕지만, 그렇지 않은 플레이어들을 위해서는 도전 수준을 높이는 동적 난이도 조절을 광범위하게 사용하는 게임 디자이너들이 보통 이 작업을 물밑에서 교묘하게 하기 때문이다.

그림 6.7 〈하프라이프 2〉에서 플레이어의 탄약이 떨어져 가는 중이라면 그림 속 나무 상자에 위기를 모면할 아이템이 들어 있을 확률이 높다.

　게임 분야에서는 훨씬 더 어처구니없는 사례도 많이 찾아볼 수 있다. 예를 들어 많은 경주 게임에서 플레이어가 선두를 잡으면 상대는 더 빠른 속도로 운전하고, 플레이어가 뒤에서 추격하고 있으면 상대는 더 느린 속도로 운전한다. 이러한 방식의 조절이 몰입의 관점에서 어떻게 게임의 흥미를 유지하는지는 쉽사리 이해할 수 있지만, 경쟁자의 행동이 얼마나 이상하리만치 유연한지 알아챘다면 불쾌감을 줄 수 있다. 심지어 플레이어 자신의 실력과 노력이 전혀 중요하지 않다는 느낌을 받을 수도 있다. 게임 세계 자체가 플레이어의 상황에 따라 조절돼버리기 때문이다.

교묘함은 동적 난이도 조절에서 필수적이다. 플레이어와 게임 사이의 대화를 수정하고 조작하는 방식 때문이다. 플레이어가 게임을 밀고 나갔는데 아무 변화를 일으키지 못하거나 기대했던 목표를 달성하지 못한다면 게임은 저항을 줄이지만, 플레이어가 성공적으로 게임을 밀고 나간다면 저항을 늘린다. 게임과의 지속적인 대화를 통해 게임을 배우는 과정은 일종의 탐색 과정이다. 동적 난이도 조절을 적극적으로 사용한 체계를 탐색한다는 것은 상대방의 의사 표현에 따라 끊임없이 마음을 바꾸는 사람과 대화하는 꼴이다.

동적 난이도 조절은 노골적으로 사용된다면 게임의 저항이 아주 무른 느낌, 플레이어가 의미 있게 마주치고 극복할 수 있는 고정된 구조가 없는 듯한 느낌을 줄 수 있다. 교묘하게 사용된다면 플레이어가 눈치채진 못하겠지만, 변하지 않는 도전을 제시하고 그 도전을 어떻게 극복할지(혹은 간단히 플레이를 그만둘지) 플레이어가 결정하게 하기보다는 가장 순조로운 몰입 경험을 창조하기 위해 여전히 저항의 형태를 물밑에서 조작한다. 최근 몇 년 사이 소규모 게임을 만드는 게임 개발자들이 동적 난이도 조절을 배제하고 지속적인 조절과 수정 없이도 게임 체계가 작동하게 만든다는 사실은 어찌 보면 그리 놀라운 일이 아니다. 만약 테리 카바나가 〈슈퍼 헥사곤〉의 극악무도하게 어려운 도전에서 플레이어들이 시도하는 족족 실패하는 모습을 보고 이 도전을 더 쉽게 디자인했다면, 이 게임이 더 좋은 게임이 됐을까? 플레이어의 노력에 대해 게임이 끊임없이 던지는 저항의 형태는 달라지고 더 물러져서 아마도 어려움을 극복하는 데서 오는 재미를 느끼며 기술을 연마하기 위해 기꺼이 도전을 계속하고자 하는 플레이어들에게는 의미가 적어졌을 것이다.

동적 난이도 조절에서 얼마나 많은 저항을 마주칠지에 대한 플레이어의 선택을 꼭 배제할 필요는 없다. 〈플로우^{flow}〉(2006)라는 게임은 제노바 첸$^{Jenova\ Chen}$이 디자인한 초기작들 중 하나로, 그가 이런 이름을 붙인 이유는 부분적으로 그와 동료들이 영감을 받고 탐구하고자 했던 것이 게임에서의 몰입 개념이었기 때문이다. 〈플로우〉는 체계의 저항을 순전히 플레이어의 실력에 따라 조절하는 방식을 택하지 않는다. 그 대신 플레이어에게 게임의 전개 속도에 대한 구체적인 선택권을 준다. 〈플로우〉에서 플레이어는 물고기처럼 생긴 생물을 조종하는데, 이 생물이 수영하는 지역에는 먹을 수 있는 다른 생물들이 있다. 이 생물들은 이따금 플레이어를 잡아먹으려고 덤비기도 한다. 물고기의 입을 성공적으로 다른 생물에 갖다 대면 하얀색 먹이로 바뀌는데, 이것을 먹으면 꼬리가 길어져서 다른 생물한테 더 많이 물려도 살아남을 수 있다. 각 지역에는 또 물고기가 먹을 수 있는 다른 먹이도 있는데, 빨간색 먹이는 더 위험하고 상대하기 어려운 적들이 있는 깊은 바다로 잠수하게 해주고, 파란색 먹이는 정반대 방향인 더 안전한 장소로 데려가 준다. 〈플로우〉의 얕은 바다와 깊은 바다를 누비는 여정은 플레이어마다 조금씩 달라진다. 스스로 추구하는 도전 수준에 따라 얼마든지 철수하거나 전진할 수 있기 때문이다. 게다가 체력이 모두 닳아버리더라도 게임이 끝나지 않는다. 그 대신 한 단계 더 쉬운 레벨로 이동될 뿐이다.

유기적이고 플레이어가 제어 가능한 〈플로우〉의 난이도는 게임이 시작되기 전에 혹은 설정 제어판을 통해 '어려운 모드'나 '쉬운 모드'를 선택하게 요구하는 것보다 게임플레이 과정에 더욱 통합적이다. 구조적으로 이 게임은 〈넷핵^{NetHack}〉(1987) 같은 초기 디지털 게임과 유사하다. 〈넷핵〉에서 플레이어는 직접 발견한 계단을 통해 던전의 더 깊숙한 내부로 들어가면 더 어려운 도전으로 이어진다는 사실을 배운다. 〈넷핵〉에서 플레이어의 목표는 시작 부분에 기술된 바와 같이 게임을 끝내버릴 다양한 위험물과 적에 굴복하기 전에 레벨 100에 도달해 '엔더의 부적'이라는 궁극의 상을 차지하는 것이다.

제노바 첸의 여타 게임들처럼 〈플로우〉는 플레이어의 목적에 대해, 그리고 가능한 한 깊은 바다로 들어가려고 노력해야 하는지에 대해 그다지 명시적이지 않다. 〈플로우〉의 깊은 바다로 들어가면 다양한 품종의 물고기와 플레이할 기회가 열리긴 하지만, 얕은 바다에서 유유히 헤엄치면서 주어진 운명에 만족하는 단순

바다 생물처럼 생존하며 게임을 즐기는 것도 얼마든지 가능하다. 많은 플레이어는, 특히 게임을 극복해야 할 도전으로 생각하는 데 익숙해진 플레이어는 〈플로우〉를 〈넷핵〉을 플레이할 때처럼 점점 더 어려워지는 도전의 게임으로 플레이할 수 있다. 하지만 〈플로우〉는 플레이어가 승리하려면 무엇을 해야 하는지 명시적으로 언급하지 않는다.

게임의 난이도를 모든 플레이어에게 딱 들어맞는 저항으로 디자인하는 단 하나의 정답은 없다. 각 게임에 필요한 올바른 결정은 게임이 추구하는 목표, 그리고 그 게임이 플레이어와의 대화에서 무슨 말을 하고 싶은가에 달려 있다. 플레이어가 어떻게 접근하느냐에 따라 형태를 바꾸는 매우 유연한 게임을 원하는가? 아니면 일부 플레이어가 게임을 끝까지 하기도 전에 떠나버리거나 완벽한 몰입에서 빗나가도 한참 빗나간다는 뜻일지라도 고정된 구조를 세우고 체계가 요구하는 것을 명확히 선언하면서 이 체계를 다루는 법을 플레이어가 직접 알아내게할 것인가? 게임의 저항이 어떻게 발전해야 할지 결정하는 과정에 플레이어를 참여시킬 생각인가? 게임이 대화라면 이 대화에서 게임 디자이너는 하려는 말을 신중히 골라야 하고, 말하고자 하는 것을 미리 알아야 한다. 제각기 개성적인 플레이어들이 어떻게 반응할지 예상하기란 거의 불가능에 가까울지라도 말이다. 플레이어에게 자신만의 선택을 내리고 체계에 대한 자신만의 접근법을 결정할 수 있는 공간을 만들어주면 그 안에서 일어날 수 있는 경우의 수는 무궁무진해진다. 하지만 그 말인즉 대화가 어떻게 전개될 것인가에 대한 게임 디자이너의 생각은 비중이 축소돼야 한다는 뜻이다.

몰입의 대안

지금까지 우리는 몰입을 논하면서 게임이 플레이어에게 맞추려고 노력해야 하며, 좌절감 혹은 지루함을 너무 오래 느끼지 않게 해야 하고, 가끔은 게임의 저항이 어떻게 발전해야 하는가에 대한 결정에 플레이어를 참여시켜야 한다는 주장을 살펴봤다. 몰입 상태를 추구한다는 말은 '플레이어에게 맞춘다'는 뜻이자, 홍미를 유발하고 기술 향상을 통한 숙련도를 조성하는 작가의 제어권을 일정 정도 이양한다는 뜻이다.

하지만 좌절감과 지루함 사이에서 항상 완벽한 줄타기를 하는 이상적인 몰입을 가진 게임을 추구하는 것만이 게임을 만드는 유일한 방법은 아니다. 완벽한 몰입 상태를 추구하지 않더라도 얼마든지 흥미로운 게임을 만들 수 있다. 예를 들어, 어떤 게임이 쉽고 느리게 시작하지 않으며 더 어려워지지도 않는다면 어떻게 될까?

로빈 버킨쇼Robin Burkinshaw가 개발한 〈삼체문제Three Body Problem〉(2012)는 플레이어가 상호작용을 계속하더라도 전혀 바뀌지 않는 게임이다(그림 6.8 참조). 이 체계는 게임에서 구현 가능한 가장 어려운 난이도로 시작하는데, 아주 간단한 규칙만이 존재한다. 플레이어는 화면에 나타나는 점수를 모으기 위해 사각형을 제어해야 하는데, 그동안 다른 두 개의 사각형이 달려들어 죽이려고 한다. 〈슈퍼 헥사곤〉을 할 때처럼 〈삼체문제〉를 처음 해보는 플레이어는 보통 시작하자마자 죽어버린다. 다른 두 사각형이 아주 끈질기게 플레이어를 쫓아다니기 때문이다. 하지만 극단적으로 좌절감을 주는 정도까지는 아니다. 플레이어는 다른 두 개의 사각형이 어떻게 움직이는지 관찰하고 학습함으로써 더 오래 살아남는 법을 금방 배울 수 있다.

연습을 통해 〈삼체문제〉의 플레이어는 자신의 실력과 도전 사이의 격차를 좁혀나가면서 점차 게임이 더 쉬워졌다고 느끼게 된다. 이 모델은 몰입을 창조하는 모든 책임을 플레이어의 손에 맡긴다. 플레이어가 스스로 숙련될 때까지 가야 할 길이 멀다는 사실을 수용하고 자발적으로 기술을 연마해야 한다는 뜻이다. 일단 도전을 다룰 수 있게 되면 과제는 더 많은 점수를 모을 만큼 오래 살아남는 것이 된다. 오래 버티는 능력과 기술 둘 다 연마해야 한다. 이 게임에서 플레이어가 느끼는 몰입 경험을 도표로 만든다면 단순한 체계로 이루어진 이 게임의 도전에 어떻게 대처하느냐에 따라 개인마다 매우 다른 모양이 나올 것이다. 게임이 플레이어에게 맞추는 대신 개개인이 어떻게 〈삼체문제〉에 맞출지 결정해야 한다.

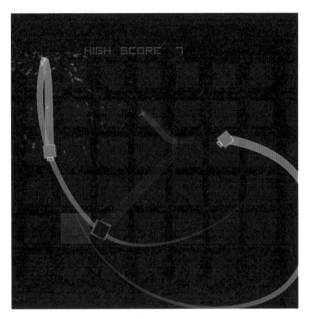

그림 6.8 〈삼체문제〉는 어느 시점에서든 처음 시작했을 때와 똑같이 어렵다.

　　이와 같은 게임은 친절한 게임보다 더 많은 것을 요구하긴 하지만, 좌절감을 느끼는 곳에서 시작해 거기서 탈출하는 방법을 기꺼이 배우고 싶어하는 플레이어에게는 여전히 몰입의 강렬한 느낌을 선사할 수 있다.

　　전통적 몰입 개념에 대한 대안을 고민하면서 게임이 플레이어에게 맞추는 대신 플레이어가 게임에 맞추게 해야 하는 이유는 또 있다. 가령 일반적인 대화에서 말하는 방식을 청중한테 맞추는 노력이 전략적일 때도 있지만, 그러한 노력만으로 충분하지 않을 때도 있는 것처럼 말이다. 가끔은 다른 참여자들에게 화자의 의도를 정확히 들어보도록 요구해야 할 때도 있다. 앞 장에서 언급했듯이 어떤 게임은 플레이어가 듣게 하는 데 치중한다. 〈곤홈^{Gone Home}〉(2013)은 플레이어가 외국에서 돌아온 첫째 딸 역할을 수행하며 가족들이 버리고 떠난 듯한 저택의 내부로 들어가 진행하는 게임이다. 언뜻 보기에 〈곤홈〉은 어두운 방에서 비밀을 캐려고 두리번거리고 오싹한 소리에 깜짝 놀라는 등 공포 게임의 전통을 따르는 듯 보인다(그림 6.9 참조).

그림 6.9 〈곤홈〉은 게임에서 전형적으로 쓰이는 동사로는 정복될 수 없는 불안한 경험으로 기대를 뒤엎는다.

〈곤홈〉에서 뜻밖의 사실은 이 게임이 언데드 종족과 대면하는 게임도, 난이도와 숙련도가 서서히 올라가는 포물선을 그리는 게임도 아니라는 점이다. 그 대신 플레이어는 주인공의 가족이 살던 집에 얽힌 최근 상황과 해묵은 역사에 관한 단서를 찾으면서 일기장, 편지, 청구서, 식탁에 흩어져 있는 쪽지, 가족들의 인생에 대한 시시콜콜한 사실들을 통해 왜 아무도 집에 없는가 하는 의문을 파헤쳐나간다. 〈곤홈〉은 단서를 종합하고 비밀 통로를 찾는 과정에 도전과 문제 해결 요소가 있긴 하지만, 점점 더 어려워져야 하거나 서서히 플레이어의 기술이 높아져야 하는 경험은 아니다. 그 대신 문자나 도표의 형태로 되어 있기도 하고, 공간적 배치와 집의 겉모습에 스며들어 있기도 한 새로운 정보를 밝혀냄으로써 등장인물들의 관계, 가족 구성원이 집의 구석구석을 사용한 방법 등 게임의 체계를 이해하게 된다.

〈곤홈〉은 우리가 사는 현실을 그대로 모방한 세계를 배경으로 실제 사람들의 경험을 표현한 게임이다. 물론 게임 중에는 명시적으로 자전적인 게임들도 있다. 앞서 살펴본 〈디스포이아〉라든가, 게임 작가의 일상을 표현한 게임인 매티 브라이스^{Mattie Brice}의 〈마이니치^{Mainichi}〉(2012) 같은 게임이 그렇다. 실제 사건을 이야기하는 게임을 통해 항상 전통적인 여정의 몰입을 창조할 수 있는 것은 아니다. 어쨌거나 사람들의 인생이 항상 더 쉬운 쪽에서 더 어려운 쪽으로 진행되지는 않기 때문이다. 사람들의 인생이 기술과 체계에 대한 이해도의 향상으로 정복된다는 보장은 없지만, 체계를 통해 표현될 수는 있다. 이러한 게임에서 저항의 형태가 하는 역할은 표현된 체계를 어디로 밀고 나갈 수 있는지, 어디로 밀고 나갈 수 없는지를 보여주는 것이다. 하지만 그 과정에서 나오는 경험은 플레이어가 저항을 극복하는 이야기나 산 정상에 승리의 깃발을 꽂기 위한 전략을 찾는 이야기는 아니다. 그 대신 그 경험은 플레이어에게 그 게임이 아니었다면 생각해보지 않았을 체계를 듣고 이해할 기회를 제공해준다.

공간의 확장

지금까지는 저항을 전통적 개념의 난이도와 비슷한 관점에서 살펴봤다. 몰입을 추구하는 게임들은 플레이어가 주로 동사의 발전을 포함한 점점 더 어려워지는 도전에 맞춰 점점 더 향상된 기술로 체계를 밀고 나가도록 요구한다. 그렇지 않은 게임들은 다른 종류의 경험과 이해를 위해 몰입을 배제한다. 지금부터는 저항을 바라보는 또 다른 관점인 플레이어에게 주어지는 선택의 공간을 확장하거나 축소하는 방법에 대해 생각해보자. 〈툼드〉 같은 게임에서 저항은 대부분 점점 내려오는 스파이크월의 끊임없는 '작용'에서 나온다. 플레이어는 어떤 행동을 취해야 하는지 당장 알아내지 못하면 어김없이 죽고 만다. 그리고 게임은 플레이어가 동사를 사용하는 더 많은 방법을 마스터함에 따라 점점 더 어려워진다.

애나의 게임인 〈레더〉는 얼핏 보기에는 〈툼드〉와 유사한 주제처럼 보인다. 플레이어가 비록 신비스럽고 위험한 기계들이 가득한 낯선 풍경을 탐험하는 우주 비행사로 등장하긴 하지만 땅굴과 지하실들을 통과하면서 점점 더 깊은 땅속으로 이동하기 때문이다. 하지만 〈툼드〉의 좁고 갇혀 있는 느낌에 비해 〈레더〉는 훨씬 열린 느낌이다. 플레이어가 매우 다양한 방향을 선택해 돌아다닐 수 있기 때문이다(그림 6.10 참조). 몇몇 도전이 유사하고, 이따금 플레이어의 아바타를 향해 달려드는 위험한 전기 충격 장치도 등장하고, 이것들을 피하려면 아주 빠른 타이밍이 요구되긴 하지만, 두 게임이 가진 저항의 느낌은 굉장히 다르다. 〈툼드〉와는 달리 〈레더〉의 플레이어는 위험해 보이는 방에서 철수하고 다른 방향을 탐험하겠다는 결정을 내릴 수 있다. 〈레더〉에서는 플레이어가 화면을 벗어나 왼쪽과 오른쪽은 물론, 아래쪽이나 위쪽으로도 갈 수 있기 때문이다. 〈레더〉는 게임의 저항을 디자인하는 작업의 일부를 플레이어의 손에 맡긴다.

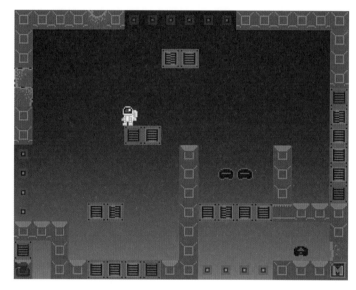

그림 6.10 플레이어에게 다른 방향으로 탐험을 떠날 수 있고 위험물을 피할 수 있는 선택권을 주는 〈레더〉의 한 장면

또한 게임은 더 많은 동사를 제공함으로써 저항의 형태를 플레이어의 선택으로 확장하기도 한다. 〈슈퍼 마리오브라더스〉에서 특정 시점에 이르면 파이어 플라워가 돋아난 벽돌이 등장한다. 플레이어가 이 꽃을 먹는 쪽으로 선택하면 갑자기 새로운 동사가 추가된다. 마리오를 달리게 했던 버튼을 누르면 이제 적을 죽일 수 있는 불덩어리가 발사된다. 파이어 플라워 같은 파워업을 찾아서 적용할지 말지, 선택은 플레이어의 몫이다. 더욱이 이러한 선택에는 상충 관계가 있다. 예를 들어 마리오가 버섯을 먹어 몸집이 커지면 머리로 벽돌을 부술 수는 있지만, 좁은 공간으로 들어갈 수는 없다. 더 어렵거나 더 쉬운 지역이나 레벨로 이동하

는 결정과 마찬가지로 이러한 선택은 다음에 무슨 일이 일어날지, 플레이어가 어떤 종류의 저항을 마주칠지에 영향을 준다. 하지만 이러한 전략적인 선택에서 플레이어가 선호하는 선택은 자신의 플레이 방식, 그리고 동사의 사용에 있어 선호하는 유형에 달려 있다. 작은 마리오일 때 플레이어는 더 쉽게 죽는다. 슈퍼 마리오일 경우 적에 한 번 부딪혀도 목숨을 잃지 않고 살아남을 수 있기 때문이다. 하지만 〈슈퍼 마리오브라더스〉의 고수들은 대부분 작은 마리오를 선호한다. 몸집이 작을 때 치명적인 장애물과 적을 피하기가 더 수월하기 때문이리라!

플레이어가 동사를 사용하기로 결정을 내리고 체계를 밀고 나갈 때마다 우리는 선택이 만들어지고 있음을 볼 수 있다. 이 선택은 어떤 일이 일어나는지 보기 위해, 도전을 극복하려고 노력하기 위해, 어떤 목표를 달성하기 위해 게임에 계속 머무르게 하는 근본적인 선택이기도 하다. 〈레더〉에서 플레이어가 위험한 전기 충격 장치를 피하기 위해 '점프하기'라는 동사를 언제 사용할지 결정을 내리는 순간 플레이어는 특정한 선택을 내린 것이다. 즉 정확한 타이밍에 점프하면 게임을 계속할 수 있지만, 잘못된 타이밍에 점프 동사를 사용하면 아바타는 죽어버리고 마지막 체크포인트 지점으로 되돌아가게 된다. 어느 방향으로 탐험할지 결정하는 행위나 어려워 보인다는 이유로 방을 탈출하는 행위는 이것과는 전혀 다른 종류의 선택으로, 〈플로우〉에서 더 깊고 어려운 바닷속으로 잠수할지, 더 쉬운 수면 쪽으로 올라올지 결정하는 선택에 가깝다. 이러한 종류의 선택은 플레이어가 마주칠 저항에 영향을 미치며, 게임의 전개 속도를 플레이어가 스스로 선택하게 하거나 특정한 종류의 저항은 아예 마주치지 않게 한다.

〈완다와 거상Shadow of the Colossus〉(2005)에서 플레이어는 광활한 산악 지대를 누비면서 거상을 찾아야 한다. 돌과 금속으로 만들어진 거상을 무찔러야만 다음 도전으로 넘어갈 수 있다. 플레이어의 핵심 동사에는 '기어오르기', '점프하기', 거상의 거대한 몸뚱이에 '매달리기', 거상을 서서히 쓰러뜨리기 위해 '찌르기'가 있다. 그 외의 역할이 있는 동사는 바로 '말 타고 달리기'다. 말 타고 달리기는 전투에서도 유용한 기술이지만, 이 게임에서 가장 많이 쓰이는 용도는 각기 다른 거상이 머무는 게임 세계의 다양한 지역 사이를 이동하는 것이다.

플레이어는 거상과의 전투에서 승리할 때마다 게임을 시작했던 중앙 지점으로 귀환한다. 중앙 지점은 커다란 탑이 산맥으로 삥삥 둘러싸인 광활하고 텅 빈 평야 한복판에 솟아 있는 곳이다. 다른 거상을 찾기 위해서는 평야를 가로질러 다른 지역을 찾아가야 하며, 이때 이동하는 거리는 말을 타고 달려야 할 만큼 상당히 멀다. 중앙 평원에는 이렇다 할 볼거리가 없다. 〈완다와 거상〉은 마을도, 흥미로운 장소도 없으며, 이미 오래전에 버려진 듯한 부스러지는 폐허만이 존재하는 공간에서 펼쳐진다. 이 공간에서 말을 타고 이동하는 일은 전혀 어렵지 않으며, 특별한 전략이나 의사결정조차 필요 없다. 단지 말을 타고 어디론가 달리면서 이따금 버튼을 눌러 말을 채찍질하면 그뿐이다. 플레이어는 부적을 사용하면 다음 거상을 만날 수 있는 장소를 가리키는 빛을 나타나게 할 수 있으므로 어느 방향으로 가야 할지 알아내기 위한 탐색이라는 중요한 도전조차 없다.

〈완다와 거상〉이 이렇게 일부 플레이어(그리고 게임에 대해 글을 쓰는 리뷰어)들이 지루해질 수 있다고 생각할 정도로 긴 이동 시간을 필요로 하는 이유는 무엇일까? 전투와 이동 사이의 대조는 의도적인 것으로 보인다. 말을 타고 평야를 달리는 일은 체계의 저항으로부터의 휴식이자, 플레이어가 전개 속도를 조절할 수 있는(혹은 단순히 게임 세계의 풍경과 소리를 감상할 수 있는) 기회다. 일부 플레이어에게 저항이 없는 순간은 현실 세계에서 이동 시간이 그렇듯 잠시 멈춰서 성찰할 기회를 제공한다. 어쩌면 이 거대하고 고독해 보이며 평화로워 보이기까지 하는 생명체를 왜 죽여야 하는가와 같은, 게임에 대한 더 큰 질문을 고민해볼 기회일 수도 있다. 플레이어가 휴식을 끝내는 순간 게임의 목표는 다시 눈앞에 나타난다.

목적의 확장

게임은 어떻게 플레이할지 뿐만 아니라 어떤 결말을 향해 나아갈지, 즉 게임에서 어떤 목표를 성취하려고 하는지를 플레이어가 직접 결정하게 하는 방법으로 저항의 공간을 확장할 수 있다. 〈툼드〉 같은 게임에는 아래로 도망쳐 살아남아야 한다는 단 하나의 단순한 목표밖에 없다. 〈레더〉는 다이아몬드 모양의 오브젝트를 게임 세계 곳곳에 흩어놓은 방식을 통해 플레이어들이 각기 다른 오브젝트를 추구하게 만든다. 게임 개발자는 게임에 여러 개의 목표를 넣고 어떤 목표를 일 순위로 추구할지(혹은 전부 다 추구할지) 플레이어가 결정하게 할 수 있다. 한편 아무리 여러 개의 목표가 있더라도 무엇을 추구할 것인가에 대한 플레이어의 선택은 주어진 목록 내에서만 가능하다는 제약이 있다. 뜻밖의 가능성을 만들어낼 수 있는 복잡한 체계를 가진 게임에서는 플레이어가 자신만의 목표를 생각해낼 수도 있다. 어쩌면 게임 개발자가 상상조차 못 했던 것으로 말이다.

〈폴아웃: 뉴베가스Fallout: New Vegas〉(2010) 같은 **오픈월드**open world 게임은 플레이어가 선택할 수 있는 다양한 목표를 제공함으로써 플레이의 공간을 확장한다. 뉴베가스는 아주 거대한 세계로, 다양한 물건이 넘쳐나고, 컴퓨터가 제어하는 다양한 캐릭터를 만날 수 있으며, 수많은 위험한 만남을 극복해야 하는 세계다. 플레이어가 사막과 고속도로를 가로지르는 동안 무수히 많은 흥미로운 장소가 나타난다. 이 장소들은 플레이어 시점에서도 보이고, 지도에서도 보이는데, 플레이어가 근처를 통과하거나 다른 캐릭터로부터 그 장소에 대한 이야기를 듣게 되면 지도는 점점 더 많은 아이콘으로 채워진다. 〈폴아웃: 뉴베가스〉 같은 게임은 플레이어가 계속해서 게임 세계를 밀고 나가고 탐험해나가면서 플레이어가 추구할 수 있는 수많은 임무가 쌓이고 흥미로운 장소들을 멀리에서 목격함에 따라 결과적으로 어지러울 정도로 많은 목표를 갖게 된다. 모든 장소는 저마다 고유한 도전과 특정한 형태의 저항이 있다. 어떤 곳에서는 죽이려고 덤벼드는 살인강도들이 우글거리는 주유소가 나타나는가 하면, 어떤 곳에서는 잡담과 거래를 원하는 친절한 상인이 나타나기도 한다. 정확히 무슨 일이 벌어질지는 게임에 딸려 나오는 두꺼운 공략집을 펼쳐 놓고 플레이하지 않는 이상 불확실하다. 이 불확실성이 바로 열려 있고 선택으로 이루어진 경험을 만든다. 즉 플레이어는 다음에 벌어질 일을 절대 예측할 수 없다.

한편 시뮬레이션 게임은 주로 플레이어에게 어떤 명시적인 목표도 주지 않는다. 이 범주는 **샌드박스**sandbox 게임이라고도 불리는데, 플레이어가 게임 체계, 즉 동사와 오브젝트들이 전개되는 방식을 탐험하게 하고 자신만의 목표를 찾게 하는 방식 때문이다. 〈심즈The Sims〉(2000)에서 플레이어는 가상 캐릭터(심)를 위해 집을 짓는다. 심은 스토브를 이용해 요리를 하거나 화장실을 사용하는 등 집 안에 있는 오브젝트와 상호작용할 수 있다. 플레이어는 이 가상 인형집에 어떤 오브젝트를 넣을지 결정하고, 그 오브젝트와 상호작용하도록 심에게 명령을 내릴 수 있다. 비록 심에게는 설정된 욕구가 있어 배가 고프면 음식을, 사회적 교류를 원한다면 말벗을 찾아서 돌아다니지만 말이다. 심의 욕구를 플레이어가 직접 제어할 수는 없다. 이들은 시간이 지나면 저절로 허기와 졸음을 느낀다. 심들의 욕구가 커지면서 저항의 느낌도 달라진다. 가령 플레이어가 두 명의 심을 만나게 해서 서로 대화하게 하더라도, 근처에 있던 세 번째 심은 먹을 것을 찾지 못하면 광분해 날뛸 것이다.

〈심즈〉를 플레이하는 목표는 플레이어의 몫으로 남겨져 있는 것처럼 보인다. 설령 심이 오줌이 흥건히 고인 마룻바닥에 탈진해서 쓰러질 때까지 침대나 화장실을 넣지 않고 끝까지 버티며 고문하더라도 이 게임에는 '게임 오버'도 없고 실패를 암시하는 표시도 없다. 많은 시뮬레이션 게임과 마찬가지로 〈심즈〉도 하나씩 차근차근 수행해나가야 하는 명시적인 임무나 목표를 주지 않는다. 굶주리고 불결한 심이 사는 집을 만들면 어떻게 될지, 영양 상태가 좋고 돈을 잘 버는 심이 사는 행복한 가정을 꾸리면 어떻게 될지 확인해보는 것은 플레이어의 몫이다. 그러나 동시에 게임은 여전히 가상 가정이 어떤 모습이어야 하는지에 대한 '의견'을 가진 것처럼 보인다. 〈심즈〉는 플레이어에게 더럽고 탈진한 심이 이상적인 상태가 아니라는 의견을 전달하기 위해 직접 플레이어를 처벌하지는 않는다. 심이 스스로 불행을 표현하고, 집을 떠나 일터로 갔을 때 플레이어가 사용할 자원을 많이 벌어오지 못한다.

〈심즈〉에는 묵시적인 목표가 있다. 이 목표는 다음 설명을 읽으면 명확해진다. 플레이어가 심을 잘 돌본다면 집에 더 좋은 편의 시설과 가구를 사들일 수 있는 더 많은 돈이 들어오며, 더 좋은 물건은 다시 심의 욕구를 더 효율적으로 충족해줄 수 있다. 가장 멋진 침대와 컴퓨터는 가장 효율적이면서 가장 비싼 제품이기도 해서 플레이어에게 효율적으로 가정을 꾸리도록 요구한다. 명시적으로 언급되지는 않을지라도 〈심즈〉의 묵시적인 목표는 노동과 소득과 기본 욕구 충족이 맞물린 쳇바퀴를 잘 굴리는 것이다. 우리의 일상에서 매우 친숙한 개념이다. 이 묵시적인 목표는 보상을 통해 강화되는데, 이 내용은 이번 장의 뒷부분에서 다시 설명하겠다. 요컨대 가장 좋은 물건을 원한다면 심을 잘 돌봐야 한다.

〈심즈〉에서 '승리'를 거머쥐는 명시적인 방법은 없지만 우리들 대부분이 멋진 삶으로 여기는 삶을 심에게 선사하기 위해서는 돈을 벌고, 물건을 사고, 더 좋은 물건을 사기 위해 더 많은 돈을 벌어야 하는 단순한 자본주의 체계에 익숙해져야 한다. 그럼에도 플레이어가 이 목표를 추구하지 않기로 하는 대신 소박하거나 불결한 삶을 선택하더라도 게임은 강한 저항을 가하지 않는다. 점수를 박탈하거나 처음부터 다시 시작하게 하는 과격한 형태의 저항 대신 〈심즈〉는 주로 불행을 느끼는 심의 울상 지은 얼굴로 표현되는 온건한 형태의 저항을 갖고 있다. 심을 울렸다고 해서 게임 체계나 상태에 뭔가 변화가 생기지는 않지만, 여전히 이것은 감정적 신호다. 자식 같은 심을 슬프게 만들다니! 이것은 플레이어가 해석하기 나름인 일종의 저항이다. 어쩌면 스스로를 가상 존재를 학대하는 잔인한 고문관처럼 느낄지도 모르니까!

일부 샌드박스 게임은 여기서 한 발 더 나아가 플레이어가 플레이 주제를 제시하는 주체가 되는 열린 형태의 게임 대화를 만든다. 〈마인크래프트^Minecraft〉(2009)가 〈심즈〉와 다른 점은, 일터로 가서 돈을 벌어오는 경제 체계가 없다는 점이다. 그 대신 수십 종에 달하는 다양한 정육면체 블록으로 이루어진 광활한 자연으로부터 원료를 채취해야 한다. 플레이어는 샌드박스 세계를 채울 오브젝트의 종류뿐만 아니라 원료를 가공해 오브젝트를 만드는 방법도 알아내야 한다. 도구를 써서 16개의 나무를 채취하고, 또 다른 도구를 써서 16개의 나무를 4개의 합판으로 만들면 마침내 합판을 의자로 바꿀 수 있다. 〈심즈〉에서처럼 〈마인크래프트〉에도 다양한 오브젝트 목록 중에 더 비싸고 입수하기 어려운 아이템이 있다. 다만 그 비용이 화폐가 아닌 원료와 다단계 공정일 뿐이다. 특히 저항이라는 측면에서 여전히 더 흥미로운 점은, 〈마인크래프트〉의 경우 플레이어에게 다양한 부품과 도구를 만들게 하고, 다시 그 부품을 합쳐 새로운 장치를 만들게 한다는 점이다. 진취적인 플레이어들은 게임 체계에서 제공하는 단순한 기계 부품과 전기 부품을 가지고 엘리베이터를 만들었을 뿐만 아니라 전자계산기까지 만들어내는 기염을 토했다.

〈마인크래프트〉의 부품 체계는 게임 개발자가 상상조차 하지 못했던 가능성을 플레이어가 생각해낼 수 있을 만큼 상당히 복잡하다. 플레이어는 어려운 도전에 대처하는 법이나 동사를 사용하는 법에 대한 선택을 내리는 데 그치지 않는다. 체계에서 어떤 목표를 추구해야 하는지, 그 목표를 어떤 속도로 추구해야 하는지 결정하는 데서 그치지도 않는다. 그 대신 자신만의 저항을 공들여 만든다. 조명 스위치가 가득한 집 짓기처럼 게임의 기존 구조를 재조합함으로써 가능해지는 새로운 도전과 목표를 만드는 것이다. 게임 개발자가 미리 정해놓은 선택사항 중에서 고르는 대신 자신의 상상력이나 다른 플레이어가 꿈꿔온 발상에서 나온 가능성들을 채택한다.

한 가지 짚고 넘어갈 만한 점은 〈마인크래프트〉처럼 결말이 없는 게임조차 참여자가 어떤 그림이든 그릴 수 있는 하얀 캔버스와는 다르다는 점이다. 게임에서 가능성의 형태는 비록 예상하지 않았던 결과가 나올 가능성은 있지만, 기본적으로는 게임 개발자가 집어넣은 구조와 규칙, 구성 요소들로부터 만들어진다. 이것은 부분적으로 게임을 만드는 일을 독특한 보람을 느낄 수 있는 활동으로 만들어주는 요소이기도 하다. 게임 개발자는 플레이어가 할 모든 종류의 선택에 토대 역할을 할 구조를 만들어낸다. 플레이어가 게임을 자신만의 것으로 만들고 독창성과 선택으로 게임 개발자를 놀라게 할 방법도 포함해서 말이다. 〈마인크래프트〉의 구조에 내재하는 저항은 무슨 일이 일어날지 결정하는 일련의 규칙에서 나온다. 플레이어는 단순히 스위치 옆에 플랫폼을 세우고 이것을 엘리베이터로 바꿀 수는 없다. 체계는 그보다 훨씬 더 복잡하며, 오브젝트들이 상호작용하는 방식에 대한 더 깊은 이해도를 필요로 한다. 이런 식으로 열려 있는 게임이 더 제한적인 형태의 저항으로 플레이어를 밀어내는 게임보다 반드시 더 낫다는 뜻도, 반드시 더 재미있다는 뜻도 아니다. 두 가지는 단지 종류가 다른 대화일 뿐이며, 구두로 하는 대화에서처럼 모든 것이 같은 방식으로 작동했다면 게임 세계는 지금만큼 흥미로운 장소가 되지 못했을 것이다.

　우리는 게임에서 플레이어에게 주어지는 선택의 공간을 확장하거나 축소함으로써 플레이어가 저항의 형태를 바꾸게 할 수 있다. 가장 축소한 형태에서 플레이어는 주어진 동사를 실험해보거나 언제 사용할지 선택할 수 있다. 〈슈퍼 헥사곤〉에서 지금이 왼쪽 또는 오른쪽으로 이동할 정확한 타이밍인가? 〈툼드〉에서 아래로 내려가기 위해 파야 할 최적의 장소는 어디인가? 저항의 형태를 확장하면 선택은 변화한다. 얼마나 많은 저항이 존재하고, 얼마나 빨리 나타날 것인가? 〈플로우〉에서 더 도전적인 깊은 바다로 헤엄쳐갈 것인가, 아니면 〈완다와 거상〉에서 다음 전투에 임하기 전에 조용한 초원에서 말을 타고 달리며 시간을 보낼 것인가? 우리는 플레이어가 어느 동사를 사용할지에 대한 선택을 확장할 수도 있다. 그 동사가 결투 게임에서 무기를 선택하는 것이든, 슈퍼 마리오로 플레이하기 위해 슈퍼 버섯을 먹을지 결정하는 것이든 말이다. 마지막으로 게임 내 저항의 형태를 플레이어가 자신만의 선택을 내릴 수 있는 지점까지 철수한다면, 플레이어가 어느 목표를 추구할지 결정하게 할 수 있다. 심지어는 플레이어로 하여금 자신만의 목표를 생각해내게 하면서 왜 플레이하고 싶은지, 어떤 결말을 원하는지에 대한 큰 질문으로 이끌 수도 있다.

보상이라는 유인

난이도와 도전의 흐름은 플레이어를 각기 다른 정도로 밀어내는 일종의 저항으로, 플레이어가 게임 체계를 다시 밀고 나가고 장애물을 극복하며 게임에 대한 이해도를 높이게 한다. 플레이어도 체계를 밀고 나가는 과정에서 체계의 가능성을 탐험하면서 저항을 발견한다. 체계가 무엇을 할 수 있는지 알아내는 것이든, 체계의 구조화된 규칙 내에서 자신만의 목표와 전략을 생각해내는 것이든 말이다. 저항이 플레이어와 게임 사이에서 끊임없이 발생하는 대화의 밀고 당기기를 바라보는 한 관점이라면, 우리는 플레이어를 밀어내는 방법뿐만 아니라 끌어당기는 방법도 찾아야 그들을 앞으로 나아가게 독려할 수 있다.

게임 개발자는 자신이 만든 게임이 플레이어와 대화하는 순간에 그 자리에 없는 탓에 플레이어에게 '좋아! 계속 그렇게 해! 잘했어!'와 같은 신호를 전달할 체계를 개발한다. 이러한 종류의 긍정적 피드백은 흔히 보상으로 간주된다. '올바른 행동을 하는' 플레이어에게 보상을 주는 전통은 도박을 비롯해 스포츠 토너먼트 경기의 트로피와 상금 등 다양한 종류의 게임 역사 속으로 거슬러 올라간다.

게임 속에서 얻는 보상의 실용적인 가치를 목적으로 게임을 플레이하는 사람은 아마 없을 것이다. 사람들은 게임 그 자체를 목적으로 플레이한다. 게임이 재미있거나 의미 있거나 보상을 줄 거라고 기대하기 때문이다. 만약 게임이 그 자체로 본질적으로 성취감을 준다면, 보상이란 것이 필요할까? 보상을 게임이 플레이어와 나누는 대화 중에 가미되는 피드백으로 보는 편이 훨씬 타당할 것이다. 싱글 플레이어 게임에서 우리는 독려 차원에서 게임 곳곳에 보상을 넣는다. 플레이어가 제대로 가고 있음을 말해주기 위해서다. 그럼에도 보상의 시각적 언어는 주로 노력에 대한 대가를 받은 느낌, 즉 어떤 가치가 있는 상을 받은 느낌을 준다. 이러한 보상들이 어떤 모양이고 어떤 효과음을 내는지 몇몇 사례가 금방 떠오를 것이다. 반짝이는 동전, 바닥에 통통 튀는 별, 보물이 넘쳐흐르는 보물상자에 희망과 승리감을 주는 음악이 깔리고 레벨 통과를 선포해주는 커다란 글자가 따라나온다. 〈페글Peggle〉(2007)은 보상의 느낌을 주기 위해 사용된 게임의 상황적 요소로 가장 유명한 사례의 하나다. 플레이어가 공을 튕겨 화면 하단 가운데에 있는 구멍에 넣는 데 성공하는 순간, 화면에는 불꽃이 터지고 베토벤의 '환희의 송가'가 우렁차게 울려 퍼진다. 참으로 화려한 장면이다.

앞서 언급한 다른 종류의 피드백과 마찬가지로, 플레이어가 체계를 밀고 나가서 뭔가 '올바른' 행동을 한 순간을 알게 하는 일은 중요하다. 이 과정을 통해 플레이어는 게임을 플레이하는 동안 체계의 형태를 이해한다. 대화의 목적은 무엇인가? 플레이어는 자신이 제대로 가고 있는지를 어떻게 평가할 것인가? 게임에서 밀고 나갈 수 '없는' 장소임을 나타내고자 데인저 제인이 벽을 밀어봐야 헛일임을 보여주거나 삽으로 팔 수 없는 금속 블록을 내려칠 때 '팅' 소리가 나는 것처럼, 우리는 게임을 밀고 나갈 수 '있는' 장소도 아주 명확하게 보여줘야 한다.

하지만 보상을 의미하는 시청각적 신호를 아무 때나 퍼붓는다면 불필요하고 무의미한 짓이 될 것이다. 마치 친구와 대화를 나눌 때 친구가 말한 내용을 이해했을 때마다 색종이 조각을 뿌리고 환호성을 지르는 꼴이다. 체계를 통한 대화에서 플레이어를 끌어당기는 보상은 반드시 의미 있는 순간에 등장해야 한다. 사람들이 리본을 던지고 있다는 이유만으로 모든 축하파티가 달갑지는 않듯이, 게임에서 보상의 느낌도 플레이어가 거기에 이르기까지 어떤 노력을 했는지에 맞춰져야 한다.

보상은 플레이어의 여정에서 마일스톤을 표시하고 게임의 부분과 부분을 분할하는 훌륭한 장치다. 〈슈퍼 마리오브라더스〉에서 몇 분에 걸쳐 적과 함정과 진로를 방해하는 위험물들을 모두 헤쳐나가는 데 성공하면 문밖에 깃대가 있는 성에 도달한다. 많은 게이머에게 익숙한 이 장면은 여정에서 잠시 쉬어갈 때임을 알려준다. 짧긴 하지만 여전히 집중하던 일에서 긴장을 늦추고 안도감을 누릴 수 있는 휴식이다. 마리오가 성 안으로 들어가면 불꽃이 터진다. 일순간 전개 속도가 느려지면서 시각적 보상이 등장한다. 이 모든 요소는 한 부분을 통과했고 다음 부분이 시작되기 전에 잠시 쉬어갈 시간임을 표시해준다.

모든 게임이 이런 식으로 분할되는 것은 아니지만, 이러한 휴식기는 플레이어에게 성공적으로 게임을 밀고 나가고 있다는 신호를 전달해주는 유용한 순간이다. 플레이어가 끝내는 게임의 한 구간이란 〈슈퍼 마리오브라더스〉의 한 스테이지일 수도 있고, 롤플레잉 게임에서 캐릭터의 레벨업, 임무 목표의 완수, 게임 세계의 한 구역에 대한 정찰 완료일 수도 있다. 한 구간을 끝낸 데서 오는 안도감은 게임의 저항에 대해 반응하고 결정을 내려야 하는 압박으로부터의 해방이자, 잠시 멈추고 자축하는 순간이다.

렉살로플 게임스^{Lexaloffle Games}가 개발한 〈캣 캣 워터멜론^{Cat Cat Watermelon}〉(2010)은 20개 레벨로 나뉘며, 각 레벨은 직전 단계보다 더 어려운 도전을 제시한다. 플레이어는 고양이, 수박, 비치볼 등 다양한 오브젝트를 기술적으로 위로 포개 쓰러지지 않도록 탑을 쌓아야 한다. 주어진 레벨에서 모든 오브젝트를 쌓는 데 성공하면, 레벨을 통과했음을 말해주는 지극히 교과서적인 승리의 메시지가 적힌 표지판이 튀어나온다. 표지판은 얄궂고도 고의적으로 플레이어가 방금 쌓은 탑을 쳐서 정성스레 쌓은 모든 오브젝트를 무너뜨린다. 게임에서 성공의 순간이 심지어 방금 성취한 결과물로부터도 해방감을 줄 수 있음을 보여주는 아주 훌륭한 예다. 만세! 레벨 통과! 이제 모든 것을 치운다. 금화가 와르르 쏟아지거나 태양 광선이 뻗어 나가지는 않을지라도 이 표지판 역시 일종의 보상이다. 플레이어의 성취를 인정해주는 상징이자 하나의 표식이다. 과거의 잔해를(방금 성취한 결과물을) 깨끗이 치워버림으로써 이 표지판은 플레이어를 다음 도전으로 끌어당긴다.

물론 이 방법이 플레이어가 특정 지점까지 게임을 성공적으로 밀고 나갔음을 표시해주는 유일한 방법은 아니다. 정반대로 하는 게임도 쉽게 생각해볼 수 있다. 게임의 한 구간, 일련의 과제, 또는 유난히 어려운 도전을 끝냈을 때 메달이나 기념품 같은 성공의 증표를 주는 것이다. 이것은 전적으로 게임의 대화에서 어떻게 지나간 기억을 표시하고, 어떻게 플레이어가 게임의 가능성을 더 많이 탐색할 수 있는 미래로 가는 길을 열기를 바라는가에 달려 있다.

이 책의 앞부분에서는 플레이어에게 새로운 동사를 소개할 때 무슨 일이 일어나는지, 그리고 동사를 사용하는 법에 대한 플레이어의 이해도와 함께 동사가 어떻게 발전하는지에 대해 두루 살펴봤다. 더 많은 동사를 포함하도록 게임의 대화를 확장하는 것은 흥미로운 순간이며, 주로 보상의 순간을 만들어내는 데 사용된다. 플레이어가 게임을 성공적으로 밀고 나가 추구하던 것을 성취했을 때 게임의 동사와 체계에 대한 플레이어의 이해도는 바라건대 커졌을 것이다. 새로운 동사를 소개하는 것은(혹은 동사를 사용하는 새로운 방법을 소개하는 것은) 경험이 흥미롭게 흘러가도록 유지하는 데 유용하다. 비슷한 이유로 동사를 사용할 새로운 오브젝트를 소개하는 것 역시 흔한 형태의 보상으로, 탐험할 새로운 구역, 맞서 싸울 새로운 적수, 넘어야 할 새로운 장애물 등 형태는 다양할 수 있다. 게임의 새로운 구역을 해제하는 것은 '쏘기' 동사를 사용하게 해줄 총기를 찾았을 때와 똑같은 보상처럼 보이지는 않겠지만, 둘 다 의미 있는 보상이다. 둘 다 플레이어로 하여금 경험의 새로운 부분을 밀고 나가게 하기 때문이다. 이러한 보상은 플레이어가 과거에 한 성취와 다음에 해야 할 성취 사이를 연결하는 역할을 한다.

자원

금화로 가득 찬 보물상자는 재물을 상징하는 가장 전통적 형태의 보상 중 하나일 것이다. 현실에서처럼 게임 안에서도 돈의 가치는 그 돈으로 무엇을 살 수 있느냐에 달려 있다. 화폐와 여러 가지 소모성 자원은 '소비하기'와 '모아두기' 같은 특정한 종류의 동사를 활성화하는 수단으로 간주할 수 있다. 화폐는 유동적인 보상으로 흔히 숫자로 표현되기 때문에 게임 개발자에게 활용도가 높은 수단이다. 플레이어는 화폐의 일부를 새로운 동사 혹은 새로운 오브젝트에의 접근과 교환할 수도 있고, 나중에 나올 다른 무언가를 기대하며 계속 모아둘 수도 있다. 모든 소모성 자원이 돈과 비슷한 것은 아니다. 가령 '스킬포인트$^{skill\ point}$'는 또 다른 유형의 화폐로, 보통 플레이어가 게임의 특정 시점에 도달한 후에 보상으로 주어진다.

플레이어가 소비하거나 모아둘 수 있는 모든 수치는 화폐 보상, 즉 다른 동사를 활성화하는 수단으로 간주할 수 있다. 예를 들어, '탄약'은 많은 게임에서 '쏘기' 동사를 활성화하는 소모성 자원이다. '체력'은 플레이어가 힘겹게 헤쳐나가야 하는 상황에서 닳지 않도록 조심해야 하는 특별한 종류의 소모성 자원으로, 완전히 닳지 않도록 충분히 모아둬야 한다. 체력을 모두 잃으면 '죽음'에 이른다. 죽음의 의미는 게임마다 제각기 다르긴 하지만, 흔히 처음부터 다시 시작하거나 벌칙을 적용받거나 일종의 후퇴 상태를 경험하게 된다.

롤플레잉 게임을 하는 플레이어들은 '경험치'라는 개념에 익숙하다. 경험치는 지금까지 나온 것과는 또 다른 종류의 자원으로, 선택은 거의 개입되지 않는다. 경험치는 특정한 수치에 이를 때까지 자동으로 모이다가 새로운 레벨에 도달하는 데 쓰이는데, 그 시점에 주로 소모성 자원이나 새로운 동사, 게임 내 새로운 지역에 대한 접근의 형태로 보상을 준다. 경험치를 화폐로 볼 수는 없다. 기본적으로 게임 경험의 다음 부분으로 나아가는 진척도를 표시해주는 역할만 하기 때문이다.

막다른 보상

게임 개발자는 화려한 시청각적 피드백이라는 부가 기능에서부터 산더미 같은 소모성 자원(때론 소비하고 모아두는 것에 대한 결정이 무의미할 정도로 막대한 양의 자원)에 이르기까지 플레이어가 게임에 흥미를 느끼도록 유인하기 위해 다양한 방법을 창안해왔다. 또한 많은 게임이 이야기를 플레이의 대화 속에 엮어 넣기도 하는데, 이 주제는 7장 '스토리텔링'에서 좀 더 자세히 살펴본다. 게임을 플레이하는 동안 자극과 유인, 긴장과 이완이라는 경험은 그 자체로 서사적인 흐름을 갖고 있다.

이미 결정된 이야기를 말하고 싶어하는 게임 개발자들은 화면 속 두 인물 사이의 정해진 대사나 플레이어는 개입하지 않는 컷신을 통해 한 번에 조금씩 전달하는 방법을 택한다. 이러한 극적 요소가 가미된 막간은 게임플레이 사이사이에 들어가므로 실제 게임플레이의 흐름을 방해하지는 않는다. 그래서 여타 보상이나 게임의 저항으로부터의 휴식기와 같은 시간에 일어난다. 이야기 감상에서 얻을 수 있는 즐거움 역시 보상이기 때문이다. 하지만 이야기를 보상으로 사용하는 전략은 다소 위험성이 있다. 이야기가 다음 장면에 도달할 만큼 매우 흥미롭다면, 적어도 일부 플레이어에게만큼은 이야기를 경험하는 것이 플레이를 하는 진짜 목적이 되어버릴 수 있다. 이야기에 관해서는 다음 장에서 다시 다룰 텐데, 지금은 체계와 저항의 형태에서 독립적으로 존재하는 이야기 보상이 막다른 보상 역할을 한다는 정도로만 이해하고 넘어가자. 이야기 보상은 플레이어에게 새로운 동사를 주는 보상과 같은 방식으로 지금 하고 있는 플레이에 대한 피드백을 주지 않는다.

업적[achievement]은 또 다른 종류의 막다른 보상으로, 엑스박스 라이브와 플레이스테이션 온라인 같은 온라인 게임 네트워크를 통해 대중화됐다. 업적은 의도적으로 게임플레이가 일어나는 체계의 외부에 존재한다. 온라인 네트워크 체계 내에 업적이 기록되지만, 업적을 추적하고 사용하는 별도의 방법이 없는 한 게임의 다른 부분에는 아무런 영향을 미치지 않는다. 게임플레이의 일부로 기능하지 않는 이야기 보상과 마찬가지로 업적은 대화의 밖에 놓여 있으며, 순수하게 보상

그 자체만을 목적으로 추구되어야 한다. 이러한 막다른 길을 피하려면 게임 개발자가 게임 내에 업적 체계를 복제해야 하다 보니 많은 업적이 게임을 흥미롭게 만드는 요소와 무관한 것은 어찌 보면 당연하다.

가장 덜 흥미로운 종류의 업적은 게임 자체의 보상과 진척 체계를 그대로 복제한 게임을 단지 플레이만 하면 쉽게 획득할 수 있는 것, 혹은 무수한 적을 죽이거나 엄청난 양의 자원을 모으는 것처럼 업적이 없다면 추구하지 않을 법한 반복적인 행위를 유도하는 것이다. 진정한 보상을 줄 수 있는 흥미로운 업적을 개발할 수야 있겠지만, 이야기와 마찬가지로 이것 역시 게임 개발자가 업적 요소를 자신이 만든 게임 체계에 어떻게 통합할지 알고 있는 경우에만 효과적인 경향이 있다. 그 결과, 온라인 네트워크의 업적 체계는 단순히 엑스박스 게임에 얼마나 많은 시간을 갖다 바쳤느냐를 보여줄 뿐인 엑스박스 게이머 점수를 쌓는 데 관심이 없는 대부분의 플레이어에게는 불필요한 요소가 된다.

시간과 벌칙

보상은 플레이어를 밀어내는 대신 끌어당기는 형태의 저항이다. 보상의 순간은 플레이어가 게임을 계속 밀고 나가도록 독려한다. 어려운 도전은 게임의 규칙과 더불어 플레이어가 극복해야 하는 저항을 이루는 구조다. 물론 우리는 게임이 플레이어를 밀어내는 또 다른 수단을 논하지 않고 보상과 난이도를 논할 수는 없다. 또 다른 수단은 바로 **벌칙**punishment이다. 벌칙의 순간은 〈툼드〉에서처럼 스파이크월에 찔려 죽든, 무수히 많은 게임의 체계에서처럼 적과의 전투 중에 체력이 완전히 닳아버리든, 플레이어가 실수하거나 실패할 때 발생한다. 보상이 플레이어를 앞으로 나아가게끔 독려하는 '당근'이라면, 벌칙은 체계가 권장하지 않는 어떤 행동을 취했거나 그러한 상황에 빠졌을 때 신호를 주는 '채찍'이다.

벌칙은 플레이어가 금속 바닥은 삽으로 팔 수 없다는 규칙을 마주쳤을 때처럼 플레이어의 행동을 단순히 차단하기만 하는 것은 아니다. 그 대신 주로 플레이어를 이미 경험한 과거로 돌려보낸다. 〈툼드〉에서 스파이크월이 데인저 제인의 모자 윗부분에 닿으면 제인이 화면 밖으로 추락하면서 장면이 끝나버린다. 그런 다음 시간상으로 좀 더 앞선 순간, 즉 제인이 어느 깊이까지 하강했는지 게임이 보이지 않게 기록했던 마지막 시점으로 초기화된다. 작은 깃발이나 다른 표지물로 표시되는 이 순간을 **체크포인트**^{checkpoint}라고 부르는데, 〈레더〉의 화성 풍경을 탐험하는 동안 자주 지나치게 되는 작은 흰색 기둥이 바로 체크포인트다(그림 6.11 참조). 플레이어를 체크포인트로 돌려보내는 것은 대화의 일부를 반복하는 것과 같다. 대화의 참여자 중 한 명이 이해하지 못했거나 반응을 바꾸기 위해 다시 논의할 필요가 있는 어떤 대목을 반복하기 위해서다.

그림 6.11 〈레더〉에서 체크포인트로 돌려보내진 플레이어

많은 게임에서 플레이어는 게임을 저장함으로써 자신만의 체크포인트를 만들 수도 있다. 게임에서 '죽음'처럼 경험을 종결해버리는 어떤 벌칙을 받게 되면 플레이어는 자신이 저장했던 순간으로 되돌아갈 수 있다. 체계에서 자신만의 체크포인트를 관리할 수 있는 수단을 제공하든, 경험 중에서 미리 지정된 지점에 체

크포인트를 갖고 있든, 어차피 플레이어는 이미 했던 것을 반복하도록 과거로 보내진다. 이러한 형태의 벌칙은 〈삼체문제〉와 〈슈퍼 헥사곤〉처럼 단순히 '게임 오버'로 플레이어를 처벌하는 게임에도 존재한다. 다만, 두 게임의 경우 많은 고전 아케이드 게임에서처럼 플레이어가 경험의 맨 처음으로 되돌아가 아예 새로 시작해야 한다. 전체 체계가 초기화되는 것이다.

스포츠나 보드 게임 같은 비디지털 게임에서 실수는 게임의 패배로 이어질 수 있는데, 이 경우도 사실상 체계가 초기화된다. 체스나 농구에서 패배한 후에 다시 플레이하고 싶다면 처음부터 다시 시작해야 한다. 그런가 하면 훨씬 점진적인 벌칙도 있다. 체스 말을 잡히기 쉬운 지점에 놓으면 상대방이 그 말을 빼앗아버려 본인의 말이 한 개 줄어든다. 농구에서는 공을 드리블하지 않고 세 걸음을 걷는 등 게임 규칙을 위반할 때 벌칙을 준다. 이 경우 벌칙은 공이 상대편으로 넘어가는 것이다. 이러한 종류의 벌칙은 게임이 상대편에 유리하게 흘러가게 하는 효과가 있어 상대편은 승리할 확률이 높아지고, 본인은 패배할 확률이 높아진다.

하지만 싱글 플레이어 게임에서 유일한 상대는 체계 그 자체다. 점진적인 벌칙(체력을 일부 잃는 것)은 있을지라도 플레이어가 마지막 벌칙에 도달한다고 해서 항상 전체 게임을 초기화하지는 않는다. 전체 게임을 초기화하더라도 플레이어에게 재도전할 수 있는 선택권을 주어야 한다. 사실 게임을 만드는 목표가 좌절감과 지루함의 균형을 맞춰 플레이어에게 몰입 경험을 제공하는 것이라면, 플레이어가 실수를 하고 있는 경우 체계가 플레이어를 돕게 해야 한다. 이것이 정확히 앞서 언급한 동적 난이도 조절 기법의 목적이다.

그 대신 싱글 플레이어 게임은 주로 반복을 통해 플레이어를 처벌한다. 죽거나 중대한 실수를 할 경우 이미 플레이했던 구간을 가장 마지막 체크포인트에서부터 다시 반복해야 한다는 뜻이다. 반복은 지루함을 주는 종류의 벌칙으로 볼 수 있다. 플레이어가 이미 봤던 오브젝트와 장면을 다시 마주쳐야 하고, 이미 했던 방식으로 동사를 사용해야 하기 때문이다. 한편 반복은 좀 다른 면에서 유용할 수도 있다. 첫째, 게임의 공간이 충분히 열려 있다면, 즉 플레이어가 여러 개의 동사를 자유롭게 사용할 수 있거나, 이 동사들을 사용하는 방법에 대한 선택권이 다양하거나, 게임 내에 탐험할 수 있는 지역이 다양할 경우, 다음 회차 플레이에서 처음과는 매우 다른 경험을 할 수 있다. 둘째, 플레이어가 똑같은 동작을 다시 하더라도 반복이 **연습**practice의 기능을 할 수 있다. 처음 도전할 때는 어려웠던 부분이 다소 쉬워질 수 있고, 실수했던 지점에 도달하면 그 도전을 극복하는 연습을 다시 할 기회가 주어진다.

이 두 가지 면에서 반복이라는 형태의 벌칙은 체계를 통한 대화에서 단순히 '실력이 형편없네! 실패야!'라고 말하는 수준을 넘는 목적이 있다. 플레이어에게 몇 장면 앞으로 되돌아갈 기회, 다른 방법으로 게임을 밀고 나가서 다른 결과를 창출할 기회를 주는 것이다. 구두로 하는 대화에서도 한 참여자가 이미 나온 이야기를 이해하지 못하면 같은 상황이 벌어짐은 그리 어렵지 않게 상상할 수 있다. 대화를 계속 이어갈 수 있도록 생각을 반복해서 다시 이야기하고 아마도 조금 다른 방법으로 전달하려고 노력할 것이다.

애나의 게임인 〈마이티 질 오프〉(2008)는 '점프하기' 동사를 발전시키는 방식 탓에 플레이어에게 연습할 기회를 충분히 주는 게임이다. 주인공 질Jill은 점프하기 동사를 사용해 높은 탑의 꼭대기까지 올라가야 한다. 게임의 전반부는 다양한 구간으로 이루어져 있는데, 각 구간은 플레이어에게 특정한 점프 기술을 가르치기 위해 고안됐으며, 쉽게 구분할 수 있도록 다른 색깔로 되어 있다. 게임 시작 직후에 나오는 초록색 구간은 발판에서 발판으로 이동하는 단순한 점프로만 이루어져 있지만, 그 다음에 나오는 파란색 구간은 좀 더 고급 기술을 사용하게 한다. 〈마이티 질 오프〉에서는 점프 버튼을 빠르게 두드리면 주인공의 하강 속도가 느려진다. 여기에 좌우 이동을 조합하면 옆으로 떠서 상당한 거리를 수평으로 이동한 후에 발판에 착지할 수 있다. 파란색 구간 다음에 나오는 주황색 구간에서는 발판 끝에서 발을 떼는 동시에 점프하는 방법을 가르치며, 이어지는 라임색 구간에서는 새로운 종류의 위험물인 플레이어를 추격하는 거미를 소개한다.

각 구간은 새로운 종류의 점프 기술이나 위험물을 그리 많이 어렵거나 복잡하지 않은 단순한 방법으로 소개하는 한두 장면으로 시작한다. 거기에 이어지는 부분은 주로 앞에 나왔던 상황이나 위험물을 통해 방금 학습한 내용을 결합해야 하고, 새로운 게임 메커니즘을 정교화하며, 동사의 각 쓰임새를 한층 발전시키는 장면으로 이루어진다.

파란색 구간은 옆으로 떠서 수평으로 이동 후 하강하는 기술을 네 번 성공하지 못하면 통과할 수 없는 장면으로 시작한다(그림 6.12 참조). 반복도 문제지만 〈마이티 질 오프〉에서 쓰이는 특별한 형태의 점프 기술을 방금 배운 초보자는 횃불을 건드려서 반복적으로 죽어버릴 확률이 높다. 주인공 질은 죽으면 왔던 방향을 거슬러 탑의 바닥 쪽으로 떨어진다. 하지만 곧 플레이어가 통과한 마지막 체크포인트에서 부활하는데, 이곳은 보통 색깔이 칠해진 구간의 시작이나 중간 지점이다. 첫 번째 파란색 구간에 있는 체크포인트는 플레이어가 연속으로 네 번의 점프를 성공하는 데 충분한 실력을 갖출 때까지 연습하고 죽고 연습하고 죽고를 계속 반복하게 해준다.

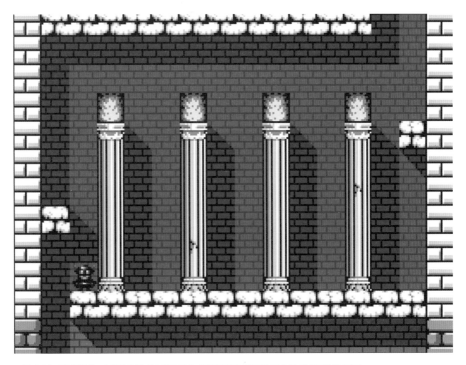

그림 6.12 플레이어는 〈마이티 질 오프〉를 계속 진행하려면 새로운 기술을 마스터해야 한다.

하지만 연습이란 특정한 지점까지만 유용할 뿐이다. 일단 플레이어가 특정한 동사의 사용을 완벽히 마스터했다면, 그것도 어떤 장면에 똑같이 배치된 오브젝트를 통해 여러 차례 반복했다면 이미 연습은 기계적 기억이 된다. 이 동사들을 사용하는 플레이어의 이해도와 기술은 거의 향상되지 않은 채 수평을 유지하기 시작한다. 기계적 활동은 많은 생각 없이도 가능해 거의 도전이라고 볼 수 없는, 몸에 밴 습관에 가깝다. 같은 장면에서 기계적 행동을 반복하게 되면 플레이어는 빠른 속도로 몰입 곡선의 지루함 영역으로 이동하게 된다. 그렇더라도 많은 디지털 게임에서 기계적 활동은 중추적인 역할을 하며, 플레이어들은 많은 기계적 벌칙을 기꺼이 감수한다. 특히 도전에 다시 임하기 위해 기계적 활동을 빨리 해치우고 싶어졌다면 더욱 그렇다. 일부 플레이어가 전에는 할 수 없던 것을 할 수 있게 된 데서 만족을 찾는다면, 일부는 도전 너머에 놓여 있으리라 기대하는 보상의 순간에 도달하고 싶어하고, 또 일부는 기계적 행동에 너무 익숙해진 나머지 지루함에 대한 거부감을 느끼지 못하기도 한다.

최근 몇십 년 사이 많은 디지털 게임은 기계적 활동을 일종의 벌칙으로만이 아니라 게임의 저항을 구성하는 기본 요소로 사용한다. 플레이어가 실수하거나 죽지 않은 경우에도 여전히 많은 기계적 활동을(보통 쉽게 마스터할 수 있는 동사와 쉽게 극복할 수 있는 도전으로 이루어진) 통과해야만 더 강도 높은 도전 경험이나 보상의 순간에 도달할 수 있다.

싱글 플레이어 롤플레잉 게임 중에는 기계적 활동을 게임 전체에 사용하는 장르도 있다. 〈파이널 판타지Final Fantasy〉 시리즈의 여러 타이틀이 전형적인 예가 될 수 있다. 기계적 활동이 다양한 몬스터와 적들과의 교전으로 표현될지라도 대부분 '공격하기' 버튼을 반복해서 누르는 행위만으로 충분히 물리칠 수 있다. 이 간단한 동사로 부족한 경우일지라도 플레이어가 해야 하는 일은 제한된 자원이 수반된 좀 더 고급 기술의 동사를 사용하거나 '약점' 체계를 이해하는 것뿐이다. 예를 들면, 불의 속성을 지닌 몬스터는 대개 '물의 속성'을 지닌 동사로 잡을 수 있다. 이 동사는 흔히 '마나mana'로 불리는, 시간이 지나면 자동으로 회복되는 자원을 사용한다. 이때 동사와 오브젝트의 관계에 대한 학습이 필요하긴 하지만, 이 동사는 금세 기계적 기억으로 바뀌고 플레이어는 이 동사를 반복해서 사용하게 된다.

플레이어들은 이처럼 반복적이고 기계적인 활동을 **그라인딩**grinding이라고 부른다. 보상을 위해 같은 행동을 반복해서 수행해야 한다는 뜻에서다. 이러한 종류의 롤플레잉 게임을 규정하는 특징 중의 하나는 플레이어가 그라인딩을 통해 아바타를 더욱 강해지게 만들 자원을 축적할 수 있다는 점이다. 플레이어 스스로 체계를 더 깊이 이해하고 있거나 동사를 언제 어떻게 사용하는 것인지 학습하고 있기 때문이 아니라, 단순히 자원을 나타내는 숫자가 올라가고 있기 때문이다. 어떤 면에서는 더 많은 자원을 위해 그라인딩을 하게 하는 선택은 게임에서 저항의 공간을 확장하는 흥미로운 방법이 될 수 있다. 만약 플레이어가 어떤 롤플레잉 게임에서 어려운 도전을 앞두고 있다면 자원을 늘리기 위해 그라인딩에 시간을 투자할 수 있으며, 자원이 늘어나면 도전은 더 쉬워질 것이다. 예를 들어, 플레이어가 충분한 경험치를 모아 레벨업을 해서 체력 자원을 올리면 아바타는 더 큰 피해를 입어야만 죽게 된다. 또한 플레이어가 충분한 화폐 자원을 모아 새 검을 구입하면 똑같은 '공격하기' 동사를 사용해도 몬스터의 체력을 더 많이 닳게 할 수 있다.

개념상 그라인딩은 기계적 활동으로 이루어지므로 시간이 필요할 뿐, 기술이나 이해도가 필요한 건 아니다. 이 시간을 투자하느냐 마느냐는 플레이어의 선택이지만, 많은 그라인딩 기반 게임은 게임을 진행하는 데 필요한 자원을 얻기 위해 일정량의 그라인딩을 요구한다. 일부 그라인딩 게임은 더 많은 자원을 얻기 위해 단지 시간만 투자하면 된다. 널리 인기를 끈 게임인 〈팜빌Farmville〉(2009)이 대표적이다. 롤플레잉 게임과 마찬가지로 〈팜빌〉은 다양한 자원을 모을 수 있으며, 플레이어가 레벨업을 통해 더 많은 종류의 자원과 새로운 동사와 오브젝트에 접근할 수 있는 게임이지만, 다양한 몬스터와 싸우는 대신 다양한 작물을 재배해야 한다(그림 6.13 참조). 예를 들어 레벨 13이 되면 딸기를 재배할 수 있는데, 딸기 역시 다른 모든 작물처럼 단지 더 많은 시간을 투자하는 수단일 뿐이다. 작물을 재배할 때는 화폐의 일부를 지불하고 일정 시간 동안 기다려야 한다. 짧으면 30초, 길게는 48시간이 걸린다. 시간이 다 되면 작물을 클릭함으로써 화폐 자원을 늘릴 수 있다. 클릭은 작물의 수확과 판매를 의미한다.

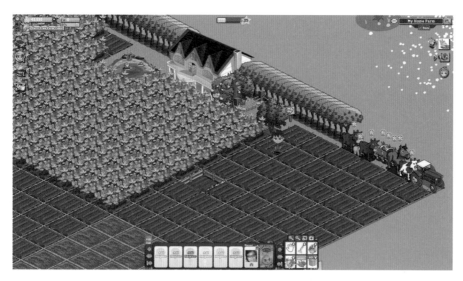

그림 6.13 더 많은 자원을 얻기 위한 〈팜빌〉에서의 그라인딩

〈팜빌〉에서 요구되는 기술은 자원을 언제 어떻게 투자할지 결정하는 것에 더 가깝다. 이 게임은 여전히 동사와 오브젝트로 이루어진 복잡한 체계가 있는 게임이고, 이 체계를 플레이어가 밀고 나가야 하지만, 체계의 저항은 대부분 작물이 자라기를 기다리는 일에서 나온다. 〈팜빌〉에도 벌칙은 있지만, 플레이어가 게임으로 되돌아와 수확하기까지 너무 오래 기다리는 실수를 하는 경우에만 발생한다. 이 경우 작물은 말라 죽고 플레이어는 투자한 자원을 회수하지 못한다.

실수에 대한 벌칙으로 등장하든, 단순히 액션을 완료하는 데 필요하든, 그라인딩과 기계적 반복은 여전히 일종의 저항이다. 지루하게 느껴지는 과제를 반복하는 일은 어렵고, 기다림에는 인내심이 필요하다. 이러한 종류의 게임플레이는 플레이어와 게임 개발자 모두에게 다음과 같은 질문을 던진다. 이것들은 과연 우리가 참여하고 싶은 마음이 드는 흥미로운 형태의 저항인가? 이 저항들은 좀 더 액션 중심적인 게임에서 '점프하기', '쏘기', '피하기' 동사를 언제 어디로 사용할지 알아내는 것보다 더 적은 수의 선택으로 이루어져 있다. 비록 기계적 과제를 참고 견디는 데 훨씬 인내심이 있고, 더 능숙한 플레이어가 있을지라도 이것은 다른 형태의 기술이다. 저항의 공간이 복잡한 규칙과 선택을 탐색하고, 도전을 극복하며, 덜 기계적인 벌칙에 대처하는 일로 구성된 게임플레이는 몰입 곡선의 좌절감 영역에서 나오는 일종의 저항으로 사용된다. 반면 그라인딩 기반 게임플레이는 지루함 영역에서 나오는 저항으로 이루어진다. 많은 플레이어가 인내심과 오래 버티는 능력, 엄청난 시간을 게임에 쏟아붓는 능력을 주로 시험하는 활동에 굳이 시간을 투자하고 싶어하지 않는 이유는 쉽사리 짐작할 수 있다.

많은 게임 개발자는 그라인딩 방식이 플레이어의 시간을 귀하게 여기지 않는 일이라고 생각한다. 롤플레잉 게임과 〈팜빌〉 같은 소셜 게임을 비롯해 그 밖의 게임 장르에서도 점점 늘어가고 있는 그라인딩 방식의 유행은 단순히 더 많은 시간을 게임에 쏟게 하거나, 플레이 도중에 구매가 발생할 수 있는 무료 게임에서 더 많은 돈을 소비하도록 플레이어를 오래 붙잡아두려는 마케팅 전략과 경영진이 압력을 넣은 결과일지도 모른다. 보상이라는 미끼와 더불어 그라인딩은 게임플레이의 대화를 향상하는 데는 별로 기여하지 못하는 시간 때우기용으로 남용될 수 있다.

한편 인내심과 효율성, 최적화라는 도전을 정말로 즐기는 플레이어도 있다. 예를 들어 더 효과적으로 그라인딩하는 법을 찾아낸다거나, 가능한 한 시간을 단축한다거나, 지루한 종류의 저항을 밀고 나아가면서 자신의 인내심을 발휘하는 등의 전략이 있다. 액션 중심 게임이 복잡한 장애물 코스 달리기라면 그라인딩 게임은 버티는 능력과 한결같은 집중력을 요하는 마라톤에 가깝다. 플레이어들은 제각기 다른 요소를 즐긴다. 따라서 게임 개발자가 촉진하고 싶어하는 대화의 종류에 대한 선택을 넘어 가장 중요한 것은 게임이 사용하는 저항의 종류에 대해 플레이어에게 솔직해지는 것이다. 어려운 도전을 원하는 플레이어나 경쟁자들과 실력을 겨루고 싶어하는 플레이어들이라면 어떤 게임이 단순히 플레이 시간을 늘리고자 엄청난 단순반복 작업으로 꽉 차 있음을 깨닫는 순간 당연히 배신감을 느끼지 않겠는가!

점수와 반영

마지막으로 살펴볼 저항의 형태는 바로 **점수**scoring다. 이것은 벌칙도 아니고 보상도 아니다. 플레이어의 경험을 반영하는 요소다. 플레이어의 점수는 화면 구석에 점수가 표시되던 고전 아케이드 게임에서처럼 게임을 진행하는 내내 나타나기도 하는데, 보통 플레이가 진행됨에 따라 꾸준히 올라간다. 앞서 언급했듯이 벌칙과 보상의 순간은 플레이어가 경험의 한 부분을 밀고 나간 후에(혹은 게임을 끝내버리는 치명적인 실수를 한 후에!) 게임에서 지속적으로 발생하는 대화에서 중요한 마일스톤에 도달했을 때 주로 등장한다. 이 순간 역시 플레이어의 점수를 표시하거나 계속 표시되어 있던 점수를 보게 하는 데 사용된다. 이때는 대화에서 참여자가 지금까지 게임이 무슨 말을 했는지, 상황이 어떻게 돌아가고 있는지 파악하는 시간이다.

점수는 하나의 평가로, 무엇을 평가할지는 게임 개발자가 결정한다. 보상과 마찬가지로 점수를 올려주는 행위는 게임 체계를 통해 개발자가 긍정적으로 평가하는 행위를 했다고 플레이어에게 전하는 메시지다. 많은 게임에서 더 많은 적을 무찌르면 더 높은 점수를 주는 경우를 예로 들 수 있다. 이 경우 새로운 동사나 새로운 공간의 해제 같은 게임 내 보상처럼 즉각적으로 저항을 형성하지는 않지만, 메시지는 전달한다. 바로 '적을 무찌르면 득이 된다!'는 메시지다. 이 메시지가 게임을 통해 하고 싶은 말이었다면, 높은 점수로 이러한 목표를 반영함으로써 동사와 오브젝트 구조를 강화하는 방법은 유용할 수 있다. 동사의 모든 쓰임새나 오브젝트와의 모든 상호작용이 점수로 이어질 필요는 없다. 점수를 올리거나 깎는 데 무엇이 중요한지에 대한 결정은 어디까지나 게임 개발자의 몫이다.

점수는 평가인 만큼 체계에서 표시되고 플레이어에게 해석되는 점수가 높은지 낮은지에 따라 보상처럼 느껴질 수도 있고, 벌칙처럼 느껴질 수도 있다. 점수는 보통 숫자로 되어 있지만, 알파벳 등급인 경우도 있다. 선택으로 이루어진 복잡한 체계가 있고 플레이를 잘하는 방법이 다양한 게임에서 점수는 종종 다양한 수치의 성적으로 세분될 수 있다. 플레이어의 행위를 숫자나 알파벳으로 환산하기 때문에 점수는 플레이어끼리 성적을 비교하는 데 유용하다. 성적의 비교는 물론 스포츠 및 기타 경쟁적인 게임에서 아주 오랫동안 점수가 사용된 방식이다. 최근에는 순위판에 점수가 공개되면서 플레이어들이 자신의 성적을 친구들이나 수많은 온라인 플레이어들의 성적과 비교할 수 있게 되었다.

싱글 플레이어 게임에서 점수는 특별한 종류의 비교와 피드백을 제공한다. 플레이어는 각기 다른 시간 혹은 연속적인 플레이를 놓고 자신의 점수를 비교할 수 있다. 여러 시간에 걸쳐 점수를 추적할 수 있는 기능을 이용하면 자신이 게임을 어떻게 밀고 나갔으며, 게임 개발자가 그 플레이를 어떻게 평가했는지 분석할 수 있다. 물론 이 모든 것은 점수 산정 체계가 그 점수의 의미를 플레이어가 이해할 수 있을 정도로 명료한가에 달려 있다. 점수와 그 점수에 영향을 미치는 방법에 대해 플레이어가 활발하게 생각하기를 원한다면, 상황을 가능한 한 명료하게 전달할 필요가 있다. 여타 보상이나 상황적 단서와 마찬가지로 시각적 피드백도 상당히 중요하지만, 점수 산정에 대한 단순한 설명도 그에 못지않게 유용할 수 있다.

앞서 살펴봤던 몇몇 보상 체계와 마찬가지로, 점수는 종종 게임을 플레이하는 동안 플레이어가 밀고 나가는 동사와 오브젝트와 선택으로 이루어진 체계의 외부에 존재한다. 점수를 단순히 외부에 있는 어떤 요소가 아닌 대화의 일부로서 더 흥미롭게 하는 요소는 점수의 의미가 이것이 중요한지(혹은 중요하지 않은지)를 플레이어가 어떻게 이해하고 있는가에서 나온다는 점이다. 모든 플레이어가 최고 득점자가 우승자라는 사실에 동의하는 경쟁적인 토너먼트에서 점수의 비교는 절대적으로 중요하다. 이 점수에는 많은 의미가 담겨 있기 때문이다. 싱글 플레이어 게임에서는 친구를 이기거나 자신의 과거 기록을 깨기 위해 더 높은 점수를 추구할지를 플레이어가 결정한다. 점수는 단순히 플레이어를 유인하는 보상이 아닌 평가다. 점수는 플레이어가 어떻게 플레이하고 있는지, 왜 플레이하고 있는지에 대한 나름의 통찰력을 얻게 하는 데 유용한 도구다.

'바람직한' 행위에는 높은 점수를 주고 '바람직하지 않은' 행위에는 낮은 점수를 주는 방식이 일반적이긴 하지만, 꼭 한 가지 방식의 플레이나 행위가 다른 것보다 우위에 놓이지 않는 점수 산정 체계를 만들 수도 있다. 내가 개발에 참여한 〈원더시티Wonder City〉(2013)라는 게임에서 플레이어는 초능력이 있다는 사실을 방금 깨달은 주인공 역할을 수행한다. 일련의 결정을 통해 플레이어는 이 슈퍼영웅이 어떻게 다른 인물들과 관계를 맺고, 자신의 비밀 신분을 보호하며, 까다로운 상황에 대처할지를 결정한다(그림 6.14 참조). 플레이어가 얼마나 게임을 잘했느냐를 나타내주는 하나의 점수는 없다. 그 대신 이 게임은 플레이어가 내리는 선택의 종류를 추적한다. 슈퍼영웅이 기회가 있을 때마다 초능력을 사용하는가, 아니면 다른 방식으로 문제를 해결하려고 하는가? 친구들과 협동하는가, 아니면 외톨이에 가까운가? 게임의 각 장이 끝나면 플레이어는 직선적인/우회적인, 영향력 있는/절제력 있는, 협동적인/독립적인 등등 영웅 유형을 나타내는 아이콘을 보게 된다.

그림 6.14 〈원더시티〉에서 결정을 내리는 장면

게임 체계는 일련의 숫자로 된 점수로 영웅 유형을 추적할지라도 우리는 그 숫자를 플레이어가 보지 못하도록 설정했다. 〈원더시티〉에서 우리는 게임이 플레이어와 나누는 대화가 점수에 영향을 미치게 하기보다는 결정을 요구하는 각 상황에서 캐릭터가 어떻게 행동하기를 바라는가에 대한 플레이어의 직감에 더 집중하고 싶었다. 그 결과, 점수 산정 체계는 인성 검사에 더 가까워졌다. 애초에 더 나은 점수라는 건 없다. 일련의 선택을 통해 플레이어가 만들어낸 영웅 유형을 반영해 보여주는 각기 다른 점수만 있을 뿐이다(그림 6.15 참조). 이번 장에서 앞서 살펴본 저항의 다른 요소들과 마찬가지로 점수는 어떤 종류의 대화를 유도하고 싶은가에 따라 다양한 방법으로 디자인할 수 있다.

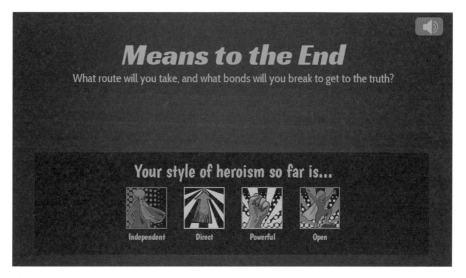

그림 6.15 플레이어가 지금까지 내린 선택을 보여주는 〈원더시티〉의 막간 화면

정리

- 난이도는 플레이어가 게임을 경험해가는 여정에 관해 이야기하는 오래된 관점이다. 게임은 쉽게 시작하고, 플레이어는 플레이를 통해 기술과 이해도를 높여가며, 점점 더 어려운 도전을 감당하게 된다. 이러한 여정을 가장 단순화하면 가장 어려운 경험이 게임이 제공할 수 있는 경험의 정점에 있다. 하지만 이것은 게임플레이라는 대화를 바라보는 한 가지 관점일 뿐이다.

- 여기서 저항이라고 함은 플레이어가 동사를 사용하고 선택을 내림으로써 게임을 밀고 나갈 수 있는 많은 방법과, 게임이 극복해야 할 도전과 행위에 대한 결과를 제시함으로써 플레이어를 밀어내는 방법뿐만 아니라, 게임이 보상으로 플레이어를 당기거나 플레이어가 밀고 나갈 수 있는 공간

을 확장하는 방법까지 아우르는 개념이다. 저항은 플레이어가 극복할 수 있는 규칙들로 이루어진 체계를 통해 게임의 대화를 만들어낸다.

- 몰입은 플레이어가 게임에서 저항을 마주치는 방법에 관해 이야기하는 또 다른 관점이다. 몰입은 높은 수준의 저항이나 난이도에서 오는 좌절감과 이미 마스터한 과제를 반복하는 데서 오는 지루함 사이에서 머무는 매력적인 경험이다. 게임마다 매우 다른 종류의 몰입을 형성한다. 일부 게임 개발자는 좌절감이나 지루함을 절대 오래 허용하지 않는 완벽한 몰입을 만들려고 시도한다. 시작부터 플레이어를 어려운 도전에 빠뜨리면서 좌절감을 극복하게 하는 게임의 예에서 볼 수 있듯이, 완벽한 몰입 없이도 흥미로운 게임을 만드는 방법은 여러 가지가 있다.

- 게임을 몰입, 난이도, 저항 중 어떤 관점에서 바라보든 게임에서 발생하는 대화의 밀고 당기기는 여러 가지 방법으로 디자인할 수 있다. 3장에서 언급한 대로 동사의 발전 속도를 조절하는 방법도 있고, 난이도 설정을 플레이어가 하게 하는 등 전개 속도를 플레이어가 조절하게 하는 방법도 있다.

- 완벽한 몰입을 추구하는 게임 디자이너는 종종 동적 난이도 조절을 사용한다. 이것은 좌절감에 고전하고 있는 플레이어는 돕지만, 지루함을 느끼는 플레이어에게는 게임을 더 어렵게 만드는 기법이다. 하지만 이 기법은 까다롭다. 플레이어가 무엇을 경험하고 있는지 추측하기가 어렵기 때문이다. 추측에 성공하더라도 동적 난이도 조절은 게임이 무른 느낌을 줄 수 있다. 플레이어가 규칙과 도전을 이해하기 위해 극복할 수 있는 고정된 구조를 제공하지 않은 채 전적으로 플레이어에게 맞추기 때문이다.

- 게임에서 발생하는 대화의 저항을 디자인하는 일을 플레이어 손에 맡길 때 플레이어는 경험이 언제 어떻게 더 어려워질지에 대한 결정에 참여할 수 있다. 게임 내에서 더 어려운 공간으로 얼마나 빨리 이동할지, 더 많은 기술을 요구하는 동사를 사용할지 말지를 플레이어가 선택하게 할 수 있다. 매우 열린 형태의 저항을 가진 게임은 플레이어가 자신만의 목표를 선택하게 할 수도 있으며, 심지어 샌드박스 게임에서처럼 체계 내에서 성취

할 목표를 생각해내게 할 수도 있다.

- 보상은 플레이어를 앞으로 당기는 형태의 저항을 디자인하는 한 방법으로, 목표를 추구하거나 행위를 반복하도록 독려한다. 어떤 보상은 게임의 체계 내에서 작동하면서 플레이어가 밀고 나갈 더 많은 기회를 열어준다. 예를 들어, 사용할 수 있는 새로운 동사를 해제해주거나 밀고 나갈 수 있는 새로운 지역을 해제해준다. 어떤 보상은 콘솔 게임에 존재하던 전통적인 업적이나 이야기 컷신처럼 체계와는 독립적이다. 이러한 종류의 보상이라는 미끼가 순수하게 게임 그 자체만을 목적으로 플레이하는 즐거움을 퇴색시키는지 고민해볼 필요가 있다.

- 자원은 다른 동사를 활성화하는 종류의 보상이다. 예를 들어, 탄약은 플레이어가 '쏘기'라는 동사를 사용하게 해주는 자원이다. 자원은 유동적이다. 플레이어가 '소비하기'나 '모아두기'를 통해 관리할 수 있는 숫자로 표현되기 때문이다. 자원은 목표나 벌칙과도 연계될 수 있다. 많은 게임에서 체력이라는 자원이 다 떨어지면 후퇴 상태를 경험하거나 게임을 처음부터 다시 시작해야 한다.

- 벌칙은 플레이어가 게임에서 잘못되었다고 보는 어떤 행동을 했을 때 플레이어를 강하게 밀어내는 것으로 저항을 높이는 벌칙이나 이미 플레이했던 구간의 일부 또는 전부를 반복해야 하는 후퇴 등이 있다. 반복은 유용한 벌칙이 될 수 있다. 특히 저항을 높이는 벌칙이 게임을 더 좌절감을 주게 만드는 지점에서 몰입을 유지하려고 하는 게임이라면 더욱 그렇다. 마스터하지 못한 도전의 반복은 플레이어에게 연습할 기회를 주고, 같은 상황을 다시 경험하며, 다른 선택을 내리고, 벌칙의 반대인 보상으로 이어질 다른 결과를 추구하게 한다.

- 플레이어가 이미 마스터한 과제의 반복은 그라인딩이라고 불리는데, 이따금 그라인딩을 위한 그라인딩으로 사용될 때도 있다. 오랜 시간에 걸친 그라인딩은 좌절감을 극복하기 위한 도전보다는 지루함을 극복하기 위한 인내심을 요구하는 다른 종류의 저항을 만들어낸다. 일부 플레이어는 이러한

종류의 저항을 즐기지만, 대부분의 게임은 그라인딩을 단지 플레이어가 목표에 도달하기 위해 투자해야 하는 시간을 늘리기 위해서만 사용한다. 대부분의 플레이어는 게임에 붙잡아두려는 이러한 술책을 불쾌해 한다.

■ 점수는 본질적으로 보상도 아니고, 벌칙도 아니다. 플레이어가 자신의 행위를 돌아볼 수 있는 평가다. 게임에 점수 체계를 만드는 과정에서 게임 개발자는 대화에서 어떤 종류의 행위가 바람직하고, 어떤 종류의 행위가 바람직하지 않은지 말해줄 수 있다. 플레이어는 현재 실력을 가늠하기 위해 점수를 자신의 과거 기록과도 비교할 수 있고, 다른 플레이어의 점수와도 비교할 수 있다. 점수는 플레이어의 해석에 열어둘 수도 있다. 특히 싱글 플레이어 게임에서 플레이어는 점수라는 평가를 무시하겠다는 선택도 할 수 있다. 한 가지 유형의 행위나 결정을 다른 것보다 높게 평가하지는 않는 대신, 플레이어가 반영하게 하는 점수 체계를 만들 수도 있다.

토의 활동

1. 매우 어렵거나 좌절감을 주거나 까다로운 게임을 플레이했던 경험에 대해 생각해보자. 이제 아주 쉬운 경험, 거의 지루함 수준까지 갔던 경험에 대해 생각해보자. 여러분의 경험을 다른 사람의 경험과 비교해보자. 어렵거나 쉬운 특정한 종류의 게임플레이가 있는가? 이유는 무엇인가?

2. 본인에게 실제로 일어났던 사건이나 인생의 일부를 토대로 한 게임을 만들어달라는 의뢰를 받았다고 상상해보자. 자신의 경험 중 어떤 경험을 떼어내 게임을 만들 것인가? 그 이야기를 언어와 이미지 같은 상황적 요소뿐만 아니라 체계를 사용한다면 어떻게 표현할 것인가?

3. 앞서 3장 '토의 활동' 5번에서 기획했던 시나리오를 사용해서 저항과 난이도를 높이려면 어떻게 시나리오의 규칙을 바꿀 수 있는지 이야기해보자. 또한 다음 목록에 있는 다양한 전개 속도를 만들려면 어떻게 저항을 높이고 어떻게 낮출 수 있는지 이야기해보자.

- 게임이 쉽게 시작해서 새로운 동사와 오브젝트를 소개하며 지루함을 피하기 위해 점점 도전이 어려워지는 전통적 개념의 몰입을 토대로 한 전개 속도

- 플레이어에게 상당히 어렵게 시작해서 오직 연습을 통해서만 좌절감이 줄어들게 하는 전개 속도

- 몰입을 전적으로 배제한 전개 속도. 게임의 형태가 시간에 따라 변화하지만 기술을 연마하고 도전을 높이는 것과 관계없는 그 밖의 방법들에 대해 생각해보자.

4. 같은 시나리오에 게임이 더 어려워질지, 더 쉬워질지에 대한 결정을 플레이어의 손에 맡기기 위해 추가할 수 있는 규칙이 있는가? 게임에서 플레이어가 자신만의 목표를 선택하게 하기 위해 게임의 대화를 어떻게 바꿀 것인가?

5. 여러분의 시나리오를 기획하는 데 참여하지 않았던 다른 친구들에게 게임을 플레이하게 하자. 플레이가 끝나면 목표와 선택과 점수가 명료했는지 물어보자. 그들이 이해한 것은 무엇이고, 이해하지 못한 것은 무엇인가? 어떻게 하면 이 체계들을 더 명료하게 만들 수 있을까? 혹은 명료하지 않아서 게임이 더 흥미로워지는 방법이 있을까?

6. 여러분이 지금 만들고 있는 시나리오에 보상의 순간을 집어넣어 여러 부분으로 나눠보자. 예를 들어, 각 시나리오의 부분이 끝난 후에 특정한 목표나 행위를 완수했을 때 사용할 수 있는 새로운 동사를 제공하자. 다음 목록을 포함해 다양한 종류의 보상을 가지고 실험을 계속해보자.

- 게임의 저항이 잠시 약해지는 멈춤과 휴식의 순간

- 다음 구간에서 사용할 수 있는 새로운 동사

- 동사를 활성화하는 데 필요한 제한된 양의 자원

- 성취 여부를 인식할 수 있으나 게임 체계에는 영향을 주지 않는 메달이나 타이틀 같은 순전히 장식용인 보상

그룹 활동

이번에는 4장 '상황정보' 끝 부분에서 언급한 게임 제작 도구인 〈크뉘트 스토리즈〉를 다시 한 번 사용한다. 두 팀으로 나누어(한 명이 한 팀이 되어도 좋다!) 〈크뉘트 스토리즈〉의 레벨을 디자인하자. 작업이 끝나면 다른 팀이 플레이하게 하고 그 과정을 관찰해보자. 그들이 플레이하는 동안에는 아무 말도 하지 말자. 하지만 여러분이 만든 장면을 통과하는 모습을 보면서 드는 느낌을 기록하자. 다른 사람이 플레이하는 모습을 관찰해보니 직접 만든 게임에 대해 어떤 느낌이 드는가?

앞서 말한 과정, 즉 레벨을 만들고 다른 사람이 플레이하는 과정을 지켜보는 과정을 통해 다음을 시도해보자.

- 새로운 동사를 소개하기만 하는 쉬운 게임을 만들자.
- 이 쉬운 게임을 가지고 어떤 식으로든 저항을 높임으로써 더 어렵게 만들 수 있는지 확인해보자. 동사를 발전시킴으로써 저항을 높일 수 있는가? 오브젝트만 이용해서 저항을 높일 수 있는가?
- 높은 저항(이를테면 어려운 구간)이 있는 구간과 낮은 저항(플레이어가 휴식을 취하거나 이미 마스터한 기계적 활동만 하면 되는 구간)이 있는 구간을 지나도록 게임 길이를 늘이자.
- 극도로 높은 저항이 있는 게임을 만들자. 불가능하지는 않지만 다른 팀이 깰 수 있을지 심히 의문이 드는 게임으로 만들고 어떤 일이 벌어지는지 관찰하자!

7장

스토리텔링

인간은 이야기를 하기 좋아한다. 우리가 세상을 묘사하고 삶을 살아가는 방식은 우리가 말하는 이야기 속에 녹아 있다. 하지만 이야기를 말하는 데만 능숙한 것이 아니다. 이야기를 보는 데도 능숙하다. 이야기를 인지하는 것은 우리가 세상을 이해하는 방식의 일부다. 구름 속에서 동물 모양을 찾아내고 나무 옹이에서 얼굴을 찾아내는 등 형태의 배열 속에서 패턴을 볼 수 있는 것처럼 우리는 주변에서 일어나는 사건들로부터 이야기를 만들어낸다. 우리가 일련의 사건들에 하나의 패턴, 즉 의미 있는 순서를 부여하면 이야기가 탄생한다.

패턴 인식

영화나 만화책을 통해 전달되는 이야기는 일련의 이미지 속에서 의미를 꿰맞추는 인간의 능력에 의존해왔다. 영화에서는 이미지가 초 단위로 계속 바뀐다. 만화책에서는 이미지가 종이 위에 그려져 있어 독자가 한 이미지에서 다음 이미지로 시선을 옮길 수 있다. 구소련의 영화감독이었던 레프 쿨레쇼프$^{Lev Kuleshov}$는 1920년대에 이야기를 구성하는 관객의 능력을 증명하는 실험을 했다. 실험을 위해 그는 세 편의 짤막한 무성영화 시퀀스를 제작했다. 각각 서로 다른 이미지로 시작된 후에 무표정하게 카메라를 바라보는 유명 남자배우의 얼굴이 등장하는 시퀀스였다(그림 7.1 참조). 첫 번째 시퀀스는 음식이 담긴 접시로, 두 번째 시퀀스는 관 속에 누워 있는 소녀로, 세 번째 시퀀스는 긴 의자에 기대앉아 미소 짓는 여인으로 시작했다. 각 시퀀스는 똑같이 카메라를 바라보는 남자배우의 장면으로 끝났다. 배우의 표정은 바뀌지 않았다. 하지만 관객들은 배우가 표현한 감정을 장면마다 다르게 해석했다. 어떤 장면을 보았는지에 따라 각각 배고픔, 슬픔, 정욕을 표현하는 배우의 능력에 감탄했다. 무슨 일이 일어나고 있는가에 대해 마음속으로 이야기를 지어냈던 것이다.

언어는 아마도 이야기를 말하는 데 있어 인류가 가진 가장 오래되고도 가장 친숙한 수단일 것이다. 구두로 하는 대화를 통해서든, 설명과 서술을 통해서든 언어는 영화나 만화책, 게임에서 이야기를 말하는 데 사용되지만, 이러한 커뮤니케이션 양식들의 미학은 언어가 없더라도 이야기를 말할 수 있다는 점이다. 쿨레쇼프의 실험, 또는 언어가 없는 컷과 페이지가 많다는 점이 특징인 크리스 웨어$^{Chris Ware}$의 『애크미 노벨티 라이브러리$^{Acme Novelty Library}$』 같은 만화책에서처럼 말이다. 만화책과 영화는 이야기의 요소를 전달하고 수용자로 하여금 이미지의 병치를 통해 이야기를 지어내게 할 수 있다.

이야기는 인류의 기원부터 우리 문화의 일부였다. 게임은 상대적으로 더 나중에 등장하긴 했지만, 문명의 태동기부터 수천 년간 우리 곁에 존재했으며, 인류 문명에 색다른 무언가를 추가했다. 바로 이 책에서 지금까지 다룬 어휘의 모든 요소로 구성된 움직이는 부분들의 합인 체계다. 게임을 할 때 플레이어는 게

그림 7.1 레프 쿨레쇼프의 편집 실험

임이 제공하는 저항의 형태를 밀고 나간다. 게임은 다시 밀어내거나 플레이어가 밀고 나갈 수 있는 더 많은 가능성과 공간을 열어줌으로써 반응한다. 이 과정에서 이야기가 될 수 있는 토막이 탄생한다. 수용자가 만화책이나 영화에서 병치된 이미지를 볼 때 그러한 것처럼 말이다. 다시 한 번 강조하지만, 탄생한 이야기가 무엇을 의미하는지 해석하는 것은 수용자의(이 경우에는 플레이어의) 몫이다. 예를 들어 체스에서 폰pawn이 상대측 마지막 열에 도달하면 퀸queen이 된다는 것은 무슨 의미일까? 마리오가 적의 머리를 밟아 깔아뭉갤 수 있다는 것은 무슨 의미일까?

이러한 요소들은 이야기를 이루는 전형적인 요소처럼 여겨지지는 않겠지만, 분명 체스의 개발자와 〈슈퍼 마리오브라더스〉(1985)의 개발자가 플레이어의 발견과 탐험과 해석을 위해 게임에 집어넣은 부분들이다.

앞서 살펴본 대로 이 과정은 플레이어와 게임이 주고받는 대화다. 한쪽에는 개발자가 게임에 집어넣은 생각과 어휘 요소가 있고, 한쪽에는 게임과의 상호작용을 통해 플레이어가 만들어내는 경험과 선택이 있다. 어떤 경우에는 게임에서 탄생할 수 있는 이야기가 개발자가 게임에 집어넣은 요소에 크게 좌우되기도 한다. 이러한 이야기는 흔히 소설이나 만화책, 영화를 통해 전달되는 이야기와 크게 다르지 않다. 그러나 동시에 모든 커뮤니케이션 양식에서처럼 수용자는 자신만의 해석을 통해 게임이 말하려고 하는 것에 매우 중요한 역할을 한다. 더욱이 어떻게 체계를 밀고 나가고, 선택을 내리며, 목표를 추구할지 결정하는 일이 플레이어의 몫이다 보니 더욱 그렇다. 게임 개발자는 게임에 무엇을 집어넣고 있는지, 플레이어들이 그것을 어떻게 해석할 것인지, 플레이어들이 이야기로 무엇을 할 수 있는지에 대해 생각해볼 필요가 있다.

7장에서는 이야기와 게임이 만나는 교차점에 놓여 있는 탐구해볼 가치가 있는 다양한 영역을 살펴본다. 게임 개발자들은 게임을 작동하게 하는 상호작용적 체계가 소설이나 영화처럼 풍부하고 강력한 스토리텔링 수단이 될 수 있는지, 그 체계가 세상에 기여할 차별성을 갖고 있는지 이해하고자 이 교차점을 수십 년 동안 의식적으로 탐색하고 있다. 한편 '수십 년'은 스토리텔링의 역사에서 그리 오랜 시간이 아니다! 아직 알아내야 할 부분은 많이 남아 있다. 전통적 스토리텔링과 게임이란 무엇인가 혹은 게임이란 무엇이 될 수 있는가라는 개념 사이에는 다양한 스펙트럼이 존재한다. 일부에서는 이야기와 게임의 접목을 물과 기름처럼 보면서 게임을 통한 스토리텔링 시도 자체를 아예 피하는 쪽을 선호하기도 한다.

게임 스토리텔링의 다양한 시도와 한계점을 계속 살펴보는 과정에서 우리는 이야기와 게임의 교차점을 탐구하는 데 다음 두 가지 방법을 사용할 것이다.

- **작가적 이야기**: 첫째, 게임은 이야기를 전달할 수 있다. 게임을 플레이하는 경험은 이야기를 전달하는 데 도움을 주는 이미지, 애니메이션, 언어, 소리는 물론 게임을 플레이하는 규칙과 과정까지 여러 가지 요소로 이루어질 수 있다. 이러한 요소들을 디자인함으로써 게임 개발자는 이야기를 말할 수 있다. 게임의 경험을 통해 의도적으로 전달되는 이러한 종류의 이야기를 종종 **작가적 이야기**^{authored story}라고 부른다. 앞서 이미 언급했던 게임으로 예를 들어보자. 자넷 점프젯의 작가적 이야기는 2장 '동사와 오브젝트'에서 살펴본 바 있다. 고대 문명에 의해 버려진 채로 오랫동안 멈춰 있던 의문의 로봇들은 금성의 광산에서 깨어나 인간 광부들을 인질로 잡아갔다. 광산을 탐험하고, 인질을 구출하며, 로봇을 무력화하는 일은 자넷의 몫이다. 자넷은 누가 뭐래도 이야기의 주인공이다. 비록 자넷은 말을 한마디도 하지 않지만(마리오나 〈하프라이프〉의 고든 프리먼^{Gordon Freeman} 같은 여느 유명한 비디오게임 주인공들처럼), 이 게임은 자넷에게 무슨 일이 일어나는지, 자넷이 무엇을 하는지에 관한 이야기다.

- **창발적 이야기**: 둘째, 게임은 이야기를 생산할 수 있다. 게임을 플레이하는 경험, 즉 플레이어와 체계 사이에서 벌어지는 밀고 당기기는 여느 좋은 대화처럼 전달 가치가 있는 이야기를 생산할 수 있다. 우리는 이것을 게임을 플레이하는 행위에 대한 이야기로 간주할 수 있다. 이 이야기는 흔히 플레이어에 따라 달라지므로 이러한 종류의 이야기를 종종 **창발적 이야기**^{emergent story}라고 부른다. 게임의 창발적 이야기는 이 책에서 많은 비중을 할애하며 설명해온 바로 그 개념이다. 창발적 이야기는 게임을 학습하고, 게임의 체계와 공간을 탐색하고 이해하며, 게임을 마스터하거나 끝내는 동안 플레이어가 하는 경험이다. 플레이어의 이야기는 앞서 2장에서 창발적 이야기의 중심 캐릭터로 정의한 바 있는 동사를 어떻게 사용하는지 학습하는 과정으로 이루어진다. 창발적 이야기는 목표와 보상이 있는 체계를 탐색하고 이해하는 것, 무엇을 할지 결정하는 것, 게임의 어떤 측면을 더 잘 이해하고 기술을 연마하기 위해 반복하는 것에 관한 이야기다. 몰입과 저항의 경험

은 플레이어의 이야기를 이루는 일부분으로 플레이어마다 달라질 수 있다. 7장에서는 게임 이야기의 창발성에 대한 두 가지 견해를 살펴볼 텐데, 작가의 의도와 플레이어 경험 사이를 맴도는 **해석된 이야기**interpreted story와 좀 더 온전한 플레이어 주도형에 가까운 **열린 이야기**open story다.

어떤 종류의 이야기가 더 뛰어난가? 다시 한 번 강조하지만, 이 질문에는 정답이 없다. 이것은 전적으로 게임을 만든 개발자의 목표가 무엇이냐와 무엇이 그를 창작과 실험으로 이끌었느냐에 달려 있다. 말하고 싶은 나만의 이야기가 있는가? 아니면 플레이어들이 플레이 행위를 통해 그들만의 이야기를 발견하게 하고 싶은가? 자신만의 이야기를 말하는 방법에 게임만이 지닌 고유한 특성, 즉 게임 플레이를 통해 플레이어들이 밀고 나가고, 해석하며, 영향을 주고, 나아가 그들이 경험하는 이야기를 변형하게 할 수 있는 방법을 접목하는 데 관심이 있는가?

7장에서는 작가적 이야기에서부터 창발적 이야기에 이르는 광범위한 스펙트럼을 따라 게임 개발자가 이야기를 전달하는 데 사용해온 여러 가지 기법을 살펴본다. 하지만 이 스펙트럼을 일직선으로 생각할 필요는 없다. 이야기 소재의 다양성만큼이나 이야기를 말하는 방법도 다양한데, 스토리텔링과 게임의 교차점은 여전히 비교적 연구가 덜 이루어진 분야다. 이 책을 읽으며 이야기를 전달하는 혁신적인 방법이나 체계에서 플레이 시점에 새로운 이야기가 창발하게 하는 방법을 각자 고민해보기 바란다.

작가적 이야기

작가성 쪽으로 치우친 스펙트럼의 한쪽 끝에서 **이야기**story가 의미하는 바를 이해하기는 쉽다. 가장 직관적이고 전통적인 양식에서 게임의 이야기는 우리가 소설이나 만화책, 영화를 통해 경험하는 이야기들과 크게 다를 필요는 없다. 시작, 중간, 결말이 있는 플롯에 발전하고 갈등을 경험하며 이 갈등을 해결할 수 있는 등장인물이 나온다.

덜 상호작용적인 매체에서 사용되는 양식과 비슷한 방법으로 이야기를 말하려 한다면, 어떻게 해나가야 하는지를 다룬 자료들은 이미 수도 없이 널려 있다. 소설, 영화, 만화책의 창작자들을 위해 어떻게 5막 구조를 만드는지, 어떻게 흥미로운 등장인물을 만들어내는지, 어떻게 '영웅의 여정'(거대하고 신화적인 모험 이야기에서 공통으로 발견되는 12단계의 플롯 구조) 같은 개념을 접목할 수 있는지 설명하는 책은 얼마든지 찾을 수 있다. 이 모든 자료는 게임에도 유용할 수 있다. 매력적인 이야기를 전달하는 일이 극장에서 경험되도록 만든 이야기인지, 책을 읽음으로써 경험되도록 만든 이야기인지, 게임을 플레이함으로써 경험되도록 만든 이야기인지와 관계없이 유사한 기법에 의지한다는 점에서 그렇다. 하지만 이러한 전통적 스토리텔링 개념은 이번 장의 범위를 벗어나겠다. 여기서는 게임 체계와 이야기만의 교차점에 주목하고자 하기 때문이다.

게임 개발자가 게임에 집어넣은 모든 것은 이야기를 전달한다. 4장 '상황정보'에서 언급한 모든 상황정보의 요소들을 예로 들 수 있다. 게임이 보이고 들리는 방식은 게임의 설정을 이루는 기본 요소, 즉 플레이어가 무슨 일이 일어나고 있는지 이해하는 데 도움을 주는 요소일 수 있다. 상황정보의 요소들은 꼭 명시적일 필요는 없다. 이야기의 단서를 제공할 수 있는 최소한의 수준까지 단순화할 수 있다. 언어는 거의 사용하지 않으면서도 단순한 픽셀 이미지들을 사용해 외계 행성을 탐험하는 느낌을 만들어내는 〈레더〉(2010)에서처럼 말이다. 땅은 붉고 건조하며, 주인공은 게임 세계를 탐험하는 동안 우주복을 입어야 한다. 우주선은 연료 보석이 다 떨어진 상태로, 보석은 위험한 기계 장치로 가득 찬 지하 통로 깊숙한 곳으로 가야만 구할 수 있다(그림 7.2 참조).

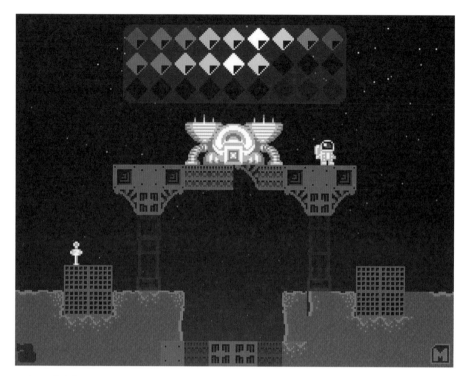

그림 7.2 〈레더〉의 장면 구성

한편 많은 상황정보를 아낌없이 쏟아부음으로써 역사와 여러 종족 국가, 정치적 투쟁이 어우러진 아주 방대한 세계를 창조하는 것도 가능하다. 게임의 허구적 설정에 대한 더 많은 내용을 알기 위해 플레이어가 읽을 수 있는 책과 조사할 수 있는 아이템이 어마어마하게 많은 〈스카이림Skyrim〉(2011) 같은 게임에서처럼 플레이어가 직접적으로 상호작용하거나 목격하지는 않더라도 말이다. 게임의 체계, 즉 게임의 규칙과 그 규칙과 상호작용할 수 있는 동사와 오브젝트는 이야기에 막대한 영향을 미치는데, 이에 관해서는 좀 더 뒤에 논하기로 하고, 우선은 게임 개발자가 게임에서 작가적 이야기를 전달하는 데 사용해온 몇 가지 방법부터 살펴보자.

막간으로서의 이야기

'컷신'이라는 용어는 플레이어에게 오직 비상호작용적인 이야기 요소를 보여주는 데만 사용되는 게임 경험의 일부분을 가리킨다. 컷신이 등장한 첫 번째 게임은 〈팩맨Pac-Man〉(1980) 같은 아케이드 게임이었는데, 이때의 컷신은 특정한 레벨을 통과한 후에 등장하는 간단한 애니메이션이었다. 〈팩맨〉의 컷신은 이야기 속 캐릭터를 보여주는 짧은 영상물이다. 컷신에서 캐릭터들은 플레이어가 게임을 통해 맥락을 이해할 장면을 말없이 행동으로 연기한다. 예를 들어 귀신들은 팩맨 뒤를 쫓고, 팩맨은 파워업을 먹고 다시 귀신들을 쫓는다.

흥미로운 부분은 〈팩맨〉 원작에 들어 있는 컷신이 팩맨과 귀신에 대한 개발자의 생각을, 게임의 다른 부분에서는 전혀 나타나지 않는 생각을 표현하게 해주었다는 점이다. 어떤 장면에서는 팩맨이 파워업을 먹어서 귀신을 쫓아갈 수 있음을 보여주기 위해 몸집이 거대해지고, 어떤 장면에서는 빨간 귀신이 못에 걸려 걸치고 있던 빨간 보자기가 찢어지면서 보자기에 감춰져 있던 분홍색 다리와 발이 드러난다! 이러한 장면들은 흔히 **막간**intermission이라고 불렸다. 레벨을 통과하느라고 수고한 플레이어에게는 다음 플레이로 넘어가기에 앞서 즐거운 볼거리를 곁들인 휴식이 주어졌다.

원작이 출시되고 1년 뒤, 후속작으로 〈미즈팩맨Ms. Pac-Man〉(1981)이 출시됐다. 〈미즈팩맨〉의 막간은 **액트**act라고 불렸다. 액트는 팩맨과 미즈팩맨이 어떻게 만나서 사랑에 빠져 아이를 낳았는지에 대한 이야기를 전달했다. 그때부터 컷신은 점점 더 정교해졌다. 고예산 게임에서는 수십 명의 등장인물이 나오는 몇 시간짜리 영상물을 삽입하기도 하는데, 이 영상물은 주로 영화 각본을 써본 극작가들이 참여한다. 역설적이게도 더러 이야기를 경험하기 위해 게임을 플레이할 필요조차 없는 경우도 있다. 진취적인 플레이어들이 〈언차티드Uncharted〉(2007) 시리즈 같은 이야기 비중이 높은 게임의 모든 컷신을 짜깁기해 유튜브 같은 사이트에서 영화처럼 감상할 수 있게 해놓았기 때문이다. 작가적 이야기 중에서 감상자가 놓치게 되는 유일한 부분은 게임 체계의 일부분인 '액션 시퀀스action sequence'뿐이다. 〈언차티드〉의 경우 액션 시퀀스는 주인공이 적을 향해 총을 쏘고, 벽을 기어오르며, 문을 열기 위해 퍼즐을 푸는 장면들이다.

실제로 게임을 플레이하지 않고도 게임의 전체 이야기를 감상할 수 있고, 또 그러기를 바란다면 한 가지 의문점이 생긴다. 게임은 과연 이와 같은 작가적 이야기를 경험하는 가장 좋은 방법인가? 게임에서 전달되는 이야기가 주로 혹은 전적으로 컷신을 통해 이루어진다면 이야기는 게임과 거의 독립적으로 존재하는 것이나 다름없다. 플레이어는 한 가지를 경험하려면 한 가지를 멈춰야 한다. 게임 플레이와 컷신 감상을 번갈아가며 해야 한다. 게임 체계와 이야기가 따로따로 흘러가게 하면서 교대로 보여주는 기법에는 이득이 있을까?

일부 게임 개발자는 이야기와 게임을 비교적 분리하는 방식을 선호하며, 각각을 독립적으로 놓아둔다. 그 이유는 이번 장의 뒷부분에서도 살펴볼 텐데, 바로 두 가지를 접목하는 어려움 때문이다. 하지만 이 기법에는 등한시된 부분이 있는데, 바로 이야기와 게임을 접목할 때 유발되는 흥미롭고도 복잡한 가능성들이다.

그럼에도 게임은 저항으로부터의 휴식을 제공하려는 목적만이라면 게임에 이야기를 접목함으로써 이득을 얻을 수 있다. 이야기는 게임의 배경이 어떤 종류의 허구 세계인지 보여주며, 사건의 맥락을 제시해줄 수 있다. 혹은 일부 게임의 경우 난센스나 유머의 느낌을 만들어주기도 한다. 내 초기작 중 하나인 〈달걀 대 닭 Egg vs. Chicken〉(2006)에서 나는 게임의 주요 구간마다 앞뒤에 만화 컷을 배치해 이야기를 전달했다. 이 게임은 요새를 향해 쳐들어오는 닭 군단을 상대로 요새를 방어하는 게임으로, 플레이어는 같은 색 달걀을 세 개 이상 모아서 던짐으로써 닭들을 물리칠 수 있다. 이 도전에 대한 상황정보는(닭 군단을 방어하는 데 달걀이 사용되다니!) 누가 봐도 초현실적이고 말도 안 되는 소리였으므로, 우리는 이 설명을 뒷받침할 같은 수준의 황당무계한 이야기를 넣기로 했다.

만화 컷의 주인공은 닭으로 부화하기를 거부한 혁명군 달걀 네 알이다. 닭 경찰대로부터 쫓기던 혁명군 달걀들은 인류의 해묵은 논쟁인 '닭이 먼저냐, 달걀이 먼저냐'에 대한 답을 찾고자 타임머신을 타고 도망친다. 〈팩맨〉에서 귀신의 노출된 다리처럼 혁명군 달걀 네 알은 게임에는 전혀 등장하지 않지만, 플레이어가 마주치는 닭들이 왜 탐욕스러운 19세기 자본가를 닮았다가, 중세 기사와 대주

교를 닮았다가, 이집트의 파라오를 닮은 것인지를 기본 전제만큼이나 익살스러운 방식으로 설명해준다. 이러한 이미지와 애니메이션, 즉 게임을 플레이하는 동안 표현되는 상황정보의 요소들은 만화에서 표현되는 비상호작용적인 이야기 요소와 어우러지면서 단순하고 우스꽝스러운 세계를 만들어낸다. 상황정보는 게임 체계 자체에 필수 불가결인 요소는 아니다. 닭과 달걀이 아닌 추상적인 공격자와 수비자를 사용해도 얼마든지 비슷한 게임을 만들 수 있다. 하지만 상황정보와 이야기를 이루는 하나하나의 요소들이 모이면 참신하고 익살스러운 경험을 창조한다.

노력으로서의 이야기

〈팩맨〉의 애니메이션이나 〈달걀 대 닭〉의 만화 같은 컷신은 플레이어가 특정한 레벨을 성공적으로 통과했을 때 휴식과 보상 차원에서 등장한다. 플레이어가 방금 성취한 것과 꼭 연관성이 깊을 필요는 없다. 이것이 컷신이 막간처럼 느껴지는 이유다. 컷신은 플레이로부터의 짧은 휴식인 만큼 체계와 상호작용하는 대신 단순히 이야기를 보거나 읽게 한다. 게임이 워낙 거의 매 순간 일정 수준의 상호작용과 선택으로 이루어지다 보니 플레이어를 이야기에 더 개입시키는 일은 구미가 당긴다. 플레이어는 스스로가 이야기의 일부인 것처럼 느낄 수 있을까? 이야기가 플레이어 없이는 진행될 수 없다면 어떻게 될까?

1970년대와 80년대에 등장하기 시작한 어드벤처 게임에서는 보통 플레이어가 게임의 결말을 향해 놓인 다양한 도전을 극복해야 하는 캐릭터를 맡는다. 〈어드벤처Adventure〉(1979)와 〈조크 I〉(1980) 같은 초기 어드벤처 게임들에는 이야기라고 부를 만한 요소가 거의 없었다. 이름 모를 모험가가 게임 세계 속에 흩어진 보물들을 찾아서 모을 뿐이었다. 나중에 나온 어드벤처 게임들은 말을 걸 수 있는 다른 캐릭터의 형태로 더 많은 상황정보를 제공하기 시작했는데, 이 캐릭터는 주로 주인공에게 수행할 수 있는 퀘스트를 주는 역할을 했다. 〈킹스 퀘스트King's Quest〉(1984)의 주인공은 세 개의 보물을 찾아야 하는 중세 기사로, 길에서 나무꾼을 만나는데 그 나무꾼의 부인은 굶주린 상태다. 이 문제는 음식을 뚝딱 만들어낼 수 있는 마법 접시를 찾으면 해결할 수 있다. 다행히도 이 접시는 그리 멀지 않은 길바닥에 놓여 있다. 나무꾼은 기사에게 답례로 바이올린을 주는데, 나중에 가면 이 바이올린이 음악으로 진정시킬 수 있는 성난 레프리콘leprechaun을 다루는 데 쓸모가 있음이 밝혀진다. 문제에 대한 올바른 해답을 찾고, 게임의 저항을 밀고 나감으로써 플레이어는 이야기에 참여하고, 이야기를 끌어나간다.

그때부터 많은 게임은 플레이어에게 완료할 수 있는 퀘스트와 과업을 주고 게임 이야기를 끌어나가게 해왔다. 〈월드 오브 워크래프트World of Warcraft〉(2004) 같은 다중접속 온라인 롤플레잉 게임MMORPG, massively multiplayer online role-playing game에서 플레이어는 잃어버린 아이템을 찾고, 근접거리에 있는 적군 수십 명을 죽이며, 게임 세계 속의 한 장소에서 다른 장소로 전갈이나 소포를 송달하는 등 다양한 과제를 완료하면서 특정 캐릭터의 이야기를 조금씩 경험해나간다. 싱글 플레이어 롤플레잉 게임에서는 게임의 전투 시스템에서 많은 전투를 단순반복 해야만 게임의 다음 지역으로 넘어갈 수 있다. 다음 지역에서 주인공은 새로운 캐릭터에게 말을 걸어 매우 중요한 플롯상에서 다음에 무슨 일이 일어날지 알아낼 수 있다. 〈팜빌〉(2009)과 〈시티빌Cityville〉(2010) 같은 소셜 게임조차 스토리라인의 매력을 깨닫고 퀘스트 구조를 만들어 플레이어에게 일련의 과제를 제공하고 과제 사이사이에 캐릭터와의 짧은 대화를 제공하기에 이르렀다(그림 7.3 참조).

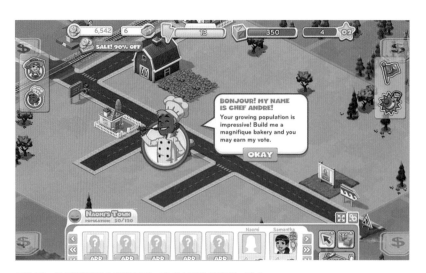

그림 7.3 〈시티빌〉에서 초반에 나오는 한 퀘스트를 시작하는 장면

〈팩맨〉의 막간과 마찬가지로 이러한 짤막한 이야기는 플레이어가 게임 체계를 밀고 나가면서 이야기 감상보다 플레이에 집중하는 구간과 번갈아 배치된다. 여기에는 아주 중요한 차이점이 있다. 〈팩맨〉의 핵심 게임플레이는 팩맨이 왜 귀신을 피하고 먹어 치우면서 레벨에 있는 노란 쿠키를 몽땅 먹어 치워야 하는가에 대한 이유로 이야기를 제시하지 않는다. 막간은 완성과 성취보다는 액션 중간의 휴식으로서 나타난다. 반면 정교한 퀘스트들로 이루어진 게임에서 이야기는 플레이어가 왜 게임의 도전을 극복해야 하는가에 대한 강력한 이유다.

이 방식은 이야기와 게임 체계 간의 좀 더 긴밀한 통합을 끌어내지만, 여기에는 위험도 있다. 6장 '저항'에서 언급했듯이 보상의 유혹은 보상으로 이끄는 플레이 과정에서의 즐거움을 퇴색시킬 수가 있다. 플레이어가 이야기의 다음 내용을 보는 데만 치중하고 플레이 중간중간 나오는 도전을 다루는 과정이 그 자체로 충분히 흥미로운 대화가 되지 못하는 경우, 플레이는 따분한 일로 전락한다. 플레이가 저급 기술과 이미 마스터한 활동의 반복(그라인딩)으로 이루어져 있다면 문제는 더욱 심각해진다. 그라인딩에 지루함을 느끼거나 어려운 퍼즐과 도전에 좌절감을 느끼는 일부 플레이어들이 결국 이야기 영상을 온라인에서 찾아보는 방법을, 보상으로 직행하는 방법을 택한다는 사실은 어찌 보면 당연한 일이라 하겠다.

상호작용하면서 이야기를 경험할 때 감상자에게는 늘 약간의 노력이 요구된다. 최소한 어두운 극장에서 눈을 뜨고 주의를 집중하거나 책장을 넘기는 일만은 해야 한다. 한편 게임은 그 안에 담긴 이야기를 경험하는 데 훨씬 더 많은 노동과 시간을 요구하기도 한다. 노력의 투자는 정서적 애착을 형성할 수 있다. 플레이어들이 단순히 책장을 넘기는 경우보다 훨씬 더 의미 있는 방법으로 참여하기 때문이다. 이야기의 진행을 보기 위해 더 열심히 노력했다는 뜻이다. 하지만 이러한 투자에는 위험이 따른다. 결말에 가서 이야기가 실망스럽다면 플레이어는 낙담하거나, 심하면 속았다는 기분까지 들 수 있다.

훨씬 더 단순한 형태의 상호작용조차 이야기의 다음 부분을 가로막는 걸림돌로 여겨진다면 부담스러울 수 있다. 〈레지던트 이블^{Resident Evil}〉 시리즈 중 일부 게임은 장면을 전개하는 데 플레이어의 행위를 요구하는 **상호작용적 컷신**^{interactive}

cutscene을 특징으로 한다. 이론상으로는 플레이어를 드라마에 더 직접적으로 참여시킨다. 〈레지던트 이블 5〉(2009)의 컷신은 플레이어가 함정을 뛰어넘거나 떨어지는 기둥을 피하거나 적의 공격을 피하기 위해 버튼을 눌러야 하는 장면으로 이루어진다. 플레이어가 짧은 제한 시간 안에 올바른 버튼을 누르지 않으면 컷신은 게임의 주인공이 처참한 죽음을 맞이하는 장면으로 이어지고, 플레이어는 해당 컷신을 다시 반복해야 한다. 이 기법은 분명 플레이어에게 '참여'하고, 올바른 버튼을 재빨리 누르기 위해 중요한 신호에 집중할 것을 요구하지만, 많은 플레이어는 타이밍이 조금 어긋났다는 이유로 봤던 장면을 또다시 봐야 한다는 사실에 극도의 귀찮음을 드러낸다.

탐색으로서의 이야기

게임 속에 이야기를 엮어 넣는 또 다른 기법은 컷신이 갖고 있는 몇 가지 문제를 비껴간다. 플레이 구간과 이야기의 다음 부분을 감상하는 구간을 번갈아 배치하는 대신 많은 게임은 플레이어가 이용할 수는 있지만 이야기의 플롯을 전개하는 데 필수적이지는 않은 이야기 요소들을 가미한다. 그 대신 이 요소들은 선택사항이다. 우리는 앞서 플레이어가 읽을 수 있는 책과 조사할 수 있는 오브젝트를 통해 유구한 역사를 지닌 광활한 판타지 세계를 알아갈 수 있는 〈스카이림〉 같은 게임을 언급했다. 또 많은 롤플레잉 게임은 광활한 세계를 여행하는 경험을 창조하고자 플레이어가 말을 걸 수 있는(혹은 적어도 해당 캐릭터나 설정에 대한 세부정보를 알려주는 대화문을 펼쳐 보여줄 '말 걸기' 동사를 사용할 수 있는) 캐릭터들을 포함한다. 이러한 이야기 요소는 6장에서 언급한 더 열린 저항의 공간에 가깝다. 이 요소들은 플레이어의 선택에 따라 밀고 나가 탐색하거나 지나치고 무시하기 위해 포함된다.

이러한 종류의 선택적 이야기 소재를 종종 **전승**lore이라고 부르기도 하는데, 주로 게임 세계의 배경이 되는 이야기로 채워져 있기 때문이다. 많은 게임의 이야기에서 전승은 플레이어가 따라갈 중심 플롯을 전개해가는 일련의 사건들을 만들어내기보다는 주로 뒷받침하는 역할을 한다. 전승의 요소들은 설정에 대해 더 많이 알고 싶어하는 플레이어와 게임 세계를 구현하는 배경 이야기와 독창적 표현을 추구하고자 하는 플레이어에게 색다른 맛을 제공한다.

　많은 게임은 앞에서 설명한 기법들을 통해 표현된 더 전통적인 플롯에다가 탐색적 이야기 요소를 접목한다. 또 어떤 게임에서는 서브 플롯을 전부 다 **부가 퀘스트**side-quest로 이용할 수 있다. 부가 퀘스트란 게임을 완료하는 데 필수적이지는 않지만 플레이어가 특정한 캐릭터나 게임 세계의 특정한 부분에 대해 더 많은 내용을 알아낼 기회를 주는 퀘스트를 말한다. 하지만 이러한 선택적 이야기가 게임의 서사에 더 중요해질수록 플레이어들이 그 이야기들을 온전히 선택적인 요소로 보지 않을 가능성이 커진다. 추가된 부가 퀘스트가 언제 무시해도 되는 요소에서 경험에 막중한 역할을 하는 플롯의 일부로 변하는지 정확히 짚어내는 일은 쉽지 않다.

　벤자민 리버스Benjamin Rivers의 공포 추리 게임인 〈홈Home〉(2012)은 많은 곁가지 이야기들을 파헤치지 않더라도 얼마든지 플레이할 수 있는 게임이다. 〈홈〉의 주인공은 옆방에 살해된 지 얼마 안 된 시체가 누워 있는 의문의 저택에서 깨어나는 기억상실증 환자다. 이 기억상실증 환자를 데리고 터널과 잠긴 문과 어두컴컴한 숲을 지나 집을 찾아가는 동안 철저하게 탐색한다면 플레이어는 수십 가지 단서를 추려내 누가 살인범인지, 주인공은 어떻게 거기에 있게 됐는지에 대한 설명을 손에 넣을 수 있다(그림 7.4 참조). 한편 플레이어는 집에 데려다준다는 목표에만 집중할 수도 있다. 얼마나 철저히 탐색할지, 모든 단편적인 증거들로부터 어떤 판단을 내릴지에 대한 결정은 플레이어의 몫으로 남겨진다.

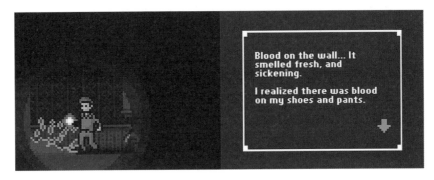

그림 7.4 〈홈〉의 도입부에서 주인공이 하는 의문의 발견

선택으로서의 이야기

지금까지 다룬 기법들은 전부 플레이어가 작가적 이야기를 경험할 수 있는 방법들이었다. 이야기의 어떤 부분은 게임을 진행해나가는 데 대한 보상처럼 보이기도 하고, 어떤 부분은 플레이어의 선택을 통해 부가적으로 이용할 수 있기도 하다. 게임은 플레이어와 체계가 밀고 당기는 대화를 닮은 탓에(아마도 다른 스토리텔링 양식보다 더 그러한 탓에) 자연스럽게 플레이어가 이야기 자체에 영향을 미치는 의미 있는 선택을 할 수 있는가 하는 의문으로 이어진다. 스토리텔링의 기교와 게임 디자인의 기교를 접목하고자 하는 시도인 만큼 플레이어가 직접 작가가 설정한 이야기의 진행을 바꾸게 한다면 어떻게 될까? 그러면 다시 플레이어가 경험하는 창발적 이야기는 플레이어가 내린 선택에 의해, 게임 체계를 어떻게 밀고 나갔느냐에 따라 달라진다.

디지털 게임 시대의 서막이 오르기 전에도 선택을 포함한 이야기라는 발상은 문학 영역에서 이미 탐색되고 있었다. 1941년에 발표된 호르헤 루이스 보르헤스 ^{Jorge Luis Borges}의 단편 '허버트 콰인의 작품에 대한 고찰'에는 가지를 뻗은 나무를 닮은 구조로 쓰여진 허구의 소설이 묘사된다. 첫 번째 장이 끝나면 3개의 장이 각각 다른 내용의 후속 사건을 다루며, 이 3개의 장은 또다시 각각 3개의 장으로 분기한다. 결과적으로 이야기에는 총 9개의 결말이 생긴다. 전통적 서사가 발단부터 결말까지 선형적으로 읽히는 텍스트라면, 이러한 종류의 텍스트는 직선이 아닌 가지가 풍성한 나무에 가깝다(그림 7.5 참조).

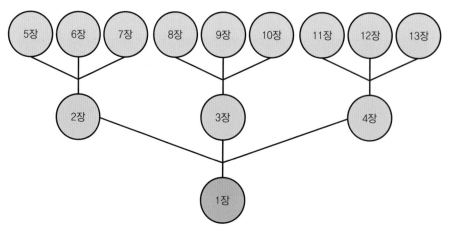

그림 7.5 보르헤스의 단편 '허버트 콰인의 작품에 대한 고찰'에서 묘사된 허구의 소설 속 구조

그로부터 몇십 년 후 이러한 서사구조는 책에도 등장하기 시작했다. 가장 유명한 책은 어린이를 대상으로 한 『당신의 모험을 선택하세요Choose Your Own Adventure 』 시리즈였다. 이러한 분기형 서사는 종종 **게임북**gamebook이라고 불리기도 했다. 그렇게 불리는 이유는 분명했다. 게임북은 흔히 플레이어가 행복한 결말에 도달하는 것을 목표로 선택을 내림으로써 밀고 나가는 체계였다. 적어도 초기작들에서만큼은 그랬다. 비디오게임 역시 분기형 이야기를 접목하기 시작했다는 사실은, 그리고 점점 더 성인 등급을 표방하기 시작했다는 사실은 그리 놀라운 일이 아니다. 게임북에 대한 역발상으로 핵심 동사가 다음에 어떤 이야기 갈래를 따라갈지 '선택하기'로 이루어진 게임은 종종 **이야기 게임**story-game이라고 불린다.

조이 퀸Zoe Quinn이 개발한 〈디프레션 퀘스트Depression Quest〉(2013)와 애나가 개발한 〈백과사전 퍽미와 요리 실종 사건Encyclopedia Fuckme and the Case of the Vanishing Entree〉 (2011)처럼 텍스트로만 이루어진 이야기 게임은 디지털 형식으로 게임북의 전통을 계승하고 있다. 이 게임은 선택이 포함된 시나리오를 읽는 플레이어가 경험하는 과정을 2인칭 시점으로 서술한다. 한 부분을 다 읽고 나면 게임은 플레이어에게 선택을 요구한다. 여자친구 집에 놀러 갔을 때 저녁을 먹을 것인가, 아니면 성적 접근을 시도할 것인가? 잠에서 깼는데 우울한 기분이 느껴질 때 해야 할 일을 하려고 노력할 것인가, 아니면 집어치우고 다른 일을 할 것인가? 〈디프레션 퀘스트〉에서 플레이어에게 제시되는 선택지 중 일부는 보이기는 하지만 비활성화되어 있다. 우울한 감정이 어떻게 삶의 폭을 좁히는지 전달하는 일종의 장치다(그림 7.6 참조). 이러한 종류의 선택은(그리고 선택할 수 없음은) 플레이어에게 주도적인 느낌을 줄 수 있는데, 잠재적으로 이야기의 해결을 바꿀 수 있는 열쇠를 쥐고 있기 때문이다. 선택지 중에서 하나를 고르는 과정 또는 모든 가능한 선택지를 해제하는 법을 알아내는 과정을 통해 사건의 진행을 변화시켜 해당 캐릭터에게 슬픈 결말이나 행복한 결말을 만들어줄 수 있다는 상상은 플레이어에게 즐거움을 준다. 그러나 동시에 거의 모든 분기형 이야기가 여전히 작가적 이야기라는 점에 주목할 필요가 있다. 비록 플레이어가 행위를 통해 탐색할 수 있는 많은 길이 있긴 하지만, 모든 길은 미리 설정되어 있다.

You've spent the past several hours at work. The past week or so you've found your job motivation flagging more so than usual; you've been in a fog practically all day today, simply going through the motions without realizing even what you've been doing half the time, and yet time seemed to be moving at half speed. You're so checked out that when your boss approaches you to tell you that it's dead and you can go home early it barely registers.

As you walk home, the streets hiss from the recent rainfall. You know that your significant other will be in classes until late, another couple hours at least. You briefly consider using this serendipitous solitude to catch up on that project that you've been working on haphazardly for the past few months.

As soon as you think about the work that awaits you at home you can feel the panic creeping in from the back of your brain, unbidden. All you can think about is how incredibly far behind you are, and the amount of work seems nothing less than insurmountable.

By the time you arrive home and change out of your uncomfortable work clothes the stress is weighing down on you like a heavy, wet wool blanket. Your computer seems to be staring you down from your desk. You want to sit down and work but the mere thought of trying to work sends your stress levels flying; more than anything you feel suddenly and absolutely *exhausted*, and feel a strong desire to simply hide in bed.

Do you...

1. Order some food, grab a drink, and hunker down for a night of work.
2. Reluctantly sit down at your desk and try and make yourself do something
3: Turn on the TV, telling yourself you just need a quick half hour to unwind from work
4: Crawl into bed. You're so stressed and overwhelmed you couldn't possibly accomplish anything anyways.

You are depressed. Interaction is exhausting, and you are becoming more and more withdrawn.

You are not currently seeing a therapist.

You are not currently taking medication for depression.

Depression
Quest

an interactive
(non)fiction
about living with
depression

by
zoe quinn
patrick lindsey
isaac schankler

restart the game

그림 7.6 〈디프레션 퀘스트〉에서 결정을 내려야 하는 장면. 선택지 중 하나는 비활성화되어 있다.

　게임 개발자들은 플레이어에게 **선택이라는 착각**illusion of choice을 심어주는 방법에 대해 이야기하기도 한다. 게임의 대화는 게임 개발자가 만든 구조 위에서 이루어지며, 플레이어가 마음대로 사용하는 동사, 즉 체계를 밀고 나가고, 자신만의 경험을 조각하는 수단은 미리 결정되어 있다. 이야기 게임을 반복해서 플레이하거나 다른 선택을 따라가 보기 위해 같은 순간으로 되돌아가 모든 가지를 탐색하면 개발자가 만들어놓은 모든 것을 경험할 수 있긴 하지만, 여전히 제한적인 선택의 틀을 벗어나지 않는다.

　이러한 선택은 식당에 가서 메뉴판을 보고 무엇을 먹을지 고르는 일과 비슷하다. 나만의 요리를 새로 추가할 수는 없지만, 선택할 수 있는 메뉴들은 여전히 의미가 있다. 나만의 경험을 직접 선택할 수 있고, 모든 사람의 입맛이 다 같을 수는 없기 때문이다. 플레이어의 선호도를 반영할 수 있는 분기형 이야기는 제공된 가지들 중에서 플레이어가 추구하고 싶은 이야기를 찾게 해준다. 달콤한 음식을(특히 후식으로) 싫어하는 사람은 별로 없듯이 많은 사람이 달콤하고 행복한 결말을 좋아하긴 하지만, 여러 가지 결말이 있는 게임이라면 플레이어들은 행복한 결말을 원하는지 원하지 않는지 선택할 수 있다. 일부는 아마도 행복한 결말이 아닌 다른 결말을 고를 텐데, 단지 호기심 때문일 수도 있고, 어떤 결정이 단순히 그들이 인지하는 서사적 논리 내에서 더 유리하거나 캐릭터의 고군분투에 만족할 만한 해결을 가져오기 때문일 수도 있다.

어떤 때는 어떤 종류의 이야기를 경험할지 고르는 일이 저녁 메뉴를 고를 때만큼이나 멋진 일로 느껴진다. 어떤 때는 이러한 결정을 코스 요리를 먹는 경험, 즉 가지가 없는 전통적인 이야기에서처럼 기꺼이 타인에게 넘길 수도 있다. 좋은 이야기를 전달하는 일은 하나의 기술이며, 분기형 이야기를 설계하는 일은 그 기술 중에서도 특히 까다롭다. 우선 분기형 이야기는 양적으로 더 많은 이야기가 있는 만큼 사건을 한 가지 버전으로만 전달하는 선형적인 이야기보다 당연히 이야기를 전달하는 데 훨씬 더 많은 언어나 애니메이션, 영상물이 필요하다. 따라서 많은 이야기 게임 개발자들은 한 지점에서 이야기가 갈라지지만 중심 플롯으로 재수렴하는 선택이나, 게임의 결말에 가까울 때 분기가 일어나서 추가적인 스토리텔링을 많이 넣지 않더라도 플롯의 변화가 의미 있게 느껴질 수 있는 선택처럼 작은 가지들을 만드는 데 수반되는 노력과 복잡성을 최소화하려고 한다.

이야기 게임의 개발자들은 분기형 구조를 만들기 위해 다양한 기법을 차용한다. 먼저, **관목형 구조**는 매 턴에서 플레이어에게 선택을 제공해 다양한 방향으로 가지를 계속 뻗어 나가며, 때로는 갑작스러운 종결이나 미해결된 결말에 이를 때도 있는 구조를 지칭한다(고전 게임북 『당신의 모험을 선택하세요』 시리즈를 읽어보면 각 권의 막다른 길에는 대부분 캐릭터의 죽음이 있다). 둘째, **재수렴형 구조**는 끝없이 가지를 뻗어 나가는 관목형 구조의 단점을 보완하려는 구조다. 이 구조 역시 가지를 분기했다가 재수렴하게 하려면 많은 플롯을 개발해야 한다. 이것은 하나의 해결로 향하지만 최종 결과에 이르는 길이 다양해서 어떤 갈래를 택했느냐에 따라 같은 결과라도 세부적인 느낌이 달라질 수 있는 비교적 선형적인 플롯이다. 마지막으로, 많은 이야기 게임은 각기 다른 결말로 끝나는 여러 갈래의 선택으로 끝나는데, 이러한 구조를 **결말선택형 구조**라고 한다. 결말은 다양한 가지를 만드는 데 실용적인 시점인데, 각각의 이야기가 종결되어 가지를 더 뻗거나 길이를 늘일 필요가 없기 때문이다(그림 7.7 참조).

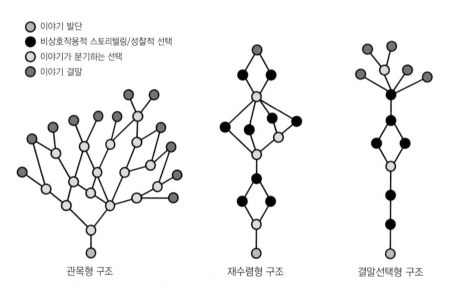

이야기 발단
비상호작용적 스토리텔링/성찰적 선택
이야기가 분기하는 선택
이야기 결말

관목형 구조   재수렴형 구조   결말선택형 구조

그림 7.7 분기형 이야기를 조직할 때 출현할 수 있는 구조들

　　이야기의 양적 측면 외에도 질적 측면의 문제가 있다. 어떤 분기를 선택했든 우리는 플레이어의 지성과 상상력에 비추어 억지스럽지 않은 플롯과 결과로 이야기가 만족스럽게 느껴지게 해야 한다. 2005년 게임랩Gamelab이라는 스튜디오에서 게임 디자이너로 일할 무렵 내가 앞서 언급한 〈달걀 대 닭〉이라는 게임을 개발 중일 때, 다른 팀은 정원사가 꽃을 피우는 일을 돕는 요정을 주인공으로 한 〈플란타지아Plantasia〉(2005)라는 게임을 개발 중이었다. 〈플란타지아〉의 디자이너인 닉 포르투그노Nick Fortugno는 원래 이 게임의 결말을 요정이 정원사와 관계를 이어갈지, 아니면 정원을 떠날지 중에서 선택하는 형태로 만들 작정이었다. 고심 끝에 그는 결국 선택이 이 이야기에서는 의미가 없을 거라고 판단했다. 캐릭터들이 하는 경험, 그들이 발전해온 방식, 플롯을 이루는 사건들은 모두 가장 자연스러운

결말로 연인 관계를 지향하고 있었다. 그러한 단서들에도 불구하고 요정이 로맨스를 외면하기로 결정하는 다른 결말을 만들어넣는 일은 어렵지야 않겠지만, 닉 포르투그노가 생각하기에 이 결말은 옆으로 뻗은 어색하고 동떨어진 가지, 즉 흔적 기관처럼 느껴질 것 같았다.

이에 반해 에밀리 쇼트^{Emily Short}의 게임인 〈플로트포인트^{Floatpoint}〉(2006)는 역시 결말 가까이에 있는 중요한 순간으로 몰고 가도록 설계된 이야기 구조를 사용한다. 이 게임의 주인공은 외계 행성에 특사로 파견된 인간 외교관이다. 게임을 플레이하는 동안 플레이어는 외교관이 외계인들에게 메시지를 전하고 그들과 인류와의 관계를 결정할 단 하나의 선택을 내려야 한다는 사실을 깨닫는다. 〈플로트포인트〉는 플레이 대부분이 외계 도시를 탐험하면서 그들의 문화와 역사, 현재 상황에 대한 더 많은 정보를 수집하는 활동으로 채워져 있다. 그다지 거대한 세계는 아닐지라도 의미 있는, 그렇지만 선택적인 이야기 요소는 풍부하다. 이 요소들은 탐험과 퍼즐 해결을 통해 발견할 수도 있고, 생략할 수도 있는데, 생략할 경우 플레이어의 이해도에는 빈틈이 생기며 최종 결정에서 고를 수 있는 선택지가 적어진다. 〈플로트포인트〉에서 눈에 띄는 부분은 에밀리 쇼트가 단 하나의 전환점을 중심으로, 타 문화에 대한 불완전한 이해도를 바탕으로 내리는 하나의 결정이 미래의 운명을 뒤흔들 수 있는 역사적인 순간을 중심으로 플롯을 설계했다는 점이다. 그 결과 외교관의 선택이 빚어낸 다양한 결과들은(중심축이 되는 장면을 다시 플레이함으로써 경험할 수 있는) 모두 이야기 속 사건들에서 자연스럽게 이어지는 것처럼 느껴진다.

체계로서의 이야기

지금까지는 주로 다른 문화 형식에서 이야기를 전달하는 데 사용하는 재료와 같은 재료를 사용해서 이야기를 전달하는 게임을 살펴봤다. 언어, 말풍선을 넣은 만화 캐릭터, 동영상을 통해 이야기를 만들어낼 수도 있고, 현장 이벤트에서 진행되는 일종의 비디지털 게임에서는 심지어 인간 배우를 사용할 수도 있다! 이번 장의 첫머리에서 언급했듯이 게임은 전통적인 스토리텔링에서 사용하는 재료를 뛰어넘는 고유한 재료를 갖고 있다. 동사와 장면, 규칙으로 이루어져 있으며 플레이어가 밀고 나가고 학습할 수 있는 것, 바로 체계다. 단순히 다음에 어느 길로 가야 할지에 대한 선택을 제공하는 차원을 뛰어넘어, 게임 체계의 어휘는 게임만의 고유한 구조를 통해 이야기를 전달할 수 있다.

역사적으로 오래된 게임들은 대부분 게임 세계와 그 세계가 어떻게 작동하는지에 대한 생각을 체계와 메커니즘을 통해 표현한다. 이 게임들에는 대체로 갈등을 극복하고, 문제를 해결하며, 도전을 극복하기 위해 어려움을 이겨내는 이야기가 담겨 있다. 체스는 서로 대치 중인 전력이 동등한 두 부대가 각각 결정적으로 중요한 인물인 국왕을 방어하는 이야기로 볼 수 있다. 아프리카에서 유래한 초기 보드 게임인 만칼라Mancala는 씨앗을 심고 거두는 주기를 나타낸다. 다음 주기를 시작하기 위해 어느 땅에서 씨앗을 거둘지 결정하는 일은 매우 중요하다. 게임은 특정한 동사의 사용을 통해 플레이어가 밀고 나갈 수 있는 체계를 구축함으로써 특정한 시나리오가 게임 세계에서 어떻게 작동하는지를 묘사할 뿐만 아니라 그러한 시나리오에서 어떤 종류의 행위가 중요한지, 어떤 종류의 결정이 중대한 차이를 만들어내는지도 말해준다.

1장과 5장에서 언급했듯이, 애나의 게임인 〈디스포이아〉(2012)는 호르몬 요법을 받기로 한 성전환 여성으로서 그녀 자신의 경험을 바탕으로 한 이야기를 전달하면서 그녀의 감정과 인간관계, 세상을 살아가는 방식이 어떤 영향을 받았는지 보여준다. 〈디스포이아〉는 이야기를 부분적으로 문자와 그림을 통해 전달하는데, 이 요소들은 애나의 인생에서 떼어낸 다양한 상황에서 어떤 일이 일어나고 있는지 설명한다. 그러나 동시에 많은 애나의 경험은(그 상황에서 그녀라면 어떤 기분일지 생각해보는 경험은) 게임 메커니즘을 통해서도 표현된다(그림 7.8 참조). 이 체계들은 언어만으로는 전달할 수 없는 무언가를 전달한다. 한 장면에서 플레이어는 픽셀로 표현된 캐릭터를 귀가시켜야 하는데, 그동안 글자는 약물이 그녀를 탈진하게 만들었다고 설명한다. 체계도 역시 약물이 그녀를 탈진하게 만들었음을 설명하는데, 플레이어가 화면을 이동하는 움직임에 점점 더 저항을 높여 거의 기어가는 것처럼 느리게 만들어서 탈진한 경험을 눈으로 볼 수 있게 표현한다.

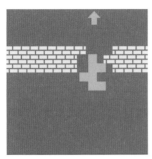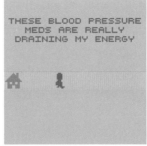

그림 7.8 애나의 경험들을 이미지뿐만 아니라 체계를 통해 표현하는 〈디스포이아〉의 장면들

또 다른 장면에서는 플레이어가 〈테트리스〉에 나오는 조각처럼 생긴 물체를 움직여야 하는데, 벽에 있는 틈새 사이로 통과시키려고 하지만 모양이 이상해서 맞지 않는다. 심지어 캐릭터의 심정을 표현하는 글자가 없더라도 잘못되고 이상하다고 느끼는 애나의 경험은 분명히 이해된다. 특히 이 장면이 다시 출현할 때 더욱 그렇다. 후반부에 가서 이 부분은 어느 정도 해결에 이른다. 플레이어는 벽을 상대로 싸워서 벽에 구멍을 낼 기회를 잡는다. 게임의 끝 부분에 나오는 짧은 장면은 계속 변하는 물체도 벽을 통과할 수 있다고 약속한다.

다른 종류의 메시지 역시 게임 메커니즘을 통해 전달할 수 있다. 〈베스트 어멘드먼트^{The Best Amendment}〉(2013)는 "총을 든 악한 자를 막을 수 있는 유일한 방법은 총은 든 선한 자뿐"이라는 미국총기협회의 주장에 대한 파올로 페데르치니^{Paolo Pedercini}의 의견이다. 이 게임은 첫눈에는 매우 단순해 보인다. 각 레벨에서 플레이어는 하얀 모자 캐릭터를 조종하면서 검은 모자 캐릭터를 총으로 쏘아 별을 모아야 한다(그림 7.9 참조). 레벨이 올라감에 따라 검은 모자 캐릭터도 총을 쏘기 시작하면서 플레이 구역은 더 위험해진다. 마침내 검은 모자를 쓴 '총을 든 악한 자'의 움직임과 총격에서 어디서 본 듯한 느낌이 들기 시작한다. 알고 보니 그들의 움직임은 전 단계 레벨에서 플레이어가 어떻게 움직이고 총을 쏘았는지에 대한 기록이었다! 처음에는 검은 악당 무리가 나오는 위험하고 정신없는 총격처럼 보였던 장면이 실은 게임이 제시한 목표(별 모으기)를 추구하는 동안 자신이 했던 행위의 산물이었음이 드러난다. 〈베스트 어멘드먼트〉는 언어로 메시지를 설명하지 않는다. 파올로 페데르치니는 플레이될 때 특정한 종류의 경험을 생산하는 체계를 통해 누가 '총을 든 선한 자'인지는 인식에 달려 있으며, 명백한 '악한 자'를 쏘기 위해 돌아다니는 행위는 피바다를 만들 뿐이라는 생각을 전달한다.

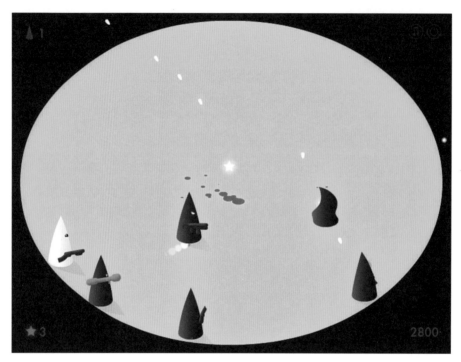

그림 7.9 〈베스트 어멘드먼트〉는 게임 메커니즘을 통해 '누가 진짜 선하고, 누가 진짜 악한가?'라는 메시지를 전달한다.

해석된 이야기

언어, 이미지, 캐릭터로 표현되든 게임 체계의 어휘를 통해 표현되든, 게임은 놀라울 정도로 다양한 작가적 이야기를 전달할 수 있다. 게임 체계를 통해 우리는 작가적 이야기의 전개와 발전에 플레이어를 참여시킬 수 있다. 플레이어는 이야기를 단순히 앞으로 밀고 나갈 수도 있고, 이야기의 어느 분기를 탐색할지 결정할 수도 있다. 이야기가 어떻게 작동하는지 알아내고 무엇을 말하려 하는지 이해함으로써 게임 체계에 내재된 작가적 이야기의 조각들을 발견할 수도 있다. 6장에서는 플레이어가 자신만의 전략을 추구할 수 있도록, 나아가 자신만의 목표를 수립할 수 있도록 게임이 어떻게 저항의 형태를 확장할 수 있는지 살펴봤다. 그렇다면 플레이어를 작가적 이야기의 수용자로서만이 아니라 스토리텔러로서 참여시키기 위해 그와 비슷한 방법으로 이야기도 확장할 수 있을까?

게임이 플레이될 때마다 하나의 경험이 탄생한다. 플레이어가 게임을 밀고 나가는 과정에서 생성되는 경험이다. 작가적 이야기를 포함한 많은 게임에서 이 경험은 비교적 예측 가능하다. 다시 플레이할 경우 거의 같은 경험처럼 느껴진다는 뜻이다. 〈디스포이아〉를 플레이하는 과정은 대부분의 플레이어에게 비교적 비슷할 텐데 이는 의도적인 것이다. 〈디스포이아〉는 실제 인물이 겪은 경험, 즉 실제로 일어났던 사건과 상황을 전달하는 것을 목표로 하는 게임이기 때문이다. 플레이어가 〈디스포이아〉에 자신의 이야기를 끼워 넣는 것은 어떤 스토리텔러가 인생에서 자기가 겪은 사건을 말로 풀어내고 있을 때 중간에 끼어드는 것만큼이나 불손한 일이다. 구두로 하는 대화에서처럼 게임은 플레이어에게 경청해야 할 순간과 더 적극적으로 참여해야 할 순간을 제공할 수 있는데, 둘 다 나름의 유용성이 있다.

물론 모든 게임이 개인적인 경험을 전달하는 것을 목표로 하지는 않는다. 어떤 게임은 플레이어가 자신만의 플레이 스타일이나 목표를 정할 수 있도록 열린 공간을 만들어준다. 이러한 게임들은 플레이어가 각기 다른 방법으로 게임과 상호작용함에 따라 셀 수 없을 정도로 다양한 경험을 유발할 수 있다. 6장에서 언급했던 〈심즈〉(2000)와 〈마인크래프트〉(2009) 같은 오픈월드 게임들은 플레이어가 게임 체계에서 무엇을 추구하느냐, 그리고 규칙을 어떻게 극복하고, 어떻게 밀고 나가느냐에 따라 플레이어마다 다른 창발적 이야기를 만들어낸다. 규칙이 모든 플레이어에게 똑같은 구조를 만들다 보니 창발적 이야기에는 많은 공통분모가 있다. 플레이어 개개인의 창발적 이야기는 공통적이되 다양한 패턴으로 배열할 수 있는 기본 요소로 구성되어 있다.

해석

스펙트럼의 한쪽 끝인 작가적 이야기에서조차 게임의 이야기에 플레이어의 창의성과 독창성이 개입할 여지를 열어주는 방법은 여러 가지가 있다. 전통적 개념의 작가적 이야기는 이야기를 작가로부터 수용자에게 단순히 전달되는 것처럼 설명한다. 하지만 이러한 관점이 어떻게 이야기가 탄생하는가에 대해 생각하는 유일한 방법은 아니다. 쿨레쇼프 효과는 해석의 힘이 얼마나 강력한지 보여준다. 요소들을 어떻게 배열했느냐에 따라 관객들은 같은 배우의 같은 표정을 보고도 전혀 다른 해석을 내놓을 수 있다.

물론 이야기의 해석은 두 사람이 같은 이야기를 경험하더라도 다를 수 있다. 그것이 바로 우리가 친구들과 함께 셰익스피어의 〈햄릿〉 같은 연극을 본 후에 정확한 줄거리에 대한 의견이 엇갈리는 이유다. 햄릿 아버지의 유령은 초자연적인 현현인가, 아니면 일종의 환영이나 속임수인가? 햄릿이 삼촌을 살해하려는 계획은 정당화될 수 있는가, 또 그가 대사에서 말한 것처럼 미친 척하는 것인가, 아니면 정말로 정신이 이상해진 것인가? 셰익스피어는 분명 작품의 줄거리에 대한 자신만의 해석을 갖고 있겠지만, 작가의 관점이 그 연극의 의미에 대한 최종 해석이 될 필요는 없다. 이야기를 전적으로 작가에 의해 생산되어 수용자에게 전달되는 것으로 생각하는 대신, 해석하는 순간에 생산되는 것으로 본다면 어떻게 될까?

게임은 모호함에 적합한 속성을 지니고 있다. 부분적인 이유는 게임에서 취하는 행위가 다른 플레이어의 경험과는 다른 경험을 만들어내는 방식을 플레이어가 자각할 수 있기 때문이다. 다른 문화 형식에서 이야기를 전달할 때와 같은 기법과 도구를 사용하는 게임 개발자들은 종종 이야기의 일부분을 공개하지 않고 베일에 감춘 뒤에 해석 가능성을 열어둔다. 앞서 살펴본 〈홈〉은 아주 훌륭한 예다. 〈홈〉의 이야기는 아주 다양한 방법으로 바라볼 수 있는 하나의 수수께끼다. 작가가 의도한 내용은 변하지 않을지라도 플레이어가 얼마나 샅샅이 탐색하느냐에 따라 이야기 조각들을 더 많이 찾아낼 수도 있고, 조금밖에 못 찾아낼 수도 있다. 이 게임의 개발자인 벤자민 리버스는 의도적으로 이야기의 해석 가능성을 완전히 열어두었으며, 나아가 자신만의 해석을 적극적으로 생각해내도록 플레이어들을 부추긴다. 〈홈〉의 웹사이트는 플레이를 마친 플레이어들에게 게임의 이야기에 대한 자신만의 설명을 제출해달라고 부탁한다. 게임이 출시된 지 한 달이 지나자 접수된 해석만 수십 개에 달했다(그림 7.10 참조).

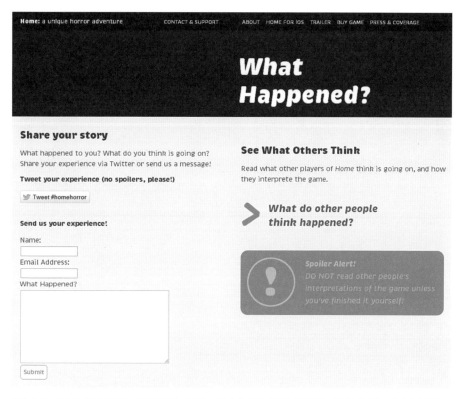

그림 7.10 〈홈〉의 웹사이트에는 플레이어가 게임의 이야기에 대한 자신만의 해석을 제출할 수 있는 페이지가 있다.

게임 체계를 통해 전달되는 이야기는 해석에 적합한 속성을 지니고 있다. 부분적으로는 언어 없이 전달된다는 바로 그 이유 때문이다. 플레이어는 체계를 밀고 나가고, 동사를 사용해 어떤 일이 일어나는지 관찰하며, 게임이 어떻게 작동하는지 조금씩 윤곽을 알아감으로써 게임 이야기의 이러한 속성을 경험한다. 메커니즘은 같을지라도 플레이어들은 체계가 무엇을 말하려고 하는가에 대해 저마다 다르게 이해할 수 있다.

〈파이프 트러블Pipe Trouble〉(2013)은 캐나다의 도시근교 및 농촌 지역에서 천연 가스 파이프를 놓는 용역을 수행하는 게임이다. 플레이 구역의 양옆에 나오는 두 캐릭터는 공사에 어떤 문제가 생기면 불만을 표시하면서 파이프를 설치한 방식에 얼마나 만족하는지 혹은 불만족하는지 알려준다. 파이프가 농지와 지나치게 가깝거나 농장 가축에게 불안감을 주면 왼쪽에 있는 농부가 항의하고, 파이프 설치가 빨리 완료되지 않거나 파이프를 지나치게 많이 사용해서 예산을 초과하면 오른쪽에 있는 사업가가 분노한다(그림 7.11 참조).

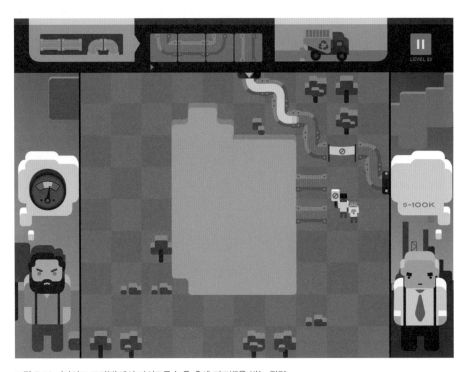

그림 7.11 〈파이프 트러블〉에서 파이프를 놓은 후에 피드백을 받는 장면

양쪽을 모두 만족시키는 일은 어렵다. 특히 플레이 중에 다른 요인들이 출현한다는 점을 감안하면 더욱 그렇다. 예를 들어 숲 구역에 파이프를 놓으면 시위자들이 나타나서 파이프를 가로막는데, 환경을 무분별하게 훼손한 경우에는 파이프를 폭파하는 고의적인 기물 파괴까지 일으킨다. 〈파이프 트러블〉은 농부와 사업가가 만족하는지 불만족하는지 명확히 보여주기는 하지만, 어떤 방법으로

플레이하는 것이 옳은가에 대한 결정은 플레이어의 몫이다. 모든 사람을 만족시키는 것이 가장 좋은 성공의 척도인가? 가능한 한 돈을 많이 아끼는 것인가? 사업가를 화나게 하더라도 농장과 집과 숲을 건드리지 않는 것인가? 어떤 방법으로 플레이하는 것이 옳은가를 둘러싼 다양한 해석 가능성은 체계를 통해 복잡한 이야기를 만들어내는 데 유용하다. 모두를 만족시키는 일은 어려우며, 천연가스 파이프는 숲에 사는 동물이든 재벌의 회계장부든 어딘가에는 부정적인 영향을 미치게 마련이다.

　이야기 게임의 분기형 서사는 흥미로운 형태의 모호함도 만들어낼 수 있다. 특히 플레이어의 선택에 영향을 받는 체계가 플레이어에게 완전히 공개되지 않을 때 그렇다. 에밀리 쇼트가 개발한 〈비^{Bee}〉(2012)에서 플레이어는 주인공의 시간을 어떻게 활용할 것인가에 대한 선택을 내린다. 주인공은 홈스쿨링을 하며 철자 맞추기 대회의 우승자가 되는 것을 목표로 공부하는 한 여학생이다. 게임을 시작하면 플레이어는 자신의 선택이 영향을 미치는 두 가지 속성을 볼 수 있다. 공부를 더 많이 하면 '철자실력'이라는 속성은 올라가지만 '동기부여'라는 속성은 떨어진다. 동기부여가 너무 낮아지면 공부와 관련된 일부 선택은 비활성화되지만, 다른 종류의 활동을 선택함으로써 동기부여를 올릴 수 있다(그림 7.12 참조).

　철자실력과 동기부여가 이 게임의 중심점이자 명시된 목표처럼 보일지라도, 체계의 다른 부분 역시 플레이어의 선택에 따라 달라진다. 특히 부모와 여동생, 다른 친구들과의 관계가 크게 달라진다. 흥미로운 부분은 결말 중에는 몇 년 후에 어떻게 되었는지를 보여주는 결말도 있고, 철자 연습을 완전히 포기하는 결말도 있는데, 이러한 다양한 결말이 주인공과 다른 사람들 사이의 관계와 관련이 깊다는 점이다. 〈비〉의 경우 게임 체계의 윤곽을 파악하고 여학생의 인생에 무슨 일이 일어나고 있는지 해석하려면 반드시 여러 번 플레이해봐야 한다. 비록 주인공이 우승자가 되기 위해 어려움을 극복하고, 실력을 쌓으며, 문제를 해결해나간다는 단순한 서사를 보여주는 게임이지만, 이야기를 변화시키는 것처럼 보이는 결정은 이 게임이 실은 단순한 목표의 좁은 한계를 넘어 인간관계와 삶에 대한 근원적인 메시지를 담고 있을지도 모른다는 사실을 암시한다.

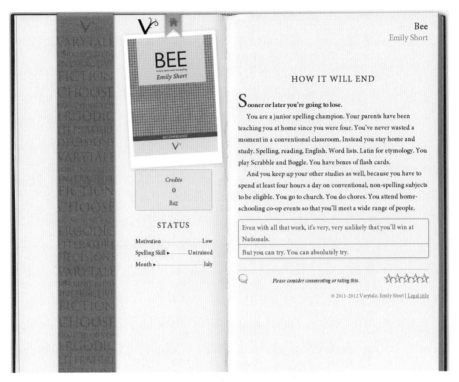

그림 7.12 〈비〉에서 내리는 선택은 왼편에 표시되는 캐릭터의 속성에 영향을 주기도 한다.

성찰적 선택

이야기 게임에 대해 이야기하면서 우리는 지금까지 여러 개의 가지 중 하나의 가지를 따라, 어쩌면 이야기의 결말을 바꿀 수도 있는 가지를 따라 이야기를 끌고 나가기 위해 플레이어가 다룰 수 있는 선택에 역점을 두었다. 이야기와 게임을 논할 때 이러한 종류의 플롯을 바꾸는 선택이 많은 주목을 받는 것은 어쩌면 당연하다. 전개형 서사, 즉 행위를 취할 수 있는 체계에 참여할 때 우리는 어떻게 차이를 만들 수 있는지 알아야 한다. 아끼는 캐릭터가 안 죽게 하려면 어떻게 해야 하는 걸까? 어떤 선택이 좋은 결말과 나쁜 결말의 차이를 만들어내는 걸까?

하지만 플롯을 바꾸는 선택이 플레이어가 게임에서 얻는 창발적 경험에 영향을 미치는 유일한 선택은 아니다. 일부 이야기 게임 개발자들이 **성찰적 선택**reflective choice이라고 부르기 시작한 또 다른 종류의 선택은 플레이어의 상상력과 해석, 심리를 포괄할 수 있는 개념이다. 비록 이 선택들이 이야기의 플롯이나 게임의 상태에는 아무런 영향을 주지 않지만 말이다.

한 젊은 귀족이 궁중에서 벌어지는 사회적 음모, 정치, 관계를 파헤치는 이야기 게임인 〈초이스 오브 로맨스Choice of Romance〉(2010)의 도입부에서 플레이어는 의미 있는 선택처럼 느껴지는 어떤 선택을 해야 한다. 젊은 귀족은 행운을 불러온다는 보라색 나비를 발견한다. 이때 플레이어는 귀족이 어떤 소원을 빌지 결정해야 한다. 부자가 되게 해달라고 빌 것인가? 모험? 진정한 사랑? 아니면 세상을 바꿀 놀라운 일을 하게 해달라고 빌 것인가? 이 선택이 플롯을 바꾼다고 가정했다면 우리는 이 선택이 이야기에 어떤 영향을 미치는지 상상해볼 수 있다. 진정한 사랑을 선택한 귀족은 나중에 진한 로맨스를 경험할 테고, 아마도 그 목표를 이루면서 게임이 종결되지 않을까?

진실은 이렇다. 비록 플레이어에게 공개되지는 않지만 이 선택은 게임이나 이야기 속에 등장하는 다른 어떤 요소에도 영향을 미치지 않는다. 이것이 바로 성찰적 선택, 다시 말해 플레이어의 주의를 선택을 내리는 행위 그 자체에 집중시키기 위해서만 존재하는 선택이다. 〈초이스 오브 로맨스〉에서 플레이어는 처음에 빌었던 소원과 관계없이 어느 하나 또는 모든 목표를 추구할 수 있지만, 소원은 플레이어로 하여금 무엇이 중요한지, 그 이야기에서 혹은 적어도 그 회차 플레이에서 무엇을 추구하고 싶은지 생각해보게 하는 역할을 한다.

성찰적 선택은 얄팍한 속임수나 책임 회피처럼 보일 수도 있다. 가장 큰 이유는 플롯을 바꾸는 선택보다 게임에 투입해야 하는 수고가 훨씬 더 적기 때문이다. 하지만 그러한 관점은 게임에서의 모든 선택이 반드시 게임의 상태에 영향을 미쳐야 하고 그 외의 모든 선택은 의미가 없다는 생각에서 출발할 때만 수긍할 수 있다. 이와 같은 태도는 선택의 초점이 성패를 가를 전략에 집중된 많은 게임에는 설득력이 있다. 체스에서 나이트knight의 말 머리를 앞으로 놓을지 뒤로 놓을지에 대한 결정은 성패에는 영향을 주지 않는다. 조금도 중요하지 않은 선택이다. 하지만 게임에서 이야기의 의미와 해석이 결합될 때 선택의 행위는 훨씬 더 복잡해진다. 전통적 이야기에서도 캐릭터가 취하는 모든 행위가 게임 세계의 운명을 바꾸거나 생사를 가르지는 않는다. 좋은 결말과 나쁜 결말을 가르지도 않는다. 그 대신 허구의 캐릭터가 행동하거나 생각하는 많은 것은 그 캐릭터가 누구인지, 그가 어떻게 반응하는지, 그가 어떤 사람인지를 반영한다.

동명의 만화 시리즈를 기반으로 한 게임인 〈워킹 데드$^{The\ Walking\ Dead}$〉(2012)에는 성찰적 선택의 예시가 많이 들어 있다. 〈워킹 데드〉의 설정은 좀비 아포칼립스 시대 및 그 후의 미국이다. 많은 인물의 운명은 만화에서뿐만 아니라 이를 원작으로 한 비디오게임이나 TV 드라마에서도 지독히 암울하다. 게임에서 플레이어는 종신형을 선고받고 호송되던 중에 폭동을 틈타 도망쳐 생존자 집단에 합류하는 인물인 리 에버렛$^{Lee\ Everett}$의 선택을 제어한다. 후반부에서 주인공은 좀비한테 물려서 감염된 한 여자를 마주친다. 여자는 좀비로 변해야 하는 죽음보다 비참한 운명을 처연히 기다리고 있다. 플레이어가 내려야 하는 선택은 끔찍하다. 여자는 자살할 수 있도록 총을 달라고 부탁한다. 플레이어는 총을 건네줄지, 아니면 부탁을 거절할지 결정해야 한다(그림 7.13 참조).

그림 7.13 〈워킹 데드〉에서 어렵고도 강한 각인을 남기는 선택을 해야 하는 장면

알고 보면 이 어려운 선택은 거의 성찰적 선택에 가깝다. 플레이어가 거절하더라도 여자가 총을 낚아채 자살을 감행해버리기 때문이다. 하지만 이러한 선택을 해야 하는 경험은 긍정적인 결과를 만들어낼 방법은 없더라도 많은 플레이어에게 강한 각인을 남긴다. 〈워킹 데드〉는 남자아이의 시체를 묻어줄지 결정하는 일에서부터 죽어가는 남자의 마지막 말을 들어볼지 결정하는 일에 이르기까지 이와 같은 선택과 상황으로 가득 차 있다. 성찰적 선택은 행복한 결말이라고는

기대할 수 없는 그러한 암울한 설정에서 생존하는 이야기에는 어울릴 수 있다. 그러한 환경에서 게임은 결과를 바꿀 수 있든 없든 플레이어가 어떤 태도를 가진 사람인지, 현실의 참혹함에 어떻게 반응하는지가 중요함을 암시하는 셈이다.

선택이 게임의 결과나 이야기의 진행에 반드시 영향을 줄 필요가 없다면 우리는 명백히 '사소한' 것처럼 보이는 많은 선택이 플레이어의 창발적 경험에 영향을 미칠 수 있는지 고민해볼 수 있겠다. 많은 게임에서 플레이어는 자신이 조종할 캐릭터나 아바타가 어떤 외모를 가질 것인지 결정한다. 남자로 할 건지, 여자로 할 건지, 게임에 자신을 닮은 사람을 넣을 건지, 이상적인 모습으로 승화시킨 자신의 모습을 넣을 건지, 완전히 다른 모습을 넣을 건지 결정할 수 있다. 게임 중에는 주인공의 외모나 성별에 대한 선택이 게임의 체계에 영향을 미치는 게임도 있고, 게임의 플롯과 상태가 거의 영향을 받지 않는 게임도 있다. 그럼에도 아바타가 죽는 장면을 볼 때 하게 되는 경험은 그 아바타가 자신과 똑같이 생겼다면 매우 달라질 수 있다!

〈매스 이펙트Mass Effect〉 시리즈는 탐색과 총격 장면 사이사이에 플레이어 캐릭터(셰퍼드Shepard)가 다른 인물들과 대화하는 장면이 삽입되어 있다. 플레이어는 수시로 무슨 말을 할지 선택해야 한다. 선택 중에는 일부 성찰적 선택도 있는 반면, 이야기의 진행을 극적으로 바꾸거나, 비중 있는 인물의 죽음으로 끝나거나, 플레이어 캐릭터의 속성을 바꾸는 선택도 있다. 하지만 게임에서 가장 의미 있고 가장 활발하게 거론되는 성찰적 선택은 플레이어가 게임을 시작할 때 선택해야 하는 주인공의 성별일 것이다. 분명 게임에서 내리는 그 밖의 선택들이 성별 선택에 따라 달라지지는 않는다. 플레이어 캐릭터는 정확히 같은 대사를 뱉는다. 단지 다른 성우가 녹음했을 뿐이다. 하지만 여자 셰퍼드를 플레이하는 경험에 대해 많은 플레이어는 전혀 다른 별개의 경험이며 참신하다고 평했다. 그 이유는 아마도 상황과 대화에 반응할 수 있는 모든 선택권이 남자 셰퍼드와 똑같기 때문일 것이다.

감정적 공명

〈다이너 대시^{Diner Dash}〉(2004)는 게임랩에서 개발하고 포르투그노가 디자인한 또 다른 게임으로, 고객 만족을 주제로 한 게임이다. 주인공은 식당에서 일하는 눈코 뜰 새 없이 바쁜 종업원 겸 지배인으로 손님을 자리에 앉히고, 주문을 받으며, 음식을 나르고, 계산을 해주는 일을 동시에 잘 처리해야 한다. 손님들은 오래 기다릴수록 참을성이 없어지고 짜증이 심해지는데, 손님들의 감정 상태는 얼굴에 드러나는 표정 변화로 바로 알 수 있다. 게임 연구가 니콜 라자로^{Nicole Lazzaro}는 〈다이너 대시〉 플레이어에 대한 한 연구에서 이러한 단순한 감정 표현이 이 게임의 분위기를 바꾸는 데 아주 효과적이었음을 밝혀냈다. 플레이어들은 자신의 플레이 방법으로 손님을 만족하게 했든 짜증스럽게 했든 감정을 자기 것으로 경험했다. 인간으로서 우리는 당연히 다른 사람의 감정에 반응하기 때문이다. 하물며 화나고 짜증 난 사람을 만화로 표현한다면 추상적인 타이머와는 사뭇 다른 반응을 끌어낼 것이다.

〈미스 매니지먼트^{Miss Management}〉(2007)는 포르투그노와 내가 〈다이너 대시〉의 후속작으로 공동 개발한 게임이었다. 우리의 목표는 캐릭터가 유발하는 감정, 게임 속 이야기, 체계가 낳는 창발적 이야기 사이의 교차점을 좀 더 깊이 탐색해보는 것이었다. 〈미스 매니지먼트〉에서 플레이어는 작가가 설정한 개성 넘치는 캐릭터들을 관리해야 한다. 이들은 모두 분주한 사무실에서 함께 일하는 동료들이다. 각 캐릭터는 할당된 업무를 완수하는 동안 스트레스를 받으며, 각자 명확한 호불호를 갖고 있다. 어떤 캐릭터는 스트레스를 풀기 위해 간식을 전자레인지에 데우고 싶어하지만, 어떤 캐릭터는 음식 냄새를 맡으면 훨씬 더 많은 스트레스를 받는다(그림 7.14 참조). 이렇게 상충하는 욕구들을 어떻게든 잘 처리해서 이러한 욕구와 관련이 있는 각 레벨의 할당된 임무들을 완수하는 것이 플레이어가 해야 할 일이다. 이를테면 티모시^{Timothy}가 일정 시간 동안 간식을 먹게 하더라도, 타라^{Tara}가 스트레스를 받지 않게 하면서 10개의 업무를 완수해야 한다!

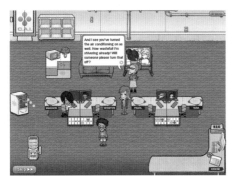

그림 7.14 〈미스 매니지먼트〉의 캐릭터들은 컷신에서 짜증스러운 일들에 대해 투덜거리고(왼쪽), 게임을 플레이하는 동안 그것 때문에 스트레스를 받는다(오른쪽).

　각 레벨의 임무는 캐릭터들의 대화로 전개되는 컷신에서 소개된다. 컷신은 비상호작용적이며 작가적 이야기를 형성하는 데 쓰이지만, 앞으로 플레이하는 동안 플레이어가 할 도전에 대한 상황정보와 설명을 제공해주기도 한다. 플레이어가 타라를 행복하게 만들거나 티모시를 짜증 나게 만들기로 결정했을 때 그 결정들은 동료들의 갈등과 성장에 대한 더 큰 이야기 줄기 안에 있기 때문에 더욱 의미 있는 결정이 된다. 많은 레벨에서 일부 임무는 선택사항이다. 플레이어는 모든 임무를 처리해낸 수고에 대한 대가로 추가 표창을(장식용 보상 아이템인 노란별의 형태로) 받을 수 있지만 얼마나 열심히 임무를 처리할지, 어떤 목표가 중요한지를 결정하는 것은 플레이어의 몫이다. '모두를 만족시킬 수 있는가, 그리고 그럴 가치가 있는가?'라는 대주제는 게임이 끝날 때까지 이 이야기의 주인공(데니스[Denise], 사무관리자)이 고군분투하는 모습을 보며 품게 되는 중요한 의문이 되기도 한다.

　물론 게임에서 모든 캐릭터가 작가가 설정한 스토리라인과 캐릭터 발전을 갖고 있지는 않지만, 플레이어가 조종하고 있는 캐릭터에 애착을 갖게 하는 데 반드시 그와 같은 전통적인 이야기 요소들을 사용해야 한다는 법은 없다. 〈리스크[Risk]〉, 〈액시스 앤 얼라이즈[Axis & Allies]〉, 체스 같은 전쟁 게임에서 플레이어는 병력 이동을 상징하는 결정을 내리면서 종종 말을 희생하거나 추상화된 병사들을 사지로 보낸다. 이 추상화된 군대에 감정적으로 밀착되거나 허구의 죽음에 대한 후회나 슬픔을 '헉, 잘못 움직였다' 이상으로 느끼는 플레이어는 아마 없을 것이다.

이것이 플레이의 핵심이다. 전투에 실패해도 현실적인 상실이나 죽음은 없다.

하지만 우리는 탄탄한 이야기를 경험할 때 비록 허구의 인물일지라도 거기에 등장하는 캐릭터들의 삶과 감정에 이입된다. 그들의 투쟁에 자랑스러움을 느낄 수도 있고, 그들의 상실이나 죽음에 슬픔을 느낄 수도 있다. 그렇다면 작가의 입김이 덜 들어간 좀 더 창발적인 이야기 속에서 운명이 정해져 있지 않은 캐릭터에 대해서는 어떻게 느낄까? 그런트grunt와 피언peon은 〈워크래프트Warcraft〉 시리즈에 나오는 기본 유닛으로, 플레이어는 이들에게 건물을 짓고 전투를 개시하라는 명령을 내린다. 이들은 수시로 죽지만 이름도 없고 대체가 가능하므로 이 죽음에는 감정적인 무게가 거의 실리지 않는다. 〈워크래프트 3〉 같은 게임에서 다른 캐릭터들은 이름과 성격이 있고 대사를 말한다. 하지만 이들 '영웅' 캐릭터가 죽으면 자원을 사용해서 부활시킬 수 있다. 부활한 영웅은 남은 이야기가 펼쳐지는 동안 할당된 대사를 계속 말할 수 있다.

다른 게임들에서 싸우고 죽는 캐릭터들의 창발적 역할은 좀 더 복잡해진다. 〈엑스컴: 에너미 언노운X-Com: Enemy Unknown〉(2012)에서 병사들은 무작위로 할당된 이름과 국적, 성별로 시작한다. 이들은 지구를 침공한 외계인과의 전투에서 죽으면 영원히 사라지지만 새로운 병사를 고용함으로써 대체할 수 있다. 하지만 이름이 없는 그런트와는 달리 〈엑스컴〉의 병사들은 시간이 지날수록 훨씬 개별적인 존재감을 갖게 된다. 병사들은 전투 경험을 쌓을수록 특정한 역할에 전문성을 갖게 되면서 특기를 기반으로 별명이 자동 부여된다. 얼마 안 가 플레이어의 분대는 중화기를 사용하는 알렉스 '붐붐' 쳉이나 적을 향해 돌진하는 것으로 유명한 미셸 '반자이' 로드리게스 같은 이름을 가진 개성적인 캐릭터들로 채워진다.

이 병사들은 같은 게임을 하는 다른 플레이어들이 운용하는 병사들과는 완전히 다른 존재다. 성격을 표현하기 위해 꼭 대사를 말할 필요는 없다. 그들의 개성은 이름, 외모, 게임의 메커니즘에 따라 발생하는 사건 같은 순전히 상황적인(그리고 무작위적인) 요소의 조합에서 탄생한다. 예를 들어 반자이가 버서커berseker라는 외계인을 향해 돌진하는데, 붐붐이 외계인을 사살하고자 던진 수류탄에 반자이가 거의 죽을 뻔했을 때를 기억하는가? 병사들이 단순히 부활시킬 수 없는 유일한 존재이기 때문에 플레이어는 이들이 위험에 처하면 무서움을 느끼고, 이들이 죽으면 슬픔을 느낀다. 심지어 가장 아끼는 캐릭터의 죽음을 차마 받아들이지 못해 게임을 다시 로딩하기도 한다. 이름이 없는 그런트와는 달리 〈엑스컴〉의 병사들과 각자의 개성은 게이머들이 플레이할 때 무슨 일이 일어났는가에 대해 말해주는 이야기, 즉 창발적 이야기의 일부가 된다.

〈엑스컴〉의 병사들, 〈다이너 대시〉의 성미 급한 손님들, 〈심즈〉의 가상 캐릭터 심의 경험과 감정은 작가가 설정한 각본을 통해 전달될 필요는 없다. 플레이어는 여백을 채우기 위해 창의적으로 반응하며 미셸 '반자이' 로드리게스가 성질이 아주 급하다거나 무모하게 돌격하는 성향을 갖게 된 사연이 있다고 상상할 것이다. 플레이어들은 〈심즈〉의 체계에서 만들어지는 사건에 인간관계와 생활여건에 대한 자신만의 경험을 투사할 것이다. 비록 각 심은 어떤 면에서는 화면상의 픽셀과 폴리곤의 배열과 연관된 게임 코드 속 숫자 뭉치에 지나지 않지만, 이 모든 것이 함께 만들어내는 인간 같은 특징은 우리 마음속에서 여백을 메우게 하는 데 충분하다. 점과 선의 배열(:-)) 속에서 웃는 얼굴을 인지한다거나 쿨레쇼프가 제작한 이미지의 병치 속에서 감정이 깃든 장면을 인지할 수 있는 것처럼, 우리는 게임에서 만들어지는 상황 속에서 우리가 관계 맺을 수 있는 인물의 이야기를 인지할 수 있다.

열린 이야기

체계의 배열 속에서 이야기를 인지하기 위한 이야기의 해석과 상상력의 작용을 논할 때 우리는 창발적 이야기의 한 종류를 논하는 것이다. 이 이야기는 작가가 설정한 요소(캐릭터의 웃는 얼굴이나 적을 향해 돌진하는 병사에게 부여한 별명)와 플레이어의 인지 및 행위가 조합되면서 탄생한다. 이러한 종류의 창발적 이야기가 지닌 매력은 이것이 게임 개발자가 제공한 것과 개별적인 플레이 경험 사이의 대화로부터 생기는 이야기라는 점이다. 앞서 본 스펙트럼에서 창발성 쪽으로 치우친 다른 쪽 끝으로 시선을 옮기면 **열린 이야기**open story를 만날 수 있다. 열린 이야기란 통제되고 설정된 요소가 거의 배제되어 있어 플레이어가 자신만의 이야기를 만들어낼 수 있는 게임 스토리텔링의 한 종류를 말한다.

게임의 창발적 이야기는 이 책에서 많은 부분을 할애해 설명한 바로 그 개념이다. 즉 특정 플레이어가 동사를 어떻게 사용할지, 언제 동사를 장면 속에 놓인 다양한 오브젝트에 사용할지, 게임에서 설정된 것이든 플레이어만의 동기부여든 목표와 보상을 향한 여정에 놓인 게임의 저항을 어떻게 밀고 나갈지 알아내는 과정에서 발생하는 대화에 관한 이야기라는 뜻이다. 창발적 이야기는 플레이어가 게임에 뛰어들어 무언가를 시작했을 때 무슨 일이 일어났는가에 관한 이야기다. 일부 창발적 이야기는 다음과 같이 우스울 정도로 지루하고 짧기도 하다. 플레이를 시작한다, 오른쪽으로 달린다, 구덩이를 넘으려고 점프한다, 하지만 떨어져 죽는다, 그래서 게임을 그만둔다(다행스럽게도 대부분의 플레이어는 그리 쉽게 포기하지는 않는다). 그 밖의 이야기들도 플레이에서 탄생하지만 누가 플레이하는지, 몇 번을 반복해서 플레이하는지와 관계없이 매번 거의 비슷하다. 이 이야기들은 비교적 예측 가능한 체계에서 탄생한다.

게임을 통해 어떤 작가적 이야기를 말하고 싶다면, 즉 직접 선택한 중요한 메시지를 전달하고 싶다면, 예측 가능한 체계는 비록 이것이 전달하는 메시지가 모호하고 다양한 해석 가능성에 열려 있을지라도 아주 유용할 것이다. 한편 창발적 이야기가 플레이어에게 좀 더 고유한 것이 되기를 바란다면, 더 많은 열림과 예측 불가능성을 만들어낼 방법을 고민해볼 필요가 있다. 플레이어의 개입이나 상상력에 활짝 열려 있는 이야기는 당연히 개발자 입장에서는 통제하기가 매우 어렵다. 열린 이야기를 생산할 수 있는 체계를 만든다는 것은 전통적 개념의 작가성authorship과 메시지의 창작과 전달이라는 표현 목표를 탈피한다는 뜻이다. 그 대신 게임을 만든 개발자는 새로운 대화의 조력자가 된다. 이 대화는 어쩌면 자신이 상상해본 적도 없는 종류일 수도 있다.

본질적으로 창발적 이야기는 열려 있고 예측 불가능하다. 창발적 이야기는 작가가 만들어놓은 테두리를 넘어 게임을 둘러싼 더 넓은 공간으로 나아간다. 그곳에서 플레이어는 스스로가 작가가 된다. 물론 창발적 이야기가 작가적 이야기보다 더 뛰어나고, 더 감동적이며, 더 의미 있다는 뜻은 아니다. 오히려 전통적 스토리텔링의 척도에서 평가하자면 '좋은 이야기'라고 부를 수 없는 경우도 많다. 하지만 왜 그렇게 평가해야 한단 말인가? 창발적 이야기란 완전히 다른 종류의 개념이다. 여전히 이야기이고, 여전히 경험하고 경험에 대해 말할 수 있는 전통의 일부다. 다만 플레이하는 사람 수만큼 많고 다양할 뿐이다.

작가성의 공유

게임의 이야기가 뻗어 나갈 수 있는 열린 공간을 만드는 방법은 여러 가지가 있다. 가장 단순한 방법은 항상 사용 가능하다. 심지어 다른 매체에서 생산된 이야기에도 사용 가능하다. 좋은 이야기를 생산하면 말하는 과정에서 뻗어 나가고 재생산되며 말하는 사람에 따라 변형된다. 인상적인 캐릭터와 사건으로 채워진 풍부하고 흥미로운 세계를 만드는 데 창의력과 노력을 집중함으로써 작가는 다른 사람이 이 세계를 확장하도록 영감을 줄 수 있는 무언가를 만들고 있는 셈이다. 이것은 문학 영역에서도 통용되는 진리다. 소설 『해리 포터』는 무수히 많은 팬 소설에 영감을 제공했다. 허구의 세계관을 확장하거나 등장인물의 이야기를 이어 나가는 데 필요한 많은 도구는 이미 수용자에게도 주어져 있다. 팬 작가와 팬 아티스트는 언어와 이미지라는 도구를 가지고 그렇게 한다.

게임 개발자에게는 한 가지 도구가 더 있다. 바로 플레이어가 '팬' 게임 디자이너와 '팬' 프로그래머가 될 수 있도록 코드와 툴을 공개하는 것이다. 나아가 플레이어들이 사용할 툴을 아예 새로 만들거나 개량할 수도 있다. 비록 플레이어들이 쉽게 사용할 수 있는 툴을 설계하고 개발하는 일이 게임을 개발하는 일 못지 않은, 혹은 그 이상의 힘든 작업일 수도 있지만 말이다. 앞서 언급한 〈스카이림〉과 〈폴아웃: 뉴베가스〉를 비롯한 많은 오픈월드 게임은 출시할 때 새로운 캐릭터와 새로운 시나리오, 새로운 퀘스트, 색다른 무기를 추가하거나 심지어 게임 체계에 변형을 가한 모드mod로 게임 세계를 확장할 수 있는 툴도 함께 제공한다. 게임 세계의 진화를 모더modder가 된 플레이어의 손에 맡김으로써 이러한 게임들은 작가가 설정한 내용만 있었을 때보다 훨씬 더 오래 생명력을 유지한다.

디지털 게임의 초창기 때부터 개발자들은 종종 플레이어를 디자이너로 만들어주는 레벨 에디터를 넣었다. 우리가 6장에서 살펴본 〈로드 러너〉(1983)가 단적인 예다. 나는 당시 어린아이였음에도 레벨 에디터를 사용하는 법을 배울 수 있었다. 나는 시행착오를 통해서뿐만 아니라 개발자가 게임에 만들어넣은 레벨에서 사용된 예시와 기법에서도 영감을 받았다. 〈로드 러너〉는 전제 수준을 넘지 않는 단순한 이야기를 갖고 있다. 무궁무진한 이야기와 캐릭터로 가득 찬 세계로 이루어지고 그 세계를 플레이어가 확장하도록 하는 게임은 플레이어의 상상력에 불을 붙인다.

게임은 세계를 창조하고 확장하는 오랜 전통을 갖고 있으며, 그 기원은 무려 〈던전 앤 드래곤Dungeons & Dragons〉 같은 비디지털 롤플레잉 게임까지 거슬러 올라간다. 주사위와 펜과 종이로 플레이할 수 있는 게임으로 구입한 게임 박스에는 따라 할 수 있는 일련의 규칙과 더불어 이야기와 설정, 장면과 오브젝트에 대한 정보가 담겨 있다. 전통적인 비디지털 롤플레잉 게임에서 플레이어 중 한 명은 게임 디자이너에 가깝다. 이 역할을 맡은 사람을 던전 마스터 혹은 게임 마스터라고 부르는데, 이 사람은 거의 모더처럼 행동한다. 게임 도중에 규칙을 바꾸기도 하면서 자신만의 생각으로 게임 내용을 확장한다. 아울러 플레이를 통해 다른 플레이어들과 함께 구축하는 공동 저작물인 하나의 이야기를 위한 자신만의 세계를 상상할 수도 있다.

최근 들어 점점 더 많은 디지털 게임이 다른 플레이어를 위해 직접 만든 이야기와 콘텐츠로 게임을 확장할 수 있는 기능을 무기로 잠재적인 플레이어를 유혹하고 있다. 〈섀도우런 리턴즈Shadowrun Returns〉(2013)는 테이블톱 롤플레잉 게임TRPG을 기반으로 한 디지털 롤플레잉 게임이다. 전통에 따라 이 게임은 비교적 짧은 길이의 설정된 콘텐츠로, 여느 다른 게임처럼 플레이할 수 있는 퀘스트와 오브젝트가 있는 단일 시나리오로 출시되었다. 하지만 이 시나리오는 뜯어보고 연구하고 새로운 시나리오를 위한 재료로 사용할 수 있는 예시 역할도 했다. 작가가 설정한 콘텐츠의 경계를 넘어 〈섀도우런 리턴즈〉의 가능성은 이 게임의 개발자들이 게임 체계와 그 체계를 확장하기 위해 제공한 툴을 가지고 플레이어들이 무엇을 하기를 바라는가에 바탕을 두고 있다(그림 7.15 참조).

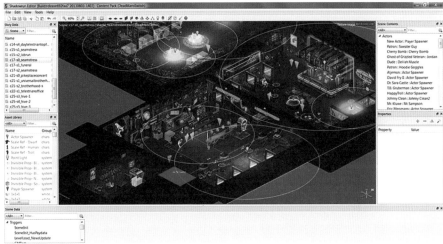

그림 7.15 〈섀도우런 리턴즈〉 플레이어에게 제공되는 에디터

체계·복잡성

소설이나 동화책도 물론 상상력을 발휘하고 확장의 여지를 남겨놓은 허구의 세계를 창조할 수 있다. 하지만 다시 한 번 강조하건대, 우리는 게임의 근본적인 구조를 살펴봄으로써 게임만의 고유한 특성을 찾을 수 있다. 바로 예측 불가능성을 지닌 복잡한 체계다. 각기 다른 플레이어가 저마다 다른 창발적 이야기를 경험하게 하고 싶다면 많은 부분이 상호작용하는 복잡한 체계는 더할 나위 없이 중요하다. 복잡한 체계에는 많은 동사가 있고 동사가 행위를 취할 수 있는 많은 오브젝트가 있다. 모든 가능한 조합이 쉽게 노출되어 미리 작전을 세울 수 없게 하기 위해서다. 복잡한 체계는 탐험할 수 있는 가능성의 공간을 창조한다. 그곳에서 플레이어는 새로운 것을 발견하는 짜릿함을 맛볼 수 있다.

하지만 동사와 오브젝트, 조합의 단순한 가짓수가 복잡성을 결정짓는 요소는 아니다. 중요한 것은 각 요소들 사이의 관계, 즉 체계 내의 각기 다른 요소들이 서로 영향을 미친다는 점이다. 복잡성과 복잡한 체계의 디자인에 대한 모든 내용을 다루자면 이번 장의 범위를 벗어나겠지만, 간단한 사례 하나만은 보고 넘어가자.

플레이어에게 '때리기'라는 동사와 두 가지 오브젝트를 제공하는 어떤 판타지 전투 게임을 상상해보자. 두 가지 오브젝트는 플레이어의 조종을 받는 우버나이트Uberknight와 적으로 등장하는 밴더스내치Bandersnatch다. 두 오브젝트에는 '때리기'를 통해 깎이는 '체력'이라는 속성이 있는데, 체력이 영까지 깎이면 해당 오브젝트는 게임에서 제거된다(이러한 시스템은 〈던전 앤 드래곤〉 같은 게임에서 유래한 것으로, 전투 시스템이 있는 게임을 해본 플레이어라면 상당히 친숙하겠다). 밴더스내치는 우버나이트가 죽을 때까지 '때리기'를 시도할 것이다. 우버나이트가 죽으려면 네 번의 '때리기'가 필요하다. 하지만 밴더스내치는 두 번의 '때리기'를 맞으면 자신이 죽을 수 있다. 겨우 하나의 동사와 두 개의 오브젝트로 이루어진 단순한 전투 시스템인데도 이미 많은 규칙과 관계가 만들어진 셈이다!

이제 우버나이트에게 밴더스내치를 한 방에 죽일 수 있는 '죽음의 통곡하기'라는 또 다른 동사가 있다고 상상해보자. 하지만 이 동사에는 제약이 있다. 이 동사는 우버나이트가 남은 체력이 30% 이하로 떨어져 죽음이 임박했을 때만 사용할 수 있다. 갑자기 게임을 플레이하는 방법이 늘어난다. 플레이어가 추구할 수 있고 그렇게 함으로써 게임을 플레이할 때마다 조금씩 다른 창발적 이야기를 만들어낼 수 있는 전략이 늘어난 것이다. 플레이어는 대적하고 있는 밴더스내치가 죽을 때까지 '때리기'를 시도할 수도 있고, '죽음의 통곡하기'를 할 수 있을 만큼 밴더스내치가 자신의 체력을 깎아놓을 때까지 기다릴 수도 있다. 후자는 적을 제거하는 더 강력하고 빠른 방법이지만 동시에 더 위험하기도 한 방법이다. 두 동사의 차이점은 다른 게임 규칙(체력이 영에 도달하면 죽는다는 규칙)과의 상호작용뿐만 아니라 게임 내 오브젝트와 각 속성(밴더스내치를 죽이는 데는 두 번의 타격이 필요하지만, 우버나이트를 죽이는 데는 네 번의 타격이 필요하다)과의 상호작용에서 만들어진다.

물론 창발적 이야기가 정확히 어떻게 전개될지, 정확히 어떤 전략이 추구하기에 재미있을지에 대한 세부사항은 훨씬 더 많은 규칙에 의존한다. 이 규칙들 중 일부는 이런 류의 게임을 즐겨 하는 플레이어라면 이미 궁금해하고 있을 만한 것이다. 예를 들어, 누가 먼저 '때리기'를 하는가? 무작위인가? 이것에 영향을 미치는 동사들이 있는가? 잃어버린 체력은 시간이 지나면 회복되는가, 아니면 더 많은 동사가 있는가? 단순한 체계에서조차 '죽음의 통곡하기'를 추가하면 '때리기'만 포함했을 때보다 더 복잡한 체계가 만들어진다는 사실을 쉽게 볼 수 있다. 아울러 더 많은 규칙을 추가하면 가능성의 공간을 어떻게 더 많이 확장할 수 있을지도 상상할 수 있다.

6장에서는 열린 게임 중에서 몇몇 사례를 살펴봤다. 〈심즈〉나 〈애니멀 크로싱^Animal Crossing〉(2001)처럼 많은 동사와 선택으로 이루어진 체계 속에서 플레이어가 자신만의 목표를 고를 수 있는 게임도 살펴봤고, 〈마인크래프트〉나 〈드워프 포트리스^Dwarf Fortress〉(2006)처럼 플레이어가 확장할 수 있는 복잡한 체계를 갖고 있어서 심지어 자신만의 목표를 만들어낼 수 있는 게임도 살펴봤다.

한 가지 짚고 넘어가야 할 점은 여기서 말하는 복잡성은 주사위를 던질 때처럼 무작위로 생산되는 단순한 예측 불가능성과는 다르다는 점이다. 룰렛은 매우 예측하기 어려운 무작위 게임이다. 구슬은 마구 굴러다니고 회전판에 있는 수십 개의 칸 중 어디에서 구슬이 멈출지는 알 수 없다. 이 게임의 체계 자체는 전혀 복잡하지 않다. 숫자나 숫자의 범주(빨간색, 검은색, 15보다 작은 수 등)를 선택하고 구슬이 거기에 멈추면 플레이어가 승리한다. 베팅과 확률이라는 요소가 룰렛을 흥미롭게 만들지만 체계는 단순하다. 새로운 것을 창조하기 위해 상호작용할 수 있는 어휘의 요소가 많지 않기 때문이다.

멀티 플레이어 복잡성

게임을 고도로 예측하기 어렵게 만들면서 생산 및 재생산될 수 있는 창발적 이야기에 매우 적합한 또 하나의 요소가 있다. 바로 다른 플레이어다. 멀티 플레이어 게임은 역사 속에서 예외라기보다는 원칙에 가까웠다. 게임은 플레이 안팎에서 모두 사회적 상호작용의 전통을 갖고 있다. 새롭고 복잡한 상황을 만들어내고 싶다면 두 명 이상을 모아놓았을 때 일어날 수 있는 것보다 더 지속적으로 예측 불가능한 것을 만들어내기는 어렵다.

게임 체계의 복잡성은 여전히 엄청나게 중요하다. 틱택토는 두 명만 있으면 플레이할 수 있지만, 이 게임의 체계는 단순하고 쉽게 마스터할 수 있으며 매우 예측 가능성이 높다. 그래서 이 게임은 아주 많은 게임을 해본 사람한테 참신하게 느껴질 창발적 이야기는 거의 생산하지 못한다. 하지만 여러 명의 플레이어가 많은 가능성과 잠재적인 전략을 지닌 복잡한 체계를 밀고 나갈 때는 서로를 놀라게 할 수 있으며, (바라건대) 그 게임의 개발자까지도 놀라게 할 수 있다.

플레이 공간 속에 다른 인간의 존재는 우리의 창의성과 독창성에 강한 영감을 불어넣을 수 있다. 경쟁적인 게임에서 인간 상대를 때려눕히고 싶다면 우리 자신의 예측 불가능성이 강점이 될 수 있다는 점을 우리는 알고 있다. 특히 우리의 플레이 방식이 부정적으로든 긍정적으로든 상대에게 영향을 미칠 수 있는 승자승 원칙이 있는 게임에서 놀라움의 요소는 대단히 중요하다. 따라서 우리는 상대에게 시도해볼 새로운 작전들을 생각하면서 실험한다.

동시에 우리는 상대가 무엇을 생각하는지, 그들이 게임을 어떻게 이해하고 있는지, 그들이 어떻게 행동할지 읽어내려고 한다(상대의 수를 읽으려는 이러한 노력을 일본어로 '요미'라고 부르기도 한다). 게다가 여러 명의 플레이어가 이러한 정신적인 활동을 동시에 한다. 플레이어는 다른 플레이어들의 수를 읽으려고 하는데, 그들의 수를 자신이 읽고 있다는 사실을 그들이 안다는 사실을 알고 있다. 저명한 게임 디자이너 겸 이론가인 프랭크 란츠^{Frank Lantz}는 복잡성으로 얽힌 이러한 상태를 **당나귀 공간**^{donkey space}이라고 부르는데, 이것은 게임의 예측 불가능성이라는 가장 인간미가 넘치는 측면, 즉 컴퓨터 코드로는 절대 복제될 수 없는 특징을 만들어낸다.

협력적이든 경쟁적이든 멀티 플레이어 게임의 플레이는 본질적으로 사회적 행동이기도 하다. 우리는 다른 인간 플레이어와 공유하는 게임 체계에서 단순히 움직임을 취하는 것이 아니다. 언어를 사용하지는 않지만 다른 플레이어에게 무언가를 말하는 것이다. 복잡한 게임을 하는 노련한 플레이어는 말 한마디 없이도 게임의 동사를 어떻게 사용하는가를 통해 많은 것을 표현할 수 있다. 예를 들어 경계심, 자비, 기습에 대한 공격성은 물론 '난 그냥 너를 갖고 놀고 있어'나 '같이 해보자' 같은 생각까지도 표현할 수 있다. 게임의 대화적인 속성은 그 대화에 한 명 이상의 살아 있는 참여자가 있고 그가 게임의 개발자, 즉 대화의 조력자가 제공한 구조와 도구를 사용할 때 훨씬 뚜렷해진다.

훌륭한 게임 플레이에서 나오는 창발적 이야기는 굉장히 강력할 수 있다. 예상치 못한 반전, 상대의 허를 찌르는 영리한 수에 대한 이야기일 수 있다. 이러한 이야기에서 플레이어는 주인공이다. 승리의 환희나 패배의 치욕에 잠긴 상대의 표정에서 드러나는 감정은 다른 인간의 실제 감정이다. 그것이 이 이야기가 반복되는 이유이자, 세계대회에서 가상 격투를 치르는 개성 있는 캐릭터들이 출연하는 〈철권〉(1994) 같은 게임의 작가적 이야기가 철권 커뮤니티의 플레이어들 사이에서 인간 플레이어가 다른 인간 플레이어와 대적하고 패배를 안김으로써 만들어지는 창발적 이야기에 가려 빛을 보지 못하는 이유일지도 모른다.

정리

- 유사 이래 게임과 이야기는 둘 다 인간 문화와 표현 양식의 필수적인 부분이었다. 게임 개발자들은 최근 몇십 년 사이 두 가지를 접목하는 방법을 탐색하기 시작했고, 게임과 이야기의 교차점을 완전히 이해하기는 어려울지라도 게임을 통해 고유한 방법으로 이야기를 전달할 수 있다는 사실을 발견했다.

- 게임은 작가적 이야기를 전달할 수 있다. 다른 전통적 스토리텔링 방법들과 비슷한 방법으로 언어와 이미지를 통해서다. 작가적 이야기를 말하고 싶다면, 소설과 만화책, 영화 같은 양식을 통해 자기 표현을 해온 스토리텔러들이 사용하는 기법에서 많은 것을 배울 수 있다.

- 게임은 창발적 이야기도 생산할 수 있다. 창발적 이야기란 게임의 플레이 과정에 대한 이야기로, 특정한 플레이어마다 또는 게임이 플레이되는 특정한 시간마다 보통 달라진다. 창발적 이야기는 플레이어가 게임 체계의 저항을 밀고 나가고, 결정을 내리며, 동사를 사용하고 게임 어휘의 다른 요소들과 상호작용하는 법을 학습함으로써 체계를 이해할 때 발생한다.

- 둘 중 어느 하나가 반드시 더 낫나는 뜻은 아니다. 둘 다 게임 개발자와 플레이어 사이에서 이루어지는 흥미로운 대화를 낳을 수 있다. 작가성에 끌리는지, 창발성에 끌리는지, 두 가지를 접목한 형태에 끌리는지는 여러분이 게임 개발자로서 게임을 통해 무엇을 달성하고 싶은가에 달려 있다. 플레이어가 들을 수 있는 여러분만의 이야기가 있는가? 아니면 플레이어가 자신만의 이야기를 경험하고 말할 수 있는 공간을 확장하고 싶은가?

- 작가적 이야기를 게임에 엮어 넣는 방법은 여러 가지가 있다. 한 가지는 게임과는 독립적인 이야기를 애니메이션, 캐릭터가 말하는 대사, 언어가 없는 이미지로 만들 수 있는 비상호작용적인 컷신으로 말하는 것이다. 게임과 더 통합된 이야기를 만들려면 플레이어가 이야기를 앞으로 끌고 나가며 보상으로서 다음 부분의 이야기에 도달하기 위해 노력하고 싶은 마음이 들게끔 이야기를 설계하는 방법도 있다. 하지만 여기에는 함정이 있다. 보상이라는 유혹이 게임에서 거기에 도달하는 여정보다 더 매력적이 될 수 있다. 특히 엄청난 그라인딩으로 이루어진 게임이라면 더욱 그렇다!

- 이야기의 탐색적 요소는 게임 공간 곳곳에 흩어놓을 수 있다. 이 요소들을 찾아다니고, 경험하며, 게임의 설정, 배경, 캐릭터에 대해 더 많은 정보를 알아낼지 여부를 플레이어가 선택하게 하는 방법들을 통해서다. 탐색적 이야기 요소는 선택사항이기 때문에 이야기의 플롯을 발전시키기보다는 주로 게임 세계에 색다른 맛을 더하는 데 사용된다.

- 게임북의 분기형 이야기와 이야기 게임은 플레이어에게 이야기 속에 있는 많은 길 중에서 하나를, 아마도 다른 결과로 이어질 하나를 따라갈 수 있는 선택권을 준다. 모든 가지를 매력적인 이야기로 느껴지게 만드는 일은 어려우며 다양한 가지를 만드는 일에는 많은 수고가 따를지라도 이러한 종류의 스토리텔링은 플레이어에게 자신에게 가장 잘 맞는 이야기를 고르거나 모든 가지를 탐색해볼 방법을 제공할 수 있다. 분기형 이야기는 여전히 작가적 이야기지만, 어떤 버전의 이야기가 가장 마음에 드는지 물음으로써 플레이어를 더 깊이 끌어들인다.

- 게임은 메커니즘을 통해 고유한 방법으로 이야기를 전달할 수 있다. 플레이어는 게임의 저항을 밀고 나감에 따라 체계가 어떻게 작동하는지 어디에서 동사를 사용해 체계에 영향을 줄 수 있는지 이해하게 된다. 게임 체계를 디자인함으로써 게임 개발자는 게임 세계가 어떻게 작동하는지에 관한 생각을 표현할 수 있다. 심지어 특정한 상황에 놓인다면 어떤 기분일지도 표현할 수 있다.

- 해석은 이야기가 전달되는 방식과 이야기로부터 의미가 생산되는 방식에서 필수적인 부분이다. 의미는 이야기의 작가에 의해서뿐만 아니라 독자, 감상자, 플레이어가 이야기를 이해하는 방식에 의해서도 생산된다. 스토리텔링에서의 모호함은 이야기의 일부분을 열어놓음으로써 이야기의 잠재적인 의미를, 심지어 발생한 사건의 본질까지도 부분적으로 수용자의 상상력에 맡긴다.

- 스토리텔링에서의 감정적 공명은 캐릭터의 이름과 표정 같은 단순한 방법으로 표현되더라도 플레이어에게 감정을 이입시키고 캐릭터에게 의미를 가진 이야기로 여백을 메울 수 있게 한다.

- 성찰적 선택은 게임에서의 결정이 경험에 영향을 주고 경험을 의미 있게 만들기 위해 꼭 게임의 상태나 결과를 바꿀 필요가 없음을 보여준다. 성찰적 선택은 플레이어에게 심오한 질문을 던진다. 이야기 속에서 당신은 어떤 사람인가? 이 상황에서 당신은 어떻게 반응할 것인가? 무엇이 중요하고, 무엇이 당신의 목표인가? 질문에 대한 답이 결과를 바꿀 수는 없더라도 묻고 답하는 과정은 이야기에서 일어나는 사건과 플레이어의 관계를 바꾼다.

- 작가적 이야기에 보탤, 혹은 작가적 이야기를 대신할 다양한 창발적 이야기를 생산할 수 있도록 게임을 확장하는 방법은 여러 가지가 있다. 무엇보다도 게임과 함께 제공되는 툴은 플레이어가 스스로 개발자 노릇을 하게 하면서 작가가 설정한 기존 세계를 확장하거나 플레이어만의 세계를 생각해내게 한다.

- 게임은 복잡한 체계의 작용을 통해서도 다양한 창발적 이야기를 생산할
  수 있다. 동사와 게임의 다른 어휘 요소들이 다양한 방법으로 교차할 수
  있을 때 게임에서 가능한 경험의 공간은 넓어지며, 그 경험에서 탄생할 수
  있는 이야기의 개수는 늘어난다.

- 게임에서 가능한 가장 풍부한 복잡성과 불확실성의 일부는 인간 플레이어
  들 사이의 상호작용에서 나올 수 있다. 다양한 인간이 참여하고 게임 체계
  를 통해 대화할 때 그것이 충돌이든 협력이든 그 경험은 사회적이 되고 이
  야기할 가치가 있는 매력적이고 창발적인 이야기를 생산할 수 있다.

토의 활동

1. 게임에서 경험해본 이야기 중에서 인상적인 이야기, 정말 잊히지 않는 이
   야기를 떠올려보고 다시 말해보자. 그것은 작가적 이야기인가, 창발적 이
   야기인가? 두 가지를 다 떠올려보고, 각 이야기를 인상적으로 만들고 독특
   하게 만드는 요소에 대해 이야기해보자.

2. 이야기는 의미 있다는 느낌을 주기 위해 게임의 결과에 영향을 주어야 하
   는가? 여러분이 플레이해본 게임들을 생각해보고 무엇을 해야 할지 결정
   하는 데 어렵다고 느껴졌던 상황을 생각해보자. 무엇이 결과에 영향을 주
   었는가? 게임 아바타의 외모는 바꾸지만 이야기에는 영향을 미치지 않는
   선택과 같은 성찰적 선택을 내리는 과정이 여러분에게 의미가 있었는가?
   있었다면, 혹은 없었다면 그 이유는 무엇인가?

3. 여러분과 친구나 친척 등 여러분이 아는 사람이 동시에 경험해본 이야기
   에 대해 토의해보자. 여러분은 이야기의 의미나 줄거리를 다른 사람과 다
   르게 해석했는가? 그랬다면 이유는 무엇인가?

4. 게임을 플레이하는 동안 이야기가 지금 하고 있는 행위와 전혀 관계가 없
   다고 느꼈던 경험이 있는가? 의미 있다고 느껴지지 않았던 선택, 또는 하
   고 싶었던 행위에 단지 방해가 되는 선택이라고 느꼈던 경험이 있는가? 그

랬다면 이유는 무엇인가? 그 경험이 어떻게 하면 더 나았을 거라고 생각하는가?

그룹 활동

2장에서는 자넷 점프젯의 이야기를 살펴봤다. 이 이야기에는 금성의 광산 깊숙한 곳에서 갑자기 깨어나더니 광부들을 납치하기 시작한 오래된 로봇도 있었다. 여럿이 함께 모여서 이 이야기가 그 게임에서 전달될 수 있는 방법들을 찾아보자. 컷신을 이용할 수도 있고, 자넷과 상호작용하는 캐릭터를 넣을 수도 있으며, 탐색적인 이야기 요소를 넣거나 분기형 이야기를 선택하게 만들 수도 있다. 이 게임에서 어떤 방식의 스토리텔링이 가장 만족스럽게 느껴지며, 그 이유는 무엇인가?

이제 자넷 점프젯에게 완전히 다른 설정을 생각해보자. 2장에서 그 게임에 대해 묘사했던 게임 메커니즘을 그대로 사용해도 좋고, 2장의 '토의 활동'에서 여러분이 추가한 게임 메커니즘을 사용해도 좋다. 금성의 광산에서 로봇과 싸우는 우주 영웅 대신 자넷이 해적여왕이나, 늑대, 고등학생, 혹은 금성의 로봇으로 등장하는 이야기를 말할 수 있는가? 그 이야기를 더 잘 전달하려면 게임 체계가 작동하는 방법에 어떤 변화가 필요한가? 어떤 스토리텔링 기법이 새로운 이야기에 잘 들어맞는가?

추천 게임 목록

게임에 대해 더 많이 배우는 가장 좋은 방법은 게임을 실제로 플레이 해보면서 게임이 어떻게 작동하는지, 어떤 요소가 게임을 재미있게 만들고, 어떤 요소가 그저 그렇게 만드는지, 어떤 요소가 더 효과적으 로 만들고, 어떤 요소가 덜 효과적으로 만드는지 이해하는 것이다. 그 런 차원에서 부록에는 이 책에서 다룬 개념을 보여주는 더 많은 사례 를 원하는 독자를 위해 엄선한 게임을 수록했다. 각 게임을 선택한 이 유는 앞서 살펴본 한 장 이상의 내용과 관련이 깊기 때문이며, 각 게 임에는 플레이해볼 만한 이유, 해당 게임을 플레이하는 데 필요한 플 랫폼 정보, 2015년 겨울 시점의 가격을 함께 적었다.

〈어치브먼트 언락드^{Achievement Unlocked}〉(2008)

- 개발자: 존 쿠니(John Cooney)
- 관련 내용: 저항
- 플랫폼: 웹
- 가격: 무료
- http://armorgames.com/play/2893/achievement-unlocked

이 간단한 플랫폼 게임은 거의 의미 없는 게임 내 보상의 급증을 중계하는 실황 방송이기도 하다. 단순히 게임을 불러오는 행위만으로 첫 번째 도전 과제가 완료되며, 오프닝 화면을 보고 클릭하는 행위로 세 개의 도전 과제가 완료된다. 일단 플레이가 시작되면 게임의 조작법을 사용하고, 고정된 장면 구석구석을 점프하고 다니며, 뾰족한 가시에 찔려 죽는 행위만으로 수십 개의 도전 과제가 해제된다. 총 99개의 도전 과제는 화면 오른쪽에 목록으로 표시되는데, 모든 도전 과제를 완수하려면 약간의 플랫폼 게임 기술뿐만 아니라 아직 잠겨 있는 도전 과제의 이름이 무엇을 암시하는지 풀어내기 위한 추측과 암산도 필요하다. 결과적으로 이 게임을 통해 얻게 되는 경험은 목록에 있는 마지막 과제까지 풀어낸 데서 오는 만족감과 이 보상이 단지 사탕처럼 뿌려지고 있을 뿐이라는 깨달음 사이를 맴돈다.

〈아메리칸 드림^{American Dream}〉(2011)

- 개발자: 스티븐 라벨(Stephen Lavelle), 테리 카바나(Terry Cavanagh), 톰 모건존스(Tom Morgan-Jones), 재스퍼 번(Jasper Byrne)
- 관련 내용: 장면, 저항
- 플랫폼: 플래시
- 가격: 무료
- http://ded.increpare.com/~locus/american_dream/

플레이어는 간소한 세간을 갖춘 아파트에 살면서 백만 달러를 버는 것이 목표인 초보 주식 투자자 역할을 수행한다. 플레이어는 매일매일 더 좋은 세간을 사는 데 돈을 쓸 수도 있고, 일터로 나가 다양한 주식을 사고팔며 투자할 수도 있다. 이 게임의 몇 개 안 되는 지시사항 중 하나는 '저점에 사서 고점에 팔라'이다. 주식을 거래하는 게임플레이는 겉으로는 무작위로 보이지만, 고점과 저점의 패턴을 관찰함으로써 어느 정도는 예측할 수 있는 가격 변동을 기반으로 한다. 거래를 끝낸 후에는 아파트로 되돌아와 짧은 휴식 시간을(그리고 아마도 가구 쇼핑 시간을) 갖는다.

　하지만 〈아메리칸 드림〉은 곧바로 주식 거래로 되돌아가도록 플레이어를 부추긴다. 최근 주가 변동과 수익을 보고 싶은 유혹에 아파트에 붙어 있지를 못하는 것이다. 단순한 픽셀 그래픽으로 만든 아파트는 가장 값비싼 가구를 들여놓더라도 별 차이가 느껴지지 않기 때문에 게임플레이를 통해 얻을 수 있는 시각적 보상은 요행으로 돈을 벌려는 충동보다 약하다. 뜻밖에도 가장 값비싼 세간을 채워 넣은 아파트는 주식 시장에서 최적의 성공을 이루는 데 아주 중요한 요건으로 밝혀진다. 게임의 후반부에 접어들었을 때 최고급 가구가 있으면 엄청난 고수익을 보장하는 '내부자거래' 정보를 손에 넣을 수 있기 때문이다. 플레이어가 엄청난 부를 거머쥐게 됨에 따라 돈을 버는 일은 쉬워지고 게임의 저항은 느슨해진다. 그러다 보면 이렇게 많은 돈이 다 무슨 소용일까 궁금해지기도 한다.

〈아날로그: 어 헤이트 스토리〉Analogue: A Hate Story 〉(2012)

- 개발자: 크리스틴 러브(Christine Love)
- 관련 내용: 동사, 이야기
- 플랫폼: 윈도우, 맥, 리눅스
- 가격: 10달러. 무료 체험판 지원. 공식 한글 패치 지원
- http://ahatestory.com/

〈아날로그: 어 헤이트 스토리〉의 도입부에서 플레이어는 아무도 없는 우주선 내부로 들어간다. 우주선 안에서 세대를 거듭하면서 명맥을 이은 문명을 새로운 행성으로 실어 나르기 위해 지어진 일명 세대우주선이다. 선체 외부를 걸어 다니면서 우주선을 조사하는 대신 플레이어는 남아 있는 문서를 읽음으로써 사라진 문명의 역사를 조사한다. 문서는 우주선에 아직 남아 있던 두 명의 인공지능AI과 대화함으로써 접근할 수 있다. 〈아날로그: 어 헤이트 스토리〉는 플레이 대부분이 단

서와 서신, 일기의 내용을 끼워 맞추고 해석하면서 우주선 탑승자들의 사회 구조와 개인적 음모를 밝혀나가는 활동으로 채워져 있다. 탑승자들의 이야기는 고대 한국이라는 사회체제의 변동에 바탕을 두고 있어 역사와 공상과학이 절묘하게 어우러진 주제를 이룬다. 특정한 장면에서는 플레이어가 사용할 수 있는 동사와 게임의 시각적 상황정보가 완전히 달라지는데, 우주선의 시스템을 직접 제어할 수 있는 삭막한 흑백 명령어 입력 인터페이스로 이동되었기 때문이다. 이 흑백 장면 중에 이야기 결말에 영향을 미치는 중요한 분기점이 발생하는 순간이 들어 있다.

〈배너 사가^{The Banner Saga}〉(2014)

- 개발사: 스토익(Stoic)
- 관련 내용: 동사, 장면, 저항, 이야기
- 플랫폼: 윈도우, 맥, 리눅스
- 가격: 20달러. 무료 체험판 지원
- http://stoicstudio.com/

〈배너 사가〉는 기본적으로 여러 명의 캐릭터를 제어하며 그리드 위에서 얼마나 이동할지, 누구를 공격할지 결정하는 방식으로 진행되는 턴제 전략 게임이다. 결과적으로 이 게임은 나에게 피해를 입힐 적의 공격력을 '공격'할 건지, 다음 공격에서 더 쉽게 적에게 피해를 입힐 수 있도록 방어력을 '파괴'할 건지, 두 동사 사이의 끊임없는 선택으로 이루어진다. 이 선택은 전투 때마다 상당히 다양해지는데, 특히 플레이어의 병사가 부상을 당했거나 전투에 임할 수 없을 때는 더욱 다양해진다. 가능성의 공간은 좁아지고 저항은 높아지기 때문이다. 〈배너 사가〉의 이야기는 이 가혹한 느낌을 더욱 강력하게 표현하는 데 일조한다. 이야기의 배경은 얼어붙은 북유럽으로, 식량은 부족하고 공동체는 절멸을 피하려면 쉬지 않고 이동해야 한다. 전투와 전투 사이에 플레이어는 또 다른 종류의 선택 앞에 놓인다. 앞으로 벌어질 전투에서 나를 도와줄 수도 있고 나를 뿌리칠 수도 있는 캐릭터들과의 대화 속에서, 끝없는 여정 중에 계속 발생하면서 식량과 강인한 병사의 보급에 영향을 미치는 사건들 속에서 플레이어는 선택을 해야 한다.

〈캔디 박스^{Candy Box}〉(2013)

- 개발자: Aniwey
- 관련 내용: 장면, 저항, 이야기
- 플랫폼: 웹
- 가격: 무료
- http://candies.aniwey.net/

〈캔디 박스〉는 플레이어의 경험을 아주 흥미로운 방식으로 전개한다. 이 게임은 초당 1개씩 늘어나는 사탕 재고를 보여주면서 시작하는데, 처음에는 사탕을 '먹기'라는 단 한 개의 동사만 주어진다. 플레이어가 잠자코 기다리면 점점 더 많은 선택의 폭이 열리면서 더 많은 자원(사탕과 막대 사탕)을 생산하기 위해 사탕을 '경작'하는 일과 적과 싸우기 위해 모험을 떠나는 일을 병행해야 한다는 사실을 알게 된다. 인내심과 그라인딩에 의존하는 〈팜빌〉 같은 게임에서처럼 게임을 진행하는 데 필요한 모든 자원은 실시간을 기준으로 오랜 시간에 걸쳐 생성된다. 흥미로운 부분은 〈캔디 박스〉의 경우 완전히 무료 게임인지라 돈을 지불해 그라인딩을 건너뛸 방법이 아예 없다는 점이다. 그 대신 이 게임은 자원 생성 속도를 높이고 최적화할 수 있는 방법을 주고 더 많은 초현실적인 모험을 차례차례 통과하게 함으로써 전개 속도를 꾸준히 유지한다. 끝 부분에 가면 이야기는 게임 코드를 수정할 권한을 빼앗기 위해 플레이어가 '개발자'와 대결을 펼친다는 메타서사로 바뀐다.

〈컨센슈얼 톨처 시뮬레이터^{Consensual Torture Simulator}〉(2013)

- 개발자: 메리트 코파스(Merritt Kopas)
- 관련 내용: 동사, 저항, 이야기
- 플랫폼: 웹
- 가격: 3달러부터(자율결제 방식)
- https://gumroad.com/l/consensualtorturesimulator

게임의 일부, 혹은 전부로 폭력을 선택한다는 것은 어떤 의미인가? 〈컨센슈얼 톨처 시뮬레이터〉는 '폭력적인 비디오게임'에 대한 사회 통념과는 매우 다른 종류의 폭력을 보여준다. 이 게임에서 플레이어는 상호 합의한 섹스 파트너에게 어떤 폭력을 가할지 선택해야 한다. 이 파트너는 앞서 자신의 목표가 눈물을 흘리는 것이라고 밝힌 바 있다. 파트너를 과연 울게 할 건지, 목표를 코앞에 두고 멈출지, 아니면 더 심한 짓을 계속할지, 각각 어떻게 그렇게 할지 결정하는 것은 전적으로 플레이어의 몫이다. 〈컨센슈얼 톨처 시뮬레이터〉에는 세 개의 핵심 동사가 있고, 플레이어의 행위에 아주 생생한 피드백을 돌려주는 체계가 있다. 하지만 이 게임은 성패의 관점에서 목표를 설정하지 않는다. 아마도 이러한 경쟁적인 개념이 사랑을 기반으로 한 성적 상호작용의 맥락에서는 큰 의미가 없기 때문일 것이다. 그 대신 플레이어가 내리는 결정의 의미는 머릿속에 남는다. '이런 형태의 폭력이 당신에게 무슨 의미인가? 당신에게 어떤 기분을 느끼게 하는가?'라고 묻는 성찰적 선택은 특히 기억에 남는다.

〈코립트^{Corrypt}〉(2012)

- 개발자: 마이클 브로우(Michael Brough)
- 관련 내용: 동사, 장면, 저항
- 플랫폼: 윈도우, 맥, iOS
- 가격: 무료(윈도우, 맥), 2달러(iOS)
- http://mightyvision.blogspot.co.nz/2012/12/corrypt.html

플레이어 경험의 전반부에서 〈코립트〉는 머리를 쥐어짜야 하는 일련의 퍼즐을 제시한다. 그리드 기반의 한정된 공간에서 상자를 요리조리 밀어야 하는 게임인 〈창고지기〉 같은 퍼즐 게임의 전통을 이용해 플레이어는 여러 개의 동굴방을 탐험하면서 버섯, 열쇠 및 기타 아이템을 모아야 한다. 게임의 다양한 장면은 다양한 방법으로 밀기와 당기기라는 동사를 발전시키는데, 후반부에 가면 새로운 동사가 등장한다. 플레이어는 동굴방에 있는 타일 한 개를 '글리치^{glitch}'로 만들 수 있는 특별한 능력과 버섯을 맞바꿀 수 있다. 글리치로 만든 타일은 다른 모든 동굴방의 같은 위치에도 나타나며 그 자리에 원래 있던 것을 대체한다. 이 타일을 이용하면 플레이어는 벽이 있던 자리도 통과할 수 있다.

갑자기 게임 내 가능성의 공간과 저항은 급격히 확장되면서 플레이어에게 어떻게 하면 최소한의 버섯으로 더 많은 이득을 얻을 수 있을지 결정하도록 요구한다. 게임 세계를 편집하게 해주는 동사가 실은 도전을 훨씬 더 어렵게 만드는 장치였음이 드러난다. 선택과 가능성의 확장은 어려운 도전과 한 묶음이었다. 종종 직관에 반하는 것처럼 느껴지는 논리가 지배하는 게임 세계에 복잡한 픽셀 문양과 현란한 색깔을 입힌 이 게임의 시각적 상황정보는 게임의 구조를 해체하는 어지러운 자유에서 유발되는 불안을 더욱 강력하게 표현하는 데 일조한다.

〈크립트 오브 더 네크로댄서〉Crypt of the NecroDancer〉(2013)

- 개발자: 라이언 클라크(Ryan Clark)
- 관련 내용: 동사, 저항
- 플랫폼: 윈도우, 맥, 리눅스
- 가격: 15달러
- http://necrodancer.com/

〈크립트 오브 더 네크로댄서〉는 부록과 본문에서 언급한 여러 게임들과 같은 로그라이크rogue-like 게임이다. 플레이어는 들어갈 때마다 무작위로 생성되는 던전을 탐험하고 타일 그리드 위에서 이동하면서 적과 전투를 벌이거나 적을 피하고, 보물이나 물건을 파는 상점을 발견하며, 비밀을 밝혀간다. 〈크립트 오브 더 네크로댄서〉의 가장 놀라운 혁신은 이러한 동작 위에 음악과 리듬을 입혔다는 점이다. 던전을 탐험하는 동안 어떤 노래든 배경음악으로 넣을 수 있고, 플레이어 캐릭터는 그 음악의 박자에 맞춰 이동하고 전투를 벌여야 한다. 이 게임에서 성공의 열쇠는 모든 박자마다 쉬지 않고 동작을 계속 이어가는 것이다. 동작을 계속하는 한 '그루브 체인' 보너스가 쌓이면서 추가 자원을 획득할 수 있기 때문이다. 빠른 판단과 빠른 반응을 요구하는 특성은 로그라이크 게임을 좀 다른 면에서 까다로운 게임으로 바꿔놓았지만, 플레이어는 언제든지 그루브 체인을 포기하고 다음 수를 고민하기 위해 멈춤으로써 도전의 저항을 낮출 수 있다.

〈드워프 포트리스^{Dwarf Fortress}〉(2006)

- 개발자: 탄 애덤스(Tarn Adams)
- 관련 내용: 저항, 이야기
- 플랫폼: 윈도우, 맥, 리눅스
- 가격: 무료
- http://www.bay12games.com/dwarves/

〈드워프 포트리스〉는 지금까지 세상에 나온 게임 중에서 가장 복잡하고 열린 시뮬레이션 게임의 하나로 손꼽을 만한 게임이다. 플레이어는 드워프들의 지하 공동체를 건설하고 관리해야 한다. 드워프들은 명령을 받아 건물을 짓고, 자원을 모으며, 부상자 치료부터 무기 제조에 이르는 다양한 작업을 수행한다. 플레이어는 특히 드워프가 죽거나 행복도가 많이 떨어져 미쳐버리지 않도록 신경 써야 한다. 드워프들은 하나하나가 별도의 섬세한 시뮬레이션으로 기분과 능력이 주어지는데, 기분과 능력은 게임 세계의 날씨, 주변 환경, 피로도 등 여러 요인의 영향을 받는다. 또 드워프들은 결혼할 수 있고, 아이도 낳을 수 있으며, 심지어 다른 드워프들을 다스리는 공직에 부임하거나 법 집행자 역할까지 할 수 있다. 플레이어의 요새를 둘러싼 거대한 세계는 로그라이크 게임 방식에 따라 새로 플레이할 때마다 무작위로 생성되고 막상막하로 복잡한데, 특정한 지형적 패턴과 기후 패턴이 있으며, 전쟁이나 교역을 할 수 있는 다른 종족 국가도 있고, 발견할 수 있는 미개척 구역도 있다. 〈드워프 포트리스〉는 서로 맞물린 체계의 개수와 복잡성만으로도 배우기가 무척 까다롭지만, 이 복잡성은 놀랍도록 다양한 창발적 이야기의 원천이기도 하다. 드워프들의 삶이 매번 다르게 진행되어 가기 때문이다.

〈잉글리시 컨트리 튠^{English Country Tune}〉(2011)

- 개발자: 스티븐 라벨
- 관련 내용: 동사, 장면, 저항
- 플랫폼: 윈도우, 맥, 리눅스, iOS
- 가격: 5달러(윈도우, 맥, 리눅스), 3달러(iOS), 무료 체험판 지원
- http://www.englishcountrytune.com/

〈잉글리시 컨트리 튠〉의 조작법은 단순해 보인다. 플레이어는 납작한 타일을 정육면체로 이루어진 3차원 구조물을 따라 '이동'시켜야 한다. 납작한 타일은 한 칸 이동할 때마다 뒤집힌다. 이 단순한 동사에서 파생되는 복잡성은 플레이어의 움직임에 따라 영향받는 여러 가지 추상화된 오브젝트들의 다양하고 특이한 특성에 기인한다. 어느 방향에서 접근했느냐에 따라 다른 방향의 중력 법칙을 따르는 공 모양의 '애벌레', 여섯 면에서 뻗어나가는 빛줄기를 밀어서 이동해야 하는 정육면체 모양의 '고래', 납작한 타일에 다양한 모양으로 구멍을 낼 수 있거나 다른 칸에 칠할 수 있는 잉크가 묻어 있는 특수한 칸, 고래와 애벌레를 그 자리에 얼려버려서 그 위를 밟고 지나갈 수 있게 해주는 스위치 등이다.

〈잉글리시 컨트리 튠〉의 모든 월드는 한두 가지 오브젝트를 깊이 있게 탐색하면서 오브젝트와 연관된 메커니즘에서 파생되는 가능성의 공간을 탐험하는 아주 복잡한 퍼즐로 플레이어를 시험한다. 마지막 월드는 여러 종류의 오브젝트를 한꺼번에 합치기 시작하면서 복잡한 역학을 만들어내는데, 이 역학은 단순하지만 기이한 행동의 세계에서 나옴에도 불구하고 이 단계에 이르면 플레이어에게 기묘하게도 직관적이 된다. 몇몇 월드는 심지어 플레이어에게 게임 디자이너 역할을 맡아 주어진 도구와 동사들을 이용해 특정한 속성을 가진 〈잉글리시 컨트리 튠〉 레벨을 설계하는 도전을 완수할 것을 요구한다.

〈이븐 카우걸스 블리드 Even Cowgirls Bleed〉(2013)

- 개발자: **크리스틴 러브**
- 관련 내용: **동사, 이야기**
- 플랫폼: **웹**
- 가격: **무료**
- http://scoutshonour.com/cowgirl/

주인공에게 오직 하나의 동사만 있다면 어떤 이야기가 전개될까? 글자로만 구성된 〈이븐 카우걸스 블리드〉는 강조 표시가 있는 단어 위로 '십자 조준선 이동하기' 동사를 사용하면 다음 이야기를 보여주는 짧은 이야기 게임이다. 십자 조준선 속에 단어나 구절을 넣으면 카우걸과 명사수가 되기를 꿈꾸는 주인공은 언급된 것이 무엇이든 총을 쏜다. 다른 가능성도 하나 있다. 글자 옆에 '권총집에 넣기'라고 적힌 버튼이 등장하는데, 이야기가 전개됨에 따라 왼쪽과 오른쪽에서 번갈아 나타난다. 총을 권총집에 넣어두려면 마우스 커서가 글자 위로 지나가기 때문에 간혹 뜻하지 않은 오발 사고가 일어난다. 이 간단한 메커니즘은 방아쇠에 놓인 손가락이 근질근질한 느낌을 전달하고 결국 카우걸이 모든 것을 쏠 수밖에 없는 이야기로 끝난다. 손가락 끝에 동사가 있을 때 사용하지 않기는 힘들다. 어떤 게임이(많은 액션 게임처럼) 게임 세계와 상호작용하는 의미 있는 방법을 딱 하나만 허락할 경우 이야기가 게임의 구조에 의해 정해지고 피바다로 끝난다는 점은 그리 놀랄 만한 일이 아니다.

〈곤홈^{Gone Home}〉(2013)

- 개발사: 풀브라이트 컴퍼니(The Fullbright Company)
- 관련 내용: 장면, 이야기
- 플랫폼: 윈도우, 맥, 리눅스
- 가격: 20달러
- http://www.gonehomegame.com/

〈곤홈〉은 전적으로 탐색적 이야기 요소만으로 서사를 전달한다. 첫째 딸이 외국에서 일 년 만에 돌아와 보니 가족들이 살던 저택이 휑하니 비어 있다는 내용이다. 가족의 행방을 알아내기 위해서는 집안을 샅샅이 뒤져 그녀가 집을 떠나 있는 동안 벌어졌던 사건의 전말을 천천히 드러낼 문서와 쪽지, 편지 및 기타 자질구레한 정보들을 찾아내야 한다. 〈곤홈〉의 이야기는 언어로만 전달되는 것이 아니다. 어떤 부류의 사람들이 거기에 살았는지, 그들의 일상적인 생각과 고민은 무엇이었는지 전달하기 위해 집안 환경도 이용한다. 심지어 책 상자나 염색약 병 같은 일상용품을 통해서도 플레이어가 과거에 있었던 사건과 가족의 상태를 추리할 수 있다.

〈마이티 질 오프^{Mighty Jill Off}〉(2008)

- 개발자: 애나 앤스로피
- 관련 내용: 동사, 장면, 저항
- 플랫폼: 윈도우, 맥
- 가격: 무료
- http://auntiepixelante.com/jilloff/

많은 플랫폼 게임과 마찬가지로 〈마이티 질 오프〉의 핵심 동사는 '점프하기'다. 하지만 이 게임은 독특하게 변형한 점프 동사를 탐색한다. 플레이어가 점프를 누를 때 아바타가 옆으로 둥둥 떠서 이동하면서 천천히 하강하는 방법이 있다. 플레이어는 점프를 계속하면서 일련의 구간을 통과해 탑 꼭대기까지 올라야 하는데, 각 구간은 점프 동작을 앞에 나온 것과 다르면서도 점점 더 어려운 방법으로 발전시키기 위해 매우 세심하게 만들어져 있다. 〈마이티 질 오프〉는 게임 개발자에게 개인적으로 중요한 주제도 표현한다. 주인공 질이 여왕을 기쁘게 하려고 애쓰는 레즈비언 복종자이기 때문이다. 여왕은 질을 탑 바닥으로 내동댕이치고 꼭대기까지 올라오기를 기다린다. 플레이어가 마지막 관문을 통과하면 여왕은 짤막하게 기쁨을 표현한 다음 질을 바닥으로 내동댕이쳐 그 과정을 처음부터 다시 시작하게 한다. 플레이어가 12분 이내에 탑 꼭대기까지 오르는 데 성공하면 앞에 나온 것과 다르면서도 훨씬 더 어려운 탑이 보상으로 주어진다. 게임을 플레이하는 경험, 즉 탑의 위험한 구간마다 놓인 저항을 극복해낸 결과가 단지 그 과정을 반복하기 위해서였다는 경험은 이 게임의 축약된 이야기를 잘 보여주며, 게임과 저항의 본질에 대해 생각해보게 한다. 플레이어로서 우리는 순전히 즐거움을 위해 명령에 복종하고 좌절감과 도전의 순간을 기꺼이 감수한다.

〈넷핵^{NetHack}〉(1987)

- 개발자: 넷핵 개발팀
- 관련 내용: 동사, 장면, 저항, 이야기
- 플랫폼: 윈도우, DOS, 맥, 리눅스, 아미가, 아타리
- 가격: 무료
- http://www.nethack.org/

〈넷핵〉은 가장 초기에 만들어진 로그라이크 게임의 하나로, 플레이할 때마다 달라지고 반무작위적으로 생성되는 레벨을 통과하면서 탐험하고 적을 무찌르는 게임이다. 또한 엄청나게 많은 동사를 사용하는 게임의 단적인 예이기도 하다. 플레이어는 수많은 아이템에 '사용하기'나 '소비하기'를 할 수 있고, 적을 발견했을 때는 '도망치기'나 원거리에서 '공격하기'를 할 수 있으며, 심지어 수십 명의 신에게 '기도하기'도 할 수 있다. 게임 내에 등장하는 오브젝트와 적 캐릭터와 상황들이 엄청나게 다양하다 보니 이 동사들이 충분히 발전하지 못했다는 느낌은 들지 않는다. 오히려 모든 동사를 아주 다양한 방법으로 사용할 수 있으며 중첩 효과나 조합에서 나오는 전략을 노릴 수도 있다. 〈넷핵〉에는 플레이할 때마다 새로움을 주는 창발적 이야기가 들어 있으며, 작가적 요소는 거의 찾아볼 수 없다. 게임에서 파생되는 이야기에는 시각적 상황정보랄 만한 것도 거의 없다. 전체 게임세계가 그리드에 배열된 영문자와 숫자, 문장부호로 표현되기 때문이다.

〈여권 주세요 Papers, Please〉(2013)

- 개발자: 루카스 포프(Lucas Pope)
- 관련 내용: 동사, 저항, 이야기
- 플랫폼: 윈도우, 맥, 리눅스, iOS
- 가격: 10달러(윈도우, 맥, 리눅스), 8달러(iOS),
  제한된 베타 버전은 http://dukope.com/에서 무료로 이용 가능
- http://papersplea.se/

1980년대 구소련을 연상시키는 가상 국가의 국경 지대에서 일하는 입국 심사관으로서 플레이어는 수없이 밀려오는 국경 통과 희망자들의 서류를 심사한 다음입국을 승인하거나 거부하는 단순 반복 과제를 수행해야 한다. 비록 그라인딩으로 이루어진 게임플레이가 관료제라는 수레바퀴의 톱니가 되는 기계적인 느낌을효과적으로 전달해줄지라도, 〈여권 주세요〉는 서류 처리 업무가 점점 더 복잡하고 까다로워짐에 따라 드러나는 다양한 이야기 요소로 그 경험에 깊이감을 더한다. 플레이어가 심사하는 사람들은 대부분 무작위로 생성되는데, 일부는 부정확

하거나 위조된 서류를 갖고 있지만, 모두 국경을 넘고 싶어한다.

　이름을 잘못 쓴 듯한 이민자와 뇌물을 찔러주는 밀수업자에서 함께 지내고 싶어하는 가족과 압제적인 정부를 전복하려는 혁명 조직에 이르기까지 이 중 어떤 사람의 딱한 사정이 규칙을 깰 만한 가치가 있는지 결정하는 것은 플레이어의 몫이다. 규칙 위반이나 실수를 너무 많이 하면 급료가 깎이며, 일과가 끝난 후에는 부양가족들을 굶주림과 질병으로부터 보호할 만큼 충분한 돈이 남았는지 볼 수 있다. 이 게임은 무작위가 아닌 몇몇 설정된 인물들도 이용하는데, 플레이어가 누구를 돕기로 결정하느냐에 따라 분기되어 다양한 결과로 이어지는 작가적 이야기 구조를 엮어 넣기 위해서다. 〈여권 주세요〉는 이 모든 것을 단순하고 특이한 동사들로 구현해낸다. 바로 서류에 승인이나 거부라는 '도장찍기', 책상에 있는 아이템을 검문받는 사람에게 '건네주기', 입국자들을 심문하기 위해 가끔 사용하는 '지문찍기', '알몸 수색하기', '구금하기' 등이다.

〈퍼시스트^{Persist}〉(2013)

- 개발자: AdventureIslands
- 관련 내용: **동사, 장면, 저항**
- 플랫폼: **플래시**
- 가격: **무료**
- http://www.kongregate.com/games/AdventureIslands/persist

많은 게임은 플레이어에게 실험하고 게임을 밀고 나갈 수 있는 더 많은 동사를 제공함으로써 가능성을 확장하고 복잡성을 높인다. 동사를 마스터할수록 플레이어는 더 많은 동사를 시도해볼 수 있으며 전진과 성취의 느낌을 얻게 된다. 〈퍼시스트〉는 이 생각을 완전히 뒤집는다. 한 번에 한 가지씩 플레이어의 능력을 빼앗음으로써 저항을 높인다. 플레이어는 많은 플랫폼 게임에서 흔히 사용하는 동사를 갖고 게임을 시작한다. 아바타는 '달리기', '점프하기', 물속으로 '수영하기'를 할 수 있다. 게임의 각 구간을 통과할 때마다 아바타는 하나씩 능력을 잃어버린다. 처음에는 수영 능력을 잃어 물이 더 이상 건널 수 없는 위험물로 변하며, 그 다음에는 '점프하기' 동사가 없어진다. 흥미로운 부분은 점프를 할 수 없게 되면 플레이어가 '이동하기' 동사에 더 집중하게 되고 이 동사를 발전시킨다는 점이다. 좌우로 이동하는 타이밍 조절이 남아 있는 능력의 전부이기 때문이다. 마침내 플레이어는 아바타가 움직일 때 튀는 작은 '불꽃'을 제외하고는 아바타를 보는 능력까지 잃어버려 장님 상태로 레벨을 통과해야 한다.

⟨QWOP⟩(2008), ⟨GIRP⟩(2011)

- ■ 개발자: 베넷 포디(Bennett Foddy)
- ■ 관련 내용: 동사, 저항
- ■ 플랫폼: 웹(QWOP/GIRP), iOS(QWOP), 안드로이드(GIRP)
- ■ 가격: 무료(웹), 1달러(iOS, 안드로이드)
- ■ QWOP: http://www.foddy.net/Athletics.html
- ■ GIRP: http://www.foddy.net/GIRP.html

같은 개발자가 만든 이 두 게임은 함께 언급할 만한 이유가 있다. 두 게임 모두 단순하고 직관적인 동사, 즉 ⟨QWOP⟩에서는 '달리기', ⟨GIRP⟩에서는 암벽 '기어 오르기'를 통해 체계적으로 묘사하는 동작과 플레이어 조작 사이의 관계를 탐색하기 때문이다. ⟨QWOP⟩에서 선수를 달리게 하려면 하나의 버튼 대신 타이틀 화면에 표시되는 네 개의 키보드 키(Q, W, O, P)를 사용해 선수의 좌우 종아리와 좌우 허벅지를 각각 따로 조작해야 한다. 실제 우리가 달릴 때 사용하는 근육을 그대로 재연했음에도 이 과정은 실제로 해보면 다리 근육을 직관적으로 움직이는 것보다 훨씬 더 어렵다. ⟨GIRP⟩에서 수직 절벽에 있는 핸드홀드는 각각 다른 영문자로 표시되는데, 하나의 키보드 키는 계속 누르고 있는 상태에서 손이 닿을 만한 더 높은 곳에 있는 핸드홀드에 해당하는 키보드 키를 골라야 한다. 그러다 보면 실제 암벽 등반을 할 때 근육의 긴장을 느끼듯 키보드에서 손가락을 길게 뻗어야 할 때도 있다.

두 게임 모두 정확하게 키를 누르지 못하면 추락하거나 처음부터 다시 해야 한다. ⟨GIRP⟩에서는 조금 높이 올라가면 새가 날아와 핸드홀드에 앉기 시작하면서 훨씬 더 큰 좌절감을 안겨준다. 플레이어는 암벽 등반가의 사지를 마구 흔들어서 새를 쫓아버릴 때까지는 새가 앉은 핸드홀드를 잡을 수 없다. 새의 단순한 모습과 행동에도 불구하고 새가 〈GIRP〉의 체계에서 하는 역할은 게임에서 만나 본 그 어떤 까다로운 '적' 못지않다.

〈스펠렁키^Spelunky〉(2008)

- 개발자: 데릭 유(Derek Yu)
- 관련 내용: 동사, 저항, 이야기
- 플랫폼: 윈도우, 맥, 엑스박스 360, 플레이스테이션 3
- 가격: 무료(클래식 버전: PC, 맥), 15달러(HD 버전: PC, 엑스박스 360, 플레이스테이션)
- http://spelunkyworld.com/

로그라이크 게임에서 사용되는 많은 기법을 이용한 플랫폼 게임인 〈스펠렁키〉는 플레이어에게 위험물로 가득 찬 고대 사원을 탐험하는 고고학자 역할을 부여한다. 전통적인 로그라이크 게임(부록에 있는 〈넷핵〉 항목 참조)과는 달리 〈스펠렁키〉의 동사와 오브젝트는 '달리기', '점프하기', '기어오르기', 적의 움직임을 '예측하기', 적을 '피하기' 혹은 '죽이기'라는 실시간 동사들과 상호작용하면서 창발적 가능성으로 이루어진 복잡하고 어려운 체계를 만들어낸다. 〈스펠렁키〉의 모든 레벨은 플레이할 때마다 구조가 달라지지만, 플레이어 경험을 디자인하는 특정한 규칙은 일정하게 따르는 반무작위 방식으로 만들어진다. 플레이어는 화면 상단에서 출발해 하단 어딘가에 있는 출구로 이동해야 한다. 상단에서 하단까지 이동하는 길은 항상 존재하지만, 플레이어가 벽과 바닥을 부수거나 접근 불능 지역을 오르내릴 수 있는 밧줄을 설치해서 레벨 구조를 바꿀 수도 있다. 4개의 레벨로 이루어진 4개의 지형은 각각 특징이 뚜렷한 테마를 갖고 있다. 적과 위험물이 다를 뿐만 아니라 황금 유물을 집어 들면 커다란 돌이 굴러오는 구역처럼 항상 나타나는 특별 구역도 다르다. 이러한 반고정형 요소들은 플레이할 때마다 새로움을 주는 창발적 경험에 작가적 이야기를 엮어 넣음으로써 예측 가능하지만 다양한 구조를 만들어낸다.

〈트리플 타운^{Triple Town}〉(2011)

- 개발사: 스프라이 폭스(Spry Fox)
- 관련 내용: 동사, 저항
- 플랫폼: 윈도우, 맥(무제한 버전), 웹, iOS, 안드로이드, 킨들 파이어(유료 옵션을 제공하는 무료 버전)
- 가격: 10달러(윈도우, 맥), 무료(웹, iOS, 안드로이드, 킨들 파이어)
- http://spryfox.com/our-games/tripletown/

〈트리플 타운〉은 〈비쥬얼드^{Bejeweled}〉, 〈닥터 마리오^{Dr. Mario}〉, 〈퍼즈 루프^{Puzz Loop}〉 같은 짝맞추기 게임을 즐기는 플레이어에게는 익숙하게 들릴 만한 전제에서 출발한다. 플레이어의 임무는 짝이 맞는 오브젝트를 3개 이상 연결하는 것이다. 하지만 〈트리플 타운〉의 개발자는 기존 게임에 약간의 변화를 주기보다는 새로운 장르를 창조하고자 했다. 이 게임에서 3개 이상 연결된 짝이 맞는 오브젝트는 플레이어가 가장 마지막 오브젝트를 놓은 칸에서 합쳐지면서 새로운 오브젝트로 변신한다. 새로운 오브젝트는 앞서 있던 오브젝트의 '상위 버전'이다. 풀 3개는 덤불이 되고, 덤불 3개는 나무가 되고, 나무 3개는 오두막이 되는 식이다. 이 게임의 목표는 극히 한정된 플레이 구역에서 공간이 부족하지 않게 하면서 가능한 한 높은 점수에 도달하는 것이다. 플레이어는 오두막 한 채를 지으려면 미리 계획을 잘 세워서 풀 27개를 놓아야 하는데, 오두막은 아홉 단계의 오브젝트 중 겨우 네 번째 단계일 뿐이다!

게임의 저항은 한정된 플레이 구역에 의해서도 형성되지만, 턴마다 놓아야 할 새로운 오브젝트가 무작위로 주어진다는 조건과, 마구 돌아다니면서 계획을 방해하는 '곰' 오브젝트를 배치해야 한다는 조건에 의해서도 형성된다. 〈트리플 타운〉은 무작위로 나오는 오브젝트를 보드에 놓는 단순한 행위와 몇 개의 규칙만으로 많은 가능성과 많은 전략, 심지어 플레이어가 설정한 목표까지 포함하는 복잡한 체계를 만들어낸다. 이 게임은 '마을을 건설하는' 다양한 방법을 제공하며, 모든 마을은 건물과 식물, 짓궂은 곰들이 다른 모양으로 배치된다.

찾아보기

ㄱ

가능성의 공간 93
감정적 공명 260
게임북 243
결말선택형 구조 246
곤홈 193, 286
공간의 확장 195
관목형 구조 245
규칙 38
규칙 소개 82
그라인딩 215
그렉 코스티키안 27
글리치 탱크 108

ㄴ

난이도 모드 186
난이도 조절 186
넷핵 190, 287
노력으로서의 이야기 237
뉴 슈퍼 마리오브라더스 Wii 24
니콜 라자로 260
니클라스 뉘그렌 120
닉 스칼지 80
닉 포르투그노 246

ㄷ

다이너 대시 260
다이애드 151
달걀 대 닭 236
당나귀 공간 270
대화 만들기 166
댄스 댄스 레볼루션 60
덕스 80
데릭 유 291
데스크톱 던전 145
데이비드 카나가 151
데즈카 다카시 26
동사 40
동적 난이도 조절 187

둠 101, 148
드워프 포트리스 284
디스포이아 30, 171
디프레션 퀘스트 243
딕덕 150

ㄹ

라비린스 오브 제우스 139
라이언 클라크 283
레더 111, 197
레즈비언 스파이더 퀸즈 오브 마스 100, 132, 135,
    148, 150
레지던트 이블 239
레프 쿨레쇼프 228
렉살로플 게임스 205
로드 러너 164
로렌 슈미트 142
로빈 버킨쇼 192
루카스 포프 169, 288
리언 아노트 51, 131

ㅁ

마이크 마이어 149
마이클 브로우 108, 282
마이티 질 오프 212, 287
마인크래프트 201
막간으로서의 이야기 235
막다른 보상 208
만칼라 248
매스 이펙트 259
머더 시뮬레이터 142
메리트 코파스 281
모노폴리 159
모뉴먼트 오브 마스 140
목적의 확장 198
몰입 179
물리적 레이어 54
미니 믹스 메이헴 57
미스 매니지먼트 260

미스터 도! 90
미야모토 시게루 26
미즈팩맨 235
미츠지 후키오 142
미키 알렉산더 마우스 142
미하이 칙센트미하이 179
밀고 당기는 것 176

ㅂ

바이오쇼크 87
반복되는 모티브 129
배너 사가 280
버블 고스트 59
버저크 137
벌칙 209
베넷 포디 290
베스트 어멘드먼트 249
벤자민 리버스 241, 252
보글보글 142
보상 203
분기형 구조 245
브레이크아웃 76
비 255
빌 퓌첸로이터 38

ㅅ

산타라지오네 145
삼체문제 192
상호작용적 컷신 239
상황정보로 설명하기 48
섀도우런 리턴즈 266
선택으로서의 이야기 242
선택이라는 착각 244
성찰적 선택 256
소리 148
숀 맥그래스 151
슈퍼 마리오브라더스 24, 43, 76, 127, 149, 196
슈퍼 마리오브라더스 3 128
슈퍼 크레이트 박스 124
슈퍼 헥사곤 182
스카이림 234
스토익 280
스티븐 라벨 278, 284
스파이로 더 드래곤 129

스페이스 인베이더 42
스페이스 지라프 148
스펠렁키 291
스프라이 폭스 292
시티빌 238
식물 대 좀비 126
실루엣 마리오브라더스 131
심즈 200

ㅇ

아날로그: 어 헤이트 스토리 279
아메리칸 드림 278
알렉시스 얀센 139
애니메이션 135
액트 235
어치브먼트 언락드 278
언차티드 235
업적 208
에밀리 쇼트 247, 255
엑스컴: 에너미 언노운 262
여권 주세요 169, 288
역전의 순간 103
열린 이야기 232, 263
오브젝트 50
오브젝트 조합하기 98
오픈월드 199
완다와 거상 197
외톨이 동사 44
운의 요소 105
워크래프트 262
워킹 데드 258
원더시티 219
원숭이섬의 비밀 64
월드 오브 워크래프트 238
위저드 오브 워 103
이븐 카우걸스 블리드 285
이야기 232
이야기 게임 243
잉글리시 컨트리 튠 284

ㅈ

자우스트 38
자원 207
작가적 이야기 231, 232

장면 76
장면의 구성 139
재수렴형 구조 245
재스퍼 번 278
저항 177
전개 속도 조절 90
전승 240
점수 218
정체기 185
제노바 첸 189
제프 민터 148
조이 퀸 243
조작의 정도 57
조크 65
조합 100
존 뉴커머 38
존 쿠니 278
좌절감 180
죽음의 수도원 139
지루함 180

ㅊ
창발적 이야기 231
체계로서의 이야기 247
체크포인트 210
초이스 오브 로맨스 257
칩스 챌린지 144

ㅋ
카메라 145
캐릭터 디자인 131
캐릭터 발전시키기 61
캔디 박스 281
캣 캣 워터멜론 205
컨센슈얼 톨처 시뮬레이터 281
컬래머티 애니 87
코립트 282
콘덴서티 94
크뉴트 150
크뉴트 스토리즈 120, 152
크로스타운 105
크리스토프 안드레아니 59
크리스틴 러브 279, 285
크립트 오브 더 네크로댄서 283

킹스 퀘스트 237

ㅌ
탄 애덤스 284
탐색으로서의 이야기 240
테리 카바나 182, 278
테트리스 58
토드 리플로글 140
톰 모건존스 278
툼드 45, 50, 55, 96, 136, 177, 178
툼드 II 51
튜토리얼 25, 26
트랙 앤 필드 54
트리플 타운 292

ㅍ
파올로 페데르치니 249
파이널 판타지 214
파이프 트러블 254
팜빌 215
패턴 인식 228
팩맨 235
퍼시스트 289
페글 204
포르투그노 260
포탈 66
포토니카 145, 151
폰드 스퀴드 98
폴아웃: 뉴베가스 199
퐁 76
풀브라이트 컴퍼니 286
프랭크 란츠 270
플란타지아 246
플레이어 164
플레이어의 선택 만들기 41
플로우 189, 197
플로트포인트 247
피에트로 리기 리바 25

ㅎ
하프라이프 2 187
하프라이프 2: 에피소드 1 147
해석된 이야기 232, 250
허버트 콰인의 작품에 대한 고찰 242

형태 90
형태 구성 90
호르헤 루이스 보르헤스 242
홈 241, 252
흑마 대 비행기 149

A

achievement 208
Achievement Unlocked 278
act 235
Alexis Jansen 139
American Dream 278
Analogue: A Hate Story 279
authored story 231

B

Bee 255
Benjamin Rivers 241
Bennett Foddy 290
Berzerk 137
Bill Pfutzenreuter 38
Bioshock 87
boredom 180
Breakout 76
Bubble Bobble 142
Bubble Ghost 59

C

Calamity Annie 87
camera 145
Candy Box 281
Cat Cat Watermelon 205
chance 105
checkpoint 210
Chip's Challenge 144
Choice of Romance 257
Christine Love 279
Christophe Andreani 59
Cityville 238
Condensity 94
Consensual Torture Simulator 281
Corrypt 282
Crosstown 105
Crypt of the NecroDancer 283

D

David Kanaga 151
DDA(dynamic difficulty adjustment) 187
DDR(Dance Dance Revolution) 60
Depression Quest 243
Derek Yu 291
Desktop Dungeons 145
difficulty mode 186
Dig-Dug 150
Diner Dash 260
donkey space 270
DOOM 101
Ducks 80
Dwarf Fortress 284
Dyad 151
dys4ia 30

E

Egg vs. Chicken 236
emergent story 231
Emily Short 247
English Country Tune 284
Even Cowgirls Bleed 285

F

Fallout: New Vegas 199
Farmville 215
Final Fantasy 214
Floatpoint 247
flow 179
flOw 189
Fotonica 145
Frank Lantz 270
frustration 180

G

gamebook 243
GIRP 290
Glitch Tank 108
Gone Home 193, 286
Greg Costikyan 27
grinding 215

H

Half-Life 2 187

Home 241
Horse vs Planes 149

I

illusion of choice 244
interactive cutscene 239
interpreted story 232

J

Jasper Byrne 278
Jeff Minter 148
Jenova Chen 189
John Cooney 278
John Newcomer 38
Jorge Luis Borges 242
Joust 38

K

King's Quest 237
Knytt 150
Knytt Stories 120

L

L'Abbey des Mortes 139
Labyrinth of Zeux 139
layering 100
Leon Arnott 51
Lesbian Spider-Queens of Mars 100
Lev Kuleshov 228
Lexaloffle Games 205
Lode Runner 164
lore 240
Lucas Pope 169, 288

M

Mancala 248
Mass Effect 259
Merritt Kopas 281
Michael Brough 108, 282
Mickey Alexander Mouse 142
Mighty Jill Off 287
Mihály Csíkszentmihályi 179
Mike Meyer 149
Minecraft 201
Mini Mix Mayhem 57

Miss Management 260
moment of inversion 103
Monopoly 159
Monuments of Mars 140
Mr. Do! 90
Ms. Pac-Man 235
Murder Simulator 142

N

NetHack 190, 287
New Super Mario Bros. Wii 24
Nick Fortugno 246
Nicklas Nygren 120
Nick Scalzi 80
Nicole Lazzaro 260

O

open story 232, 263
open world 199

P

Pac-Man 235
Paolo Pedercini 249
Papers, Please 169, 288
Peggle 204
Persist 289
Pietro Righi Riva 25
Pipe Trouble 254
Plantasia 246
Plants vs. Zombies 126
plateaus 185
Pond Squid 98
Pong 76
Portal 66
punishment 209
push and pull 176

Q

QWOP 290

R

reflective choice 256
Resident Evil 239
resistance 177
Robin Burkinshaw 192

Ryan Clark 283

S

Santa Ragione 145
scene 76
scoring 218
Secret of Monkey Island 64
Shadow of the Colossus 197
Shadowrun Returns 266
shape 90
Shaun McGrath 151
Silhouette Mario Bros. 131
Skyrim 234
Space Giraffe 148
Space Invaders 42
Spelunky 291
Spry Fox 292
Spyro the Dragon 129
Stephen Lavelle 278
Stoic 280
story 232
story-game 243
Super Crate Box 124
Super Hexagon 182
Super Mario Bros. 24

T

Tarn Adams 284
Terry Cavanagh 182, 278
Tetris 58
The Banner Saga 280
The Best Amendment 249
The Fullbright Company 286

The Sims 200
The Walking Dead 258
Three Body Problem 192
Todd Replogle 140
Tombed 45
Tombed II: Twombed Off 51
Tom Morgan-Jones 278
Track & Field 54
Triple Town 292

U

Uncharted 235

V

verb 40

W

Warcraft 262
Wizard of Wor 103
Wonder City 219
World of Warcraft 238

X

X-Com: Enemy Unknown 262

Z

Zoe Quinn 243
Zork 65

번호

1-Bit Ninja 59
1Half-Life 2: Episode 1 147
1비트 닌자 59

에이콘출판의 기틀을 마련하신 故 정완재 선생님 (1935-2004)

게임 디자인 특강

인 쇄 | 2015년 11월 23일
발 행 | 2015년 11월 30일

지은이 | 애나 앤스로피·나오미 클라크
옮긴이 | 전 정 순

펴낸이 | 권 성 준
엮은이 | 김 희 정
　　　　　김 경 희
　　　　　전 진 태
표지 디자인 | 한국어판_이승미
본문 디자인 | 공 종 욱

인쇄소 | (주)갑우문화사
지업사 | 한승지류유통

에이콘출판주식회사
경기도 의왕시 계원대학로 38 (내손동 757-3) (16039)
전화 02-2653-7600, 팩스 02-2653-0433
www.acornpub.co.kr / editor@acornpub.co.kr

한국어판 ⓒ 에이콘출판주식회사, 2015, Printed in Korea.
ISBN 978-89-6077-787-3
ISBN 978-89-6077-144-4(세트)
http://www.acornpub.co.kr/book/game-design-vocabulary

이 도서의 국립중앙도서관 출판시도서목록(CIP)은 서지정보유통지원시스템 홈페이지(http://seoji.nl.go.kr)와
국가자료공동목록시스템(http://www.nl.go.kr/kolisnet)에서 이용하실 수 있습니다.(CIP제어번호: CIP2015031889)

책값은 뒤표지에 있습니다.